国家林业和草原局普通高等教育"十三五"规划教材
高等院校草业科学专业系列教材

草坪管理学实验实习指导

孙 彦 主编

中国林业出版社

内容简介

本教材是国家林业和草原局普通高等教育"十三五"规划教材《草坪管理学》的配套教材，与主教材一致，教材体系同样共分三篇，即草坪基础篇、草坪管理篇与草坪应用篇。草坪基础篇包含的草种子的识别、植株识别、草坪草种子质量检测、草坪土壤质地检测、质量评价；草坪管理篇为草坪建植与管理的实践技术操作；应用篇为草坪企业、高尔夫场及运动场草坪的实地实习。教材取材系统，内容详尽，注重理论与实际相结合，意在解决草坪研发与实践中出现的科学与技术问题。具有较高的理论指导与实用价值。

本教材可作为（草学）草业科学专业、园林、园艺、高尔夫专业本科教材，也可为从事草坪生产、草坪经营与管理、高尔夫、园林、园艺、环境保护、城市绿地规划设计、旅游、生态等相关行业工作者参考。

图书在版编目（CIP）数据

草坪管理学实验实习指导/孙彦主编.—北京：中国林业出版社，2021.1
ISBN 978-7-5219-1035-3

Ⅰ.①草… Ⅱ.①孙… Ⅲ.①草坪–管理–高等学校–教学参考资料 Ⅳ.①S688.4

中国版本图书馆 CIP 数据核字（2021）第 024593 号

中国林业出版社·教育分社

策划编辑 肖基浒	责任编辑 丰帆
电话 83143555 83143558	传真 83143516

出版发行	中国林业出版社（100009 北京市西城区德内大街刘海胡同 7 号）
	E-mail: jiaocaipublic@163.com 电话：(010) 83143500
	http://www.forestry.gov.cn/lycb.html
经　销	新华书店
印　刷	北京中科印刷有限公司
版　次	2021 年 1 月第 1 版
印　次	2021 年 1 月第 1 次印刷
开　本	850mm×1168mm 1/16
印　张	15.75
字　数	388 千字
定　价	44.00 元

未经许可，不得以任何方式复制或抄录本书之部分或全部内容。

版权所有　侵权必究

《草坪管理学实验实习指导》编写人员

主　　编：孙　彦
副 主 编：王克华　李曼莉
编　　委：(以姓氏笔画为序)
　　　　　　马西青（中国农业大学）
　　　　　　王克华（中国农业大学）
　　　　　　叶文兴（内蒙古农业大学）
　　　　　　孙　彦（中国农业大学）
　　　　　　孙小玲（天津农学院）
　　　　　　李会彬（河北农业大学）
　　　　　　李明娜（中国农业科学院北京畜牧兽医研究所）
　　　　　　李曼莉（中国农业大学）
　　　　　　姜　华（云南农业大学）
　　　　　　秦立刚（东北农业大学）
　　　　　　黄晓潇（江苏农林职业技术学院）
　　　　　　崔建宇（中国农业大学）
　　　　　　甄莉娜（山西大同大学）
统　　稿：孙　彦　王克华　李曼莉
插图绘制：支旭欣（中国农业科学院北京畜牧兽医研究所）
主　　审：周　禾（中国农业大学）

前　言

《草坪管理学》课程的总体设置为"课堂讲授（专业基本理论）+实验实习（应用技术）"两个本模块组成。《草坪管理学》和《草坪管理学实验实习指导》分别是基础理论课程模块与应用技术模块的两本教材，《草坪管理学实验实习指导》也是《草坪管理学》的配套教材，此配套教材的编写目的是满足《草坪管理学》课程设置需求，使学生能够更好地理解与掌握《草坪管理学》的理论与实践知识，对学生进行实践过程的指导，本书的编写是针对草业专业本科生而设计，其他专业可据需要对章节内容进行取舍或删减。

《草坪管理学实验实习指导》编写成员是由从事一线教学科研工作的教师组成，编写具体分工如下：

孙　彦：编写前言、实验1.1、实验1.2、实验1.3、实验4.1、实验4.6、实习6.4；

李曼莉：编写实验1.4、实验1.5、实验1.6、实习6.7；

甄莉娜：编写实验2.1、实验2.2、实验2.3、实验2.4、实验2.5、实验2.6、实验2.7、实验2.8、实验2.9、实验2.10、实验2.11；

秦立刚：编写实验3.1、实验3.2、实验3.3、实验3.4、实验3.5、实验4.7、实习6.2；

马西青：编写实验3.6、实验3.7、实验3.8、实验3.9、实习6.3；

姜　华：编写实验3.10、实验3.11、实验3.12、实验3.13；

孙小玲：编写实验3.21、实验3.22、实验3.23、实验3.24、实验3.25、实验3.26；

李会彬：编写实验5.1、实验5.2、实验5.4、实验5.5；

王克华：编写实验5.3、实验5.6、实验5.7、实验5.8、实验5.9、实验5.10；

黄晓潇：编写实验3.19、实习6.1、实习6.5、实习6.6；

崔建宇：编写实验3.14、实验3.15、实验4.2；

叶文兴：编写实验4.3、实验4.4、实验4.5；

李明娜：编写实验3.16、实验3.17、实验3.18、实验3.20；

支旭欣：绘制书稿中插图的图1.1-1、图1.1-2、图1.1-3、图1.2-1~图1.2-12。

全书由孙彦、王克华、李曼莉统稿，由周禾教授主审。本书在编写过程中参阅了大量国内外文献资料，在此对所引用的文献作者表示感谢，对付出辛勤劳动的编写人员以及出版社相关工作人员的支持与帮助表示衷心的感谢，同时对本书的编写给予帮助的人员一并表示感谢。

由于编者水平有限，本书的错误与不足之处在所难免，恳请读者批评指正，以便修订完善。

编　者

2020年3月于北京

目 录

前 言

第一篇 草坪基础篇

第1章 草坪植物 (3)
- 实验1.1 草坪草种子识别 (3)
- 实验1.2 草坪草植株识别 (13)
- 实验1.3 草坪草种子质量检验 (22)
- 实验1.4 草坪草种子丸粒化实验室制备技术 (31)
- 实验1.5 草坪草物候期的调查与观测 (33)
- 实验1.6 草坪草有性杂交技术 (35)

第2章 草坪土壤 (38)
- 实验2.1 土壤取样方法与样品制备 (38)
- 实验2.2 土壤水分测定 (40)
- 实验2.3 土壤酸碱度（pH值）测定 (49)
- 实验2.4 土壤水溶性盐的测定 (51)
- 实验2.5 土壤养分测定 (54)
- 实验2.6 土壤质地测定 (60)
- 实验2.7 土壤容重测定 (65)
- 实验2.8 土壤比重测定 (66)
- 实验2.9 土壤紧实度（硬度）测定 (68)
- 实验2.10 土壤孔隙度测定 (69)
- 实验2.11 坪床水分渗透率测定 (71)

第3章 草坪质量评价 (74)
- 实验3.1 草坪色泽（颜色）测定 (74)
- 实验3.2 草坪密度测定 (79)
- 实验3.3 草坪盖度测定 (80)
- 实验3.4 草坪质地测定 (82)
- 实验3.5 草坪高度和生长速度测定 (83)
- 实验3.6 草坪均一性测定 (85)
- 实验3.7 草坪组成成分测定 (87)
- 实验3.8 草坪绿期的测定 (88)
- 实验3.9 草坪抗逆性测定 (90)
- 实验3.10 草坪春季返青及恢复性能测定 (91)

实验 3.11　草坪越冬与越夏率测定 …………………………………………………（92）
实验 3.12　草坪枯草层测定 …………………………………………………………（94）
实验 3.13　草坪杂草入侵率测定 ……………………………………………………（96）
实验 3.14　运动场草坪坪床建造材料的测定——砂样的粒径分析 ………………（97）
实验 3.15　运动场草坪坪床建造材料的测定——砂样的渗透率测定 ……………（99）
实验 3.16　草坪场地坪床平整度测定 ………………………………………………（101）
实验 3.17　草坪垂直反弹率测定 ……………………………………………………（103）
实验 3.18　草坪角度球反弹率测定 …………………………………………………（106）
实验 3.19　草坪果岭速度的测定 ……………………………………………………（108）
实验 3.20　草坪球滚动距离测定 ……………………………………………………（111）
实验 3.21　草坪吸震性能测定 ………………………………………………………（113）
实验 3.22　草坪标准垂直变形测定 …………………………………………………（119）
实验 3.23　草坪转动阻力测定 ………………………………………………………（122）
实验 3.24　草坪线性摩擦滑动值与减速值测定 ……………………………………（125）
实验 3.25　草坪表面摩擦力或皮肤磨损力测定 ……………………………………（129）
实验 3.26　草坪质量的综合评价 ……………………………………………………（132）

第二篇　草坪管理篇

第 4 章　草坪建植 …………………………………………………………………（145）
实验 4.1　普通绿地草坪坪床的准备技术 ……………………………………………（145）
实验 4.2　高尔夫球场果岭/运动场坪床建造技术 …………………………………（149）
实验 4.3　草坪种子直播建植技术 ……………………………………………………（154）
实验 4.4　草皮铺植技术 ………………………………………………………………（158）
实验 4.5　匍匐茎建植技术 ……………………………………………………………（161）
实验 4.6　有土草皮的生产技术 ………………………………………………………（163）
实验 4.7　无土草皮卷生产技术 ………………………………………………………（167）

第 5 章　草坪养护管理 ……………………………………………………………（171）
实验 5.1　草坪修剪实验 ………………………………………………………………（171）
实验 5.2　草坪施肥实验 ………………………………………………………………（174）
实验 5.3　草坪灌溉与灌溉制度的制定 ………………………………………………（177）
实验 5.4　草坪打孔实验 ………………………………………………………………（180）
实验 5.5　草坪滚压实验 ………………………………………………………………（183）
实验 5.6　草坪施用生长调节剂/生物促进剂的实验 ………………………………（184）
实验 5.7　草坪杂草调查与化学防除实验 ……………………………………………（187）
实验 5.8　草坪病害调查与化学防治实验 ……………………………………………（192）
实验 5.9　草坪虫害调查与化学防治实验 ……………………………………………（195）
实验 5.10　草坪机械使用与保养 ……………………………………………………（199）

第三篇 草坪应用篇

第 6 章 草坪实习应用 ……………………………………………………………………（205）
    实习 6.1 草坪企业经营管理实习与调查分析 ……………………………………（205）
    实习 6.2 草皮生产基地实习与调查分析 …………………………………………（210）
    实习 6.3 草坪种子基地实习与调查分析 …………………………………………（211）
    实习 6.4 运动场草坪实习与调查分析 ……………………………………………（215）
    实习 6.5 高尔夫球场实习与调查分析 ……………………………………………（217）
    实习 6.6 球场草坪养护计划制订 …………………………………………………（226）
    实习 6.7 草坪工程施工概预算 ……………………………………………………（232）
参考文献 ……………………………………………………………………………………（236）
附　表 ………………………………………………………………………………………（237）

第一篇　草坪基础篇

第 1 章
草坪植物

实验 1.1　草坪草种子识别

1.1.1　实验目的

草坪草种子是建植草坪的基础材料，草坪草种子大小以及形状结构直接影响草坪草播量和播种方法，进而影响草坪的建植速度和成坪速度。在草坪草种子生产、经营以及贸易中，不了解种子的形态结构与特征，不识别草坪草种子，往往会给生产和经营造成重大经济损失。因此，认识和了解草坪草种子的形态、结构及特征，是草坪工作者进行种子识别和鉴定以及从事草坪草种子的生产、经营、加工乃至贮藏等的前提条件和基本任务。识别草坪草种子对正确使用草坪草种子具有重要意义。学生通过对草坪草种子的识别，掌握禾本科草坪草与常用其他科绿化草本植物种子的主要区别，掌握草坪草种子的基本特征及识别方法，正确鉴别草坪草种子，为草坪的建植与管理奠定基础。

1.1.2　实验原理

草坪草种子(包括用作播种材料的果实)形态多样，但每粒种子又有其独特的、相当稳定的代表本种的基本特征。种子不但外形上有区别，其内部结构与成分也有区别，所以种子可以通过外部形态特征、内部结构以及化学、物理等方法来识别。

1.1.3　实验材料与仪器设备

（1）实验材料

常见的暖季型草坪草种子：结缕草(*Zoysia japonica*)、狗牙根(*Cynodon dactylon*)、假俭草(*Eremochloa ophiuroides*)、海滨雀稗(*Paspalum vaginatum*)、巴哈雀稗(*Paspalum notatum*)、野牛草(*Buchloë dactyloides*)；冷季型草坪草种子：草地早熟禾(*Poa pratensis*)、加拿大早熟禾(*Poa compressa*)、高羊茅(*Festuca arundinacea*)、紫羊茅(*Festuca rubra*)、多年生黑麦草(*Lolium perenne*)、一年生黑麦草(*Lolium multiflorum*)、匍匐翦股颖(*Agrostis stolonifera*)、细弱翦股颖(*Agrostis capillaris*)、猫尾草(*Phleum pratense*)、碱茅(*Puccinellia distans*)。其他科属的草坪草：白三叶(*Trifolium repens*)、红三叶(*Trifolium pratense*)、马蹄金(*Dichondra repens*)、白颖薹草(*Carex rigescens*)等。

(2) 实验仪器与用具

放大镜、直尺(游标卡尺)、解剖针、体视显微镜、记录本。

1.1.4 实验方法与步骤

1.1.4.1 种子识别方法

通常草坪草种子识别主要根据种子的外部形态特征，在外部形态特征很难区别的情况下，通过内部结构以及借助物理和化学的方法来加以区别。

(1) 根据种子的外部形态特征识别

种子的外部形态是鉴别各种草坪草种子的真实性以及进行种子清选、分级和检验的重要依据。这种方法是识别草坪草种子最主要的方法。

①种子的形状与大小　观察种子时将种脐朝下，具有种脐的一端称基端，反之称为上端或顶端，豆科草坪种脐多在腰部，可以将种脐朝下或胚根尖朝下。种子上下端的确定，决定着种子的形状，否则会出现上下颠倒。测量种子的大小，其长即上下端之间的纵轴长度，与纵轴相垂直的为宽。

②种脐的形状与颜色　在鉴定种子中种脐的形状与颜色十分重要，尤其是豆科草坪草。如种脐的位置分中部、中部偏上和中部偏下3类。种脐可分圆形、椭圆形、卵形、长圆形或线形。种皮的颜色、合点的位置及胚根的长短等都是主要依据。

③种子表面特征　种子表面特点包括颜色、光滑或粗糙、有无光泽。所谓粗糙即种子表面有无皱、瘤、凹、凸、棱、肋、脉或网等，瘤有颗粒状、疣状(宽大于高)、棒状、乳头状以及横倒棒状和覆瓦状。种皮上的网纹结构如何，表皮上茸毛的有无及其他附属物的状况。

④种子附属物　主要用于禾本科草坪草的识别。禾本科鉴定的主要依据是小花数目、小穗各部分结构如小穗轴、颖片、稃片、芒、总苞以及胚、种脐形状特征。如小穗轴着生的位置、大小以及形状，芒着生的位置(在稃尖或稃脊的中部)，芒挺直、扭曲及关节的有无，颖片和稃片脉的颜色深浅、脉条数以及明显与否等均是识别种子的主要依据。

(2) 根据种子的内部结构识别

这种方法在草坪草的识别中很少用，但在鉴定植物的一个属或一个科时起着决定性作用。一种是以胚的位置、形状、大小等差异来分类，如蓼科的酸模属与蓼属的某些种子外形极为相似，但横切面迥然不同，酸模属的胚在三角形一边的中间，而蓼属的胚却在三角形的一个角内。另一种是以种皮横切面的细胞结构不同为分类依据。如豆科是以构成种皮栅状细胞的粗大不一为依据。十字花科种子除了外部的形态，其内部子叶的形状与胚根的折叠方式是鉴别的主要依据。

(3) 根据物理方法——荧光法识别

这种方法在草坪草种子识别中很常用，在外部形态很难区分的情况下，多采用此法。一年生黑麦草与多年生黑麦草两者在外部形态上很难区分，但两草坪草种子发芽2 d后，在紫外灯光照射下，一年生黑麦草发荧光，而多年生黑麦草无荧光反应(极少品种具有荧光反应)。紫花苜蓿与草木樨种子的区别，种子吸胀后，紫花苜蓿的种子发荧光，而草木樨种子则无荧光反应。此法还可以区别豌豆与野豌豆、白三叶与杂三叶、白燕麦与黄燕麦等种子，荧光反应是草坪草种子鉴定的一个辅助方法，但不应是唯一的方法。

（4）根据化学方法识别

①重铬酸钾法　此法可区别冰草属相似的种子。把种子放入1%重铬酸钾试剂里，煮沸5 min，冷却后用水清洗，把种子置于有滤纸的培养皿里，蓝茎冰草染成黑色，匍匐冰草染成暗褐色。

②氨酮法　黄花草木樨与白花草木樨可采用此法区分，将新种子用砂纸擦过，浸泡在水中2~15 h，吸胀后的种子放入试剂里，1~2 min后，黄花草木樨种子变成褐色或黑色，而白花草木樨变成浅棕绿色。此法对草木樨的陈种子无效。氨酮法试剂的配制：硫酸铜加到氢氧化钠溶液里，产生的沉淀溶解在浓氢氧化铵里。或硫酸铜溶解在浓氢氧化铵里。用时均稀释2~3倍。

1.1.4.2　草坪草种子的形态特征

（1）禾本科草坪草种子形态特征

禾本科草坪草的种子通常为颖果，干燥而不裂开，其果皮紧与种皮相黏着。胚位于颖果基部对向外稃的一面，呈圆形或卵形凹陷。禾本科早熟禾亚科的草坪草（冷季型）种子的胚长度常小于颖果长的1/2，而黍亚科草坪草（暖季型）种子的胚长度常大于颖果长的1/2。胚包括盾片、下胚轴、胚根和胚芽等部分。在胚根和胚芽之外各覆盖着一圆筒形的外鞘，分别称为胚根鞘和胚芽鞘。禾本科草坪草种子的种脐为种子与果皮的接触处，呈圆点状或线形，位于与胚相对的一面，亦即对向内稃的一方，称基盘。紧包着颖果的苞片叫做稃片，与颖果紧贴的一片为内稃，对着的一片为外稃。基部有隆起的基盘，外稃质地坚硬，纸质或膜质，内稃膜质或透明、半透明。外稃基本上与颖片相似，其先端完整或具二裂片。外稃顶端或背部可具一芒，系中脉延伸而成。芒通常直或弯曲，有些种芒膝曲，形成芒柱和芒针两部分。芒柱常螺旋状扭转，有的作二次膝曲，芒柱或芒针上被羽状毛，如长芒草种子、翦股颖属的某些种、早熟禾属等种子外稃上的芒极为退化或缺失。颖片多为二枚，外面一片为外颖（第一颖），里面一片为内颖（第二颖），二颖片常同质同形，外颖较短，黑麦草属、雀稗属、地毯草属等种子的第一颖退化。禾本科草坪草种子形态与小花结构如图1-1所示。常见禾本科草坪草小穗与种子形态特征列于表1-1及图1-2。

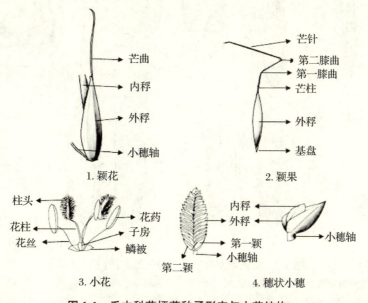

图1-1　禾本科草坪草种子形态与小花结构

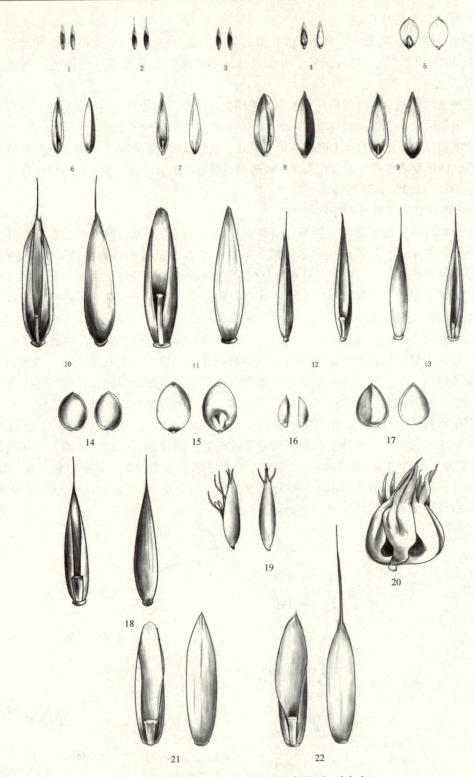

图 1-2 常见禾本科草坪草种子形态图（相对大小）

1. 匍匐翦股颖 2. 细弱翦股颖 3. 绒毛翦股颖 4. 红顶草 5. 猫尾草 6. 草地早熟禾 7. 普通早熟禾 8. 加拿大早熟禾 9. 一年生早熟禾 10. 苇状羊茅 11. 草地羊茅 12. 紫羊茅 13. 羊茅 14. 地毯草 15. 假俭草 16. 狗牙根 17. 巴哈雀稗 18. 冰草 19. 格兰马草 20. 野牛草 21. 多年生黑麦草 22. 一年生黑麦草

表 1-1　禾本科草坪草花序与种子形态特征

草坪草种	花序与种子形态特征
冰草 *Agropyron cristatum* （L.）Gaertn.	扁平的穗状花序，小穗紧密平行地排列成两行，整齐呈篦齿状，长 2.5~5.5 cm，宽 0.8~1.5 cm；小穗轴节间圆柱形，具微毛先端膨大，顶端凹陷较深，与内稃紧贴。外稃呈舟形，具不明显的 3 脉，长 6~7 mm，极狭，被短刺毛，先端渐尖成芒，芒长 2~4 mm；内稃短于外稃，先端 2 裂，具 2 脊，中上部具短刺毛；内外稃与颖果相贴，不易分离。颖果矩圆形，长 3.5~4.5 mm，宽约 1 mm，灰褐色，顶部密生白色毛茸；脐具绒毛；脐沟较深呈小舟形；胚卵形，长约占颖果的 1/5~1/4，色稍浅
匍匐翦股颖 *Agrostis stolonifera* L.	圆锥花序紧缩，淡棕或紫色，长 11~20 cm，宽 2~5 cm；小穗长 2.0~2.2 mm，两颖等长，先端尖；颖果长约 1 mm，宽 0.4 mm，黄褐色；外稃 1.6~2.0 mm，顶端钝圆，无芒，内稃长为外稃的 2/3，具 2 脉；颖果种子长椭圆形，黄褐色
细弱翦股颖 *Agrostis tenuis* Sibth.	圆锥花序开展，暗紫色，长 5.5~10 cm，宽 1.7~3.5 cm；小穗长 1.5~1.7 mm，两个颖片长度相等，先端尖；外稃长 1.5 mm，先端平，无芒，基盘无毛，内稃长度大约是外稃的 2/3；颖果种子长椭圆形，黄褐色
红顶草 *Agrostis alba* L.	圆锥花序开展，红色，长 14~27 cm，宽 6.5~10 cm；小穗长 2~2.5 mm；两个颖片等长，先端尖；外稃长 1.8~2 mm，顶端有微小的细齿，无芒，基盘两侧簇生有短毛，内稃长为外稃的 2/3~3/4，具 2 脉；颖果（种子）长椭圆形，长 1.1~1.5 mm，宽 0.4~0.6 mm，褐黄色
地毯草 *Axonopus affinis* Chase	穗状的总状花序，小穗呈两行分布在扁平花序轴一侧，2~3 枚指状排列于秆顶，长 4~6 cm；小穗长 2.0~2.5 mm，呈椭圆状排列于三角形穗轴的一侧。第一颖退化，第二颖与第一外稃等长，第二外稃革质，边缘内卷紧包内稃。种子椭圆形，先端疏生少数柔毛
无芒雀麦 *Bromus inermis* Leyss.	圆锥花序紧缩，花分枝轮生，长 10~20 cm；小穗轴节间矩圆形，具短刺毛。外稃宽披针形，长 8~10 mm，宽 2.5~3.0 mm，褐黄色，具 5~7 脉，无毛或中下部微粗糙，无芒或具 1~2 mm 短芒；内稃短于外稃，脊上具纤毛；内外稃与颖果相贴，不易分离。颖果宽披针形，长 7~9 mm，宽约 2 mm，棕色；顶端具淡黄色的毛茸；胚椭圆形，长约占颖果的 1/8~1/7，具沟，色与颖果同
野牛草 *Buchloë dactyloides* （Nutt.）Engelm.	花雌雄同株或异株，雄花序有 2~3 枚总状排列的穗状花序，长 5~15 mm，宽约 5 mm，雄小穗含 2 小花，无柄，呈两行覆瓦状排列于穗轴的一侧，形似一把刷子；雌花序为头状，长 6~9 mm，宽 3~4 mm，小穗部分隐藏在叶中，雌小花含 1 花，大部分为 4~5 枚簇生。第一颖位于花序内侧，质薄；第二颖位于花序的外侧，硬革质，顶端 3 个绿色裂片，边缘内卷；外稃厚膜质，卵状披针形，具 3 脉，基部宽，上部狭，顶端也具 3 个绿色裂片，中间的裂片特大；内稃具 2 脉，上部卷折，下部宽广，约与外稃等长
狗牙根 *Cynodon dactylon* （L.）Pers	穗状花序，4~5 枚分枝着生秆顶；小穗含 1 花，稀为 2 花，两侧扁，小穗长 2~2.5 mm，灰绿色或带紫色。颖具一中脉形成背脊，两侧膜质，长 1.2~2.0 mm，等长或第二颖稍长。外稃草质，与小穗等长，具 3 脉，中脉成脊，脊上具短毛，背脊拱起为二面体，侧面为近圆形；内稃约与外稃等长，具 2 脊。颖果矩圆形，紫黑色；胚矩圆形，凸起，长约占颖果的 1/3~1/2
弯叶画眉草 *Eragrostis curvula* （Shrad.）Nees.	圆锥花序开展，长 15~40 cm，宽 5~10 cm，具较多分枝，靠基部的分枝腋生绒毛，小穗含 5~12 花，长 6~11 mm，灰绿色，颖质薄，披针形，具 1 脉；第一颖约长 1.5 mm，第二颖长 2~2.5 mm，外稃长圆形，先端钝，具 3 脉，侧脉明显，长约 2.5 mm，内稃稍短于外稃，颖果与内外稃分离而脱落，长 1.2~1.25 mm，宽 0.6~0.7 mm，厚 0.2~0.3 mm，黄褐色；长卵状椭圆形；背面稍突起，腹面扁平，顶端钝圆，基部截平。胚大而明显，长占颖果全长 1/2，椭圆形，暗褐色，中央突起，种脐位于端部，长椭圆形，暗褐色

(续)

草坪草种	花序与种子形态特征
假俭草 *Eremochloa ophiuroides* (Munro) Hack.	总状花序顶生，稍弓曲，压扁，长4~6 cm，宽约2 mm，总状花序轴节间具短柔毛。无柄小穗长圆形，覆瓦状排列于总状花序轴一侧，长约3.5 mm，宽约1.5 mm；第一颖硬纸质，无毛，5~7脉，两侧下部有篦状短刺或几无刺，顶端具宽翅；第二颖舟形，厚膜质，3脉；第一外稃膜质，近等长；第二小花两性，外稃顶端钝；花药长约2 mm；柱头红棕色。有柄小穗退化或仅存小穗柄，披针形，长约3 mm，与总状花序轴贴生
苇状羊茅/高羊茅 *Festuca arundinacea* L.	圆锥花序开展，长20~25 cm；小穗含4~5个花，长10~13 mm，淡黄色至褐黄色，小穗轴节间圆柱形，先端膨大，平截或微凹，具短刺毛；颖披针形，边缘膜质，第一颖具1脉，长4~6 mm，第二颖具3脉，长5~7 mm。外稃矩圆状披针形，长6.5~8 mm，具5脉，边缘粗糙，脉上及脉的两边基部均粗糙，先端渐尖，边缘膜质。具短芒，长约2 mm，或稀无芒，内稃具点状粗糙，纸质，具2脊，脊上粗糙；颖果与内稃贴生，不易分离，矩圆形，长3.4~4.5 mm，宽约1~1.5 mm，深灰色或棕褐色；顶端平截，具白色或淡黄色毛茸，脐不明显；腹面具沟；胚卵形或广卵形，长约占颖果的1/4，色稍浅于颖果
紫羊茅 *Festuca rubra* L.	圆锥花序开展、狭窄、小，先端带紫色，长9~13 cm；小穗轴节间圆柱形，顶端稍膨大，平截或微凹，稍具短柔毛；外稃披针形，长4.5~5.5 mm，宽1~2 mm，淡黄色或先端带紫色，具不明显的5脉，先端具1~2 mm的细弱芒，边缘及上半部具微毛或短刺毛；内外稃等长，脊上部粗糙，脊间被微毛；颖果与内外稃相贴，不易分离，矩圆形，长2.5~3.2 mm，宽约1 mm，深棕色，顶部钝圆，具毛茸；脉不明显；腹面具宽沟；胚近圆形，长约占颖果1/6~1/5，色浅于颖果
羊茅 *Festuca ovina* L.	圆锥花序紧缩，长2.5~5 cm，宽0.4~0.7 cm；小穗绿色或带紫色，长4~6 mm，含3~6小花；小穗节间被微毛（这特征是它与羊茅属其他种的明显区别），长约0.5 mm；颖片披针形，先端尖，外稃长圆状披针形，先端具短芒，内稃与外稃等长；颖果种子椭圆状长圆形，红棕色，长1~1.5 mm，宽0.5 mm，先端无毛
多年生黑麦草 *Lolium perenne* L.	两侧压扁的穗状花序，长10~20 cm；小穗轴节间近多面体或矩圆形，两侧扁，无毛，不与内稃紧贴；外稃宽披针形，长4~8 mm，宽1.2~1.4 mm，淡黄色或黄色，无芒或上部小穗具短芒，内稃与外稃等长，脊上具短纤毛，内外稃与颖果相贴，不易分离；颖果矩圆形，长2.8~3.4 mm，宽1.1~1.3 mm，棕褐色至深棕色，顶端具毛茸；腹面凹；胚卵形，长约占颖果的1/5~1/4，色同于颖果
一年生黑麦草 *Lolium multiflorum* Lam.	两侧压扁的穗状花序，长10~20 cm；小穗轴节间矩形，两侧扁，具微毛。外稃宽披针形，长4~8 mm，宽1.3~1.8 mm，淡黄色或黄色；顶部膜质透明，具5脉，中脉延伸成细弱芒，芒长5 mm，直或稍向后弯曲；内稃与外稃等长，边缘内折，脊上具细纤毛，内外稃与颖果相贴，但易分离。颖果倒卵形或矩圆形，长2.5~3.4 mm，宽1~1.2 mm，褐色至棕色，顶部钝圆，具毛茸；脐不明显；腹面凹陷，中间具沟；胚卵形至圆形，长约占颖果的1/5~1/4，色同于颖果
两耳草 *Paspalum conjugatum* Berg.	总状花序长6~12 cm，2枚，纤细。小穗卵形，第二颖与第一外稃质地较薄，无脉，第二颖边缘具长丝状柔毛，毛长与小穗近等，第二外稃变硬，背面略隆起成卵形，包卷同质地的内稃
毛花雀稗 *Paspalum dilatatum* Poir.	总状花序3至多数，互生于伸长的主轴上，小穗含2小花，高位小花两性，小穗卵形，背腹扁，长3~4 mm，宽2.5~3 mm，先端尖，边缘具长丝状毛，两面贴生短毛。第一颖缺失；第二颖与第一外稃相同，膜质，内稃缺失。孕花外稃革质，近圆形，背面凸起，边缘内卷，包卷同质而凹陷的内稃。颖果卵形，长约1.7~2 mm，宽约1.5 mm，厚约0.4 mm；顶端宿存花柱2枚，胚部较大，灰褐色，长约为颖果全长的1/3稍强。种脐大而明显，长椭圆形或卵圆形，暗褐色

(续)

草坪草种	花序与种子形态特征
巴哈雀稗 *Paspalum notatum* Flugge	总状花序，孪生，似叉形着生秆顶，长约 15 cm；2 枚对生，小穗卵形，第二颖稍长于第一颖，具 3 脉，中脉不明显，第一外稃具 3 脉，第二外稃绿白色，稍短于小穗
狼尾草 *Pennisetum clandestinum* Hochst ex Chiov.	圆锥花序致密、具刚毛，非常紧缩的呈穗状圆柱形；花序由 2~4 个小穗构成，包藏在上部叶鞘中，仅柱头花药伸出鞘外；刚毛短于小穗，粗糙或具纤毛；小穗线状披针形，长可达 15 mm，有长短不同的刚毛与毛茸衬托；第一外稃膜质，圆头，长约 6 mm，包围小穗基部；第二颖三角形，与小穗等长，具 13 脉；第一外稃与小穗等长；第二外稃软骨质，但不坚硬；鳞被缺如；花柱细长，外露。颖果长 2.5~3.2 mm，宽 1.1~1.8 mm，厚 1~1.5 mm，背腹压扁，顶端花柱宿存。胚部大而明显，约为颖果全长的 1/5~3/5，椭圆形，中央微凹，线形
猫尾草 *Phleum pratense* L.	圆锥花序紧缩成圆柱状，灰绿色，长 4~15 cm，宽 0.5~0.6 cm；小穗长圆形，含 1 花，两侧压扁，灰褐色。颖片膜质，长 2.5~3.5 mm，具 3 脉，中脉成锐脊，脊上具硬纤毛，顶端具 0.5~1 mm 的芒刺小尖头；外稃薄，膜质，长约 1.5~2 mm，具 7 脉，脉上具微毛，顶端钝圆；内稃与外稃同质而略短，具 2 脉，顶端圆形。颖果卵圆形，长约 1.5~1.6 mm，宽约 0.7~1 mm，褐黄色，表面粗糙，无光泽；顶端渐窄，端顶锐尖外突，基部钝尖。胚部卵形，略突出，长为颖果的 1/3 或稍长，暗褐色。种脐近圆形，黑褐色
一年生早熟禾 *Poa annua* L.	圆锥花序开展，小，长 2~7 cm；小穗含 3~5 小花；颖片质地薄，先端钝；外稃卵圆形，5 脉，龙骨和边缘具柔毛，基盘无绵毛，无绵毛是它与草地早熟禾在形态上的区别。小穗轴光滑。颖果种子长约 2.5~4 mm，宽 0.6~0.8 mm，纺锤形，具三棱，表面有明显的纵皱纹；胚部小，略突出，淡褐色。种脐黑褐色
加拿大早熟禾 *Poa compressa* L.	圆锥花序，窄，长 3.5~11 cm，宽 0.5~1 cm；小穗长 3~5 mm，含 2~4 小花；颖片长 2~3 mm，3 脉；外稃基盘有少量绵毛。外稃内侧脉不明显，似乎 3 条，龙骨与脉边缘有毛，外稃尖端发白，呈绿色或紫色。颖果种子纺锤形，长约 2.5~3 mm，宽约 0.8 mm
林地早熟禾 *Poa nemoralis* L.	圆锥花序开展，长 13~15 cm，宽 0.5~1 cm；小穗长 3~5 mm，含 2~5 小花；颖片长 3.5~4 mm，3 脉；外稃边缘具较长的柔毛，基盘生长少量绵毛。颖果种子纺锤形，长 1.3~1.6 mm，宽 0.4~0.6 mm
草地早熟禾 *Poa pratensis* L.	圆锥花序开展，塔形，长 13~20 cm；小穗轴节间较短，但也长短不一，先端稍膨大，具柔毛；外稃卵圆状披针形，长 2.3~3 mm，宽 0.6~0.8 m，草黄色或带紫色，纸质，先端膜质，龙骨及边缘中下部具长柔毛，基盘具稠密而长的白色绵毛，内侧脉细而明显；内稃稍短于外稃或等长，脊上粗糙或具短纤毛；小穗轴圆柱形，光滑。种子纺锤形，具三棱，长 3~4 mm，宽约 0.6 mm，红棕色，无光泽，顶端具毛茸；脐不明显；腹面具沟，成小舟形；胚椭圆形或近圆形，突起，长约占颖果的 1/5，色浅于颖果
普通早熟禾 *Poa trivialis* L.	圆锥花序开展，长 6~15 cm，宽 1~3.5 cm；小穗长含 2~5 小花；颖片披针形，脉明显而粗糙；外稃锐尖成龙骨，窄长圆而尖，背下具柔毛，明显 5 脉，通常无毛或仅龙骨上有毛；小穗轴光滑。种子长椭圆形，长约 2.5~3.5 mm
碱茅 *Pucinellia distans* （L.）Parl.	圆锥花序，长 5~15 cm，宽 6 cm；小穗长 4~6 mm，含 5~7 小花；颖片质地较薄，先端钝，具不整齐的细裂齿；外稃先端钝或截平，先端与边缘具不整齐的细裂齿，基部被短毛，5 脉；内稃等长或稍短于外稃，小穗轴圆柱形，有时尖端扩；种子椭圆形或近纺锤形，长 2~2.5 mm
结缕草 *Zoysia japonica* Steud.	总状花序，短紧缩，长 2~4 cm，宽 0.3~0.5 cm；小穗含 1 花，两性，单生，脱节于颖下，小穗卵形，长 3~3.5 mm，紫褐色；小穗柄弯曲，长达 4 mm。第一颖退化，第二颖为革质，无芒或仅具 1 mm 的尖头，两侧边缘在基部联合，全部包在膜质的外稃，具 1 脉成脊；内稃通常退化。颖果近矩圆形，两边扁，长 1~1.2 mm，宽 0.7 mm，深黄褐色，稍透明；顶端具宿存花柱；脐明显，色深于颖果，腹面不具沟；胚在一侧的角上，中间突起，长约占颖果的 1/2~3/5（颖果形状，胚的位置与印度鼠尾粟的种子及胚的位置相似，但后者果实为囊果），色比颖果深

（续）

草坪草种	花序与种子形态特征
中华结缕草 *Zoysia sinica* Hance	总状花序穗形，小穗排列较疏松，长2~5 cm，宽0.4~0.5 cm，初生的花序包藏在叶鞘内；小穗有1朵花，单生，两性，长4~6 mm，宽1~1.5 mm，有3 mm长的小穗柄。第一颖退化，第二颖卵圆形，革质，脉纹不明显，一般无芒，全包被膜质的外稃，外稃长约3 mm，具3脉，中脉成脊；内稃通常退化，颖果长1~1.5 mm；深黄褐色；近椭圆形，两侧扁，顶端具较长的宿存花柱，腹面扁平，不具沟。胚位于背面基部的一侧，椭圆形，褐色。种脐位于胚相对一面，卵圆形，暗褐色

（2）豆科草坪草种子形态特征

豆科草坪草的种子属双子叶无胚乳种子。有较大的胚，发达的子叶，而内胚乳和外胚乳几乎不存在，只有内胚乳及珠心残留下来的1~2层细胞，其余部分完全被成长的胚所吸收。豆科草坪草的种子有明显的种脐、种孔、种脊和种瘤。部分种子种脐中间有一条细长的沟，叫脐沟。种脐的位置和形状、种脐长与种子周长的比率，种瘤与种脐及种瘤与种脊的相对位置，胚根与子叶的关系，脐沟的有无和颜色等都是豆科草坪草种子较稳定的特征，是种子鉴定的主要依据。种子的形状、大小和表面颜色及种脐与合点位置因不同种变化较大，仅作为种子鉴定时的辅助特征。豆科草坪草种子形态如图1-3所示，常见豆科草坪草种子形态特征列于表1-2。

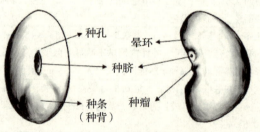

图1-3　豆科草坪草种子形态

表1-2　豆科草种子形态特征

草坪草种	种子大小（mm）	种子颜色	种子形态与种脐位置
白三叶 *Trifolium repens* L.	长1.0~2.0 宽0.8~1.3 厚0.4~0.9	黄、具漂亮的浅棕色	心形，少为近三角形；种脐在种子基部，圆形，直径0.12 mm，呈小白圈，环心呈褐色小点。种瘤在种子基部，浅褐色，距种脐0.12 mm，胚乳薄
红三叶 *Trifolium pratense* L.	长1.2~3.5 宽1~2 厚0.7~1.3	一端黄，一端为灿烂的紫色	不对称的心形；种脐在种子长的1/2以下，圆形，直径0.23 mm，呈白色小环，环心褐色。种瘤在种子基部偏向具种脐的一边，呈小突起，浅褐色，距种脐0.5~0.7 mm。胚乳极薄
白花草木樨 *Melilotus alba* Medic. Ex Desr.	1.7~2.3	黄、棕褐、暗绿色	圆形、卵形、椭圆形；种脐在种子长的1/2以下，圆形，直径0.13 mm，凹陷，白色
黄花草木樨 *Melilotus suaveolens* Ledeb.	2	黄色、黄绿色或浅褐色	宽椭圆形或倒卵状椭圆形；种脐在种子长的1/2以下，圆形，直径约0.17 mm，白色或褐色
紫花苜蓿 *Medicago sativa* L.	2.0~3.0	黄、浅褐色	肾形；种脐近种子长中央或稍偏下，圆形，直径0.2 mm，黄白色或有一白色环

(续)

草坪草种	种子大小 （mm）	种子颜色	种子形态与种脐位置
胡枝子 *Lespedeza bicolor* Turcz.	3~4	黑紫色	三角状倒卵形，两侧扁；种脐在种子长的 1/2 以下，圆形，直径约 0.23 mm，黄色
百脉根 *Lotus corniculatus* L.	长 1.2~1.5 宽 0.8~1.6 厚 0.7~1.4	暗栗色	环形，稍扁平；种脐在种子长的 1/2 以下，圆形，直径 0.17 mm，凹陷，白色。呈一白圈，中间褐色。种瘤在种脐下边，突出，深褐色，距种脐约 0.4 mm，脐条明显，与种瘤连生。有胚乳
红豆草 *Onobrychis viciae-folia* Scop.	6~7	栗色、褐色	卵形，棱角；种脐近于种子中央或稍偏上，圆形，直径 0.99 mm，褐色

(3) 莎草科草坪草种子形态特征

莎草科草坪草种子与禾本科草坪草种子不同的是莎草科种子为坚果，凡有三裂花柱，果实为三棱形；凡有二裂花柱或单一花柱，果实为两面形（表1-3）。常用于草坪的是莎草科薹草属植物，如白颖薹草（小羊胡子草 *Carex rigescens*）、异穗薹草（大羊胡子草 *C. heterostachya*）、青绿薹草（*C. breviculmis*）、涝峪薹草（*C. giraldiana*）、披针叶薹草（*C. lanceolate*）、低矮薹草（*C. humilis* var. *humilis*）等种。

表1-3　莎草科草坪草花序与种子形态特征

草坪草种	花序与种子形态特征
涝峪薹草 *Carex giraldiana* KuK.	苞片短叶状，具鞘。小穗 3~5 个，彼此远离，顶生 1 个雄性，棒状圆柱形，长 1 cm；侧生小穗雌性，顶端常具雄花，卵形，具 3~5 朵花，长 6~8 mm；小穗柄三棱形，上具疏齿，上部两个的柄短，包藏于包鞘内，下部两个的柄长，伸出鞘外。雌花鳞片长圆形，顶端近截形，淡黄白色，背面中间 3 条脉绿色，延伸成粗糙的短尖。果囊与鳞片近等长，斜展，倒卵形，长 5~6 mm，近革质，黄绿色，被疏短硬毛，具多条脉基部渐狭成柄，稍斜，先端急缩成喙，喙圆柱形，喙口具 2 浅齿。小坚果紧包于果囊中，倒卵形，三棱形，下部棱面凹陷，基部具短柄状；花柱基部膨大，柱头 3 个
低矮薹草 *Carex humilis* Leyss. var. *humilis*	苞片佛焰苞状，淡红褐色，鞘口为宽的白色膜质，顶端具刚毛状的苞叶。小穗 2~3 个，彼此疏远；顶生的 1 个雄性，线状圆柱形，长 1~1.4 cm，粗约 2 mm，有多数花；侧生的 1~2 为雌小穗，卵形或长圆形，长 5~7 mm，有 2~4 朵疏生的花；小穗柄短，包于叶鞘中或最下部的 1 个稍伸出，小穗轴曲折。雄花鳞片长圆状卵形，长约 5 mm，顶端钝或截形，背面紫褐色，两侧白色膜质；雌花鳞片卵形，长约 4 mm，顶端渐尖，两侧红褐色，中间绿色，有 1 条中脉，有宽的白色膜质边缘，基部包围小穗轴。果囊稍短于鳞片，倒卵状长圆形，三棱形，长 3~3.2 mm，膜质，淡绿色，疏生锈色斑点，密被短柔毛，具两侧脉，无明显细脉，基部急缩成短柄，上部近圆形，骤缩成喙，喙紫红色，喙口全缘。小坚果椭圆形或倒卵状长圆形，三棱形，长 2.5~3 mm，基部渐狭成短柄，上部具外弯的短喙，成熟时暗褐色；花柱基部稍增粗，柱头 3 个
青绿薹草 *Carex breviculmis* R. Br.	苞片最下部的叶状，长于花序，具短鞘，鞘长 1.5~2 mm，其余的刚毛状，近无鞘。小穗 2~5 个，上部的接近，下部的远离，顶生小穗雄性，长圆形，长 1~1.5 cm，宽 2~3 mm，近无柄，紧靠近其下面的雌小穗；侧生小穗雌性，长圆形或长圆状卵形，少有圆柱形，长 0.6~1.5 cm，宽 3~4 mm，具稍密生的花，无柄或最下部的具长 2~3 mm 的短柄。雄花鳞片倒卵状长圆形，顶端渐尖，具短尖，膜质，黄白色，背面中间绿色；雌花鳞片长圆形，倒卵状长圆形，先端截形或圆形，长 2~2.5 mm（不包括芒），宽约 1.2~2 mm，膜质，苍白色，背面中间绿色，具 3 条脉，向顶端延伸成长芒，芒长 2~3.5 mm。果囊近等长于鳞片，倒卵形，钝三棱形，长 2~2.5 mm，宽约 1.2~2 mm，膜质，淡绿色，具多条脉，上部密被短柔毛，基部渐狭，具短柄，顶端急缩成圆锥状的短喙，喙口微凹。小坚果紧包于果囊中，卵形，长约 1.8 mm，栗色，顶端缢缩成环盘；花柱基部膨大成圆锥状，柱头 3 个

(续)

草坪草种	花序与种子形态特征
异穗薹草 Carex heterostachya Bge.	苞片芒状，常短于小穗，或最下面的稍长于小穗，无苞鞘或最下面的具短鞘。小穗3~4个，常较集中生于秆的上端，间距较短，上端1~2个为雄小穗，长圆形或棍棒状，长1~3 cm，无柄；其余为雌小穗，卵形或长圆形，长8~18 mm，密生多数花，近于无柄，或最下面的小穗具很短的柄。雄花鳞片卵形，长约5 mm，膜质，褐色，具白色透明的边缘，具3条脉；雌花鳞片圆卵形或卵形，长约3.5 mm，顶端急尖，具短尖，上端边缘有时呈啮蚀状，膜质，中间淡黄褐色，两侧褐色，边缘白色透明，具3条脉，中脉绿色。果囊斜展，稍长于鳞片，宽卵形或圆卵形，钝三棱形，长3~4 mm，革质，褐色，无毛，稍有光泽，脉不明显，基部急缩为钝圆形，顶端急狭为稍宽而短的喙，喙口具两短齿。小坚果较紧地包于果囊内，宽倒卵形或宽椭圆形，三棱形，长约2.8 mm，基部具很短的柄，顶端具短尖；花柱基部不增粗，柱头3个
白颖薹草 Carex rigescens (Franch.) V. Krecz	苞片鳞片状。穗状花序卵形或球形，长0.5~1.5 cm，宽0.5~1 cm；小穗3~6个，卵形，密生，长4~6 mm，雄雌顺序，具少数花。雌花鳞片宽卵形或椭圆形，长3~3.2 mm，锈褐色，雌花鳞片具宽的白色膜质边缘，顶端锐尖，具短尖。果囊稍长于鳞片，宽椭圆形或宽卵形，长3~3.5 mm，宽约2 mm，平凸状，革质，锈色或黄褐色，成熟时稍有光泽，两面具条脉，基部近圆形，有海绵状组织，具粗的短柄，顶端急缩成短喙，喙缘稍粗糙，喙口白色膜质，斜截形。小坚果稍疏松地包于果囊中，近圆形或宽椭圆形，长1.5~2 mm，宽1.5~1.7 mm；花柱基部膨大，柱头2个

（4）其他科草坪草种子形态特征

①沿阶草[*Ophiopogon japonicus*（Linn. f.）Ker-Gawl.] 总状花序长1~7 cm，具几朵至十几朵花；花常单生或2朵簇生于苞片腋内；苞片条形或披针形，少数呈针形，稍带黄色，半透明，最下面的长约7 mm，少数更长些；花梗长5~8 mm，关节位于中部；花被片卵状披针形、披针形或近矩圆形，长4~6 mm，内轮三片宽于外轮三片，白色或稍带紫色；花丝很短，长不及1 mm；花药狭披针形，长约2.5 mm，常呈绿黄色；花柱细，长4~5 mm。种子近球形或椭圆形，直径5~6 mm。

②马蹄金（*Dichondra repens* J. R. et G. Forst） 花单生叶腋，花柄短于叶柄，丝状；萼片倒卵状长圆形至匙形，钝，长2~3 mm，背面及边缘被毛；花冠钟状，较短至稍长于萼，黄色，深5裂，裂片长圆状披针形，无毛；雄蕊5，着生于花冠2裂片间弯缺处，花丝短，等长；子房被疏柔毛，2室，具4枚胚珠，花柱2，柱头头状。蒴果近球形，小，短于花萼，直径约1.5 mm，膜质。种子1~2 mm，黄色至褐色，无毛。

1.1.4.3 实验方法与步骤

用放大镜（体视显微镜）、解剖针等观察种子外部结构特征，用直尺或游标卡尺测量种子的长与宽（最宽处），并将所测的结果记录在表格中。

1.1.5 实验相关记录与参考表格

将实验数据填于表1-4中。

表1-4 草坪草种子特征观察记录表

姓名： 学号： 班级： 专业：

拉丁名	中文名	种脐/小穗轴形态	种子形状	种子大小（mm）			种子颜色
				长	宽	厚	

1.1.6 实验作业

观察测量所提供的草坪草种子，记录结果填写表1-4草坪草种子特征观察记录表，每人交一份实验报告。

实验1.2 草坪草植株识别

1.2.1 实验目的

学生通过对草坪植株的识别实验，掌握禾本科草坪草与常用其他科草坪植物的主要区别，掌握识别禾本科草坪草的主要器官与特点，掌握冷季型草坪草与暖季型草坪草在形态上的主要区别，正确鉴定草坪草种，为草坪的建植与管理奠定基础。

1.2.2 实验原理

草坪植物主要为禾本科植物，少量为莎草科、豆科、灯心草科、旋花科、百合科及景天科等草种。不同科属间均有明显的特点，可以区别鉴定，同一科属下不同草种同样有其自己独特的形态以及结构特点，所以根据其根、茎、叶、花、果等器官可以明显区分，对于经常修剪的草坪草来说，其不同种的植株营养器官形态特征也有不同，所以根据营养器官可以很好地鉴定区分不同的草坪草种。

1.2.3 实验材料与设备

（1）实验材料
新鲜的草坪草植株。
（2）实验用具
放大镜、直尺、解剖针、体视显微镜、记录本。

1.2.4 实验方法与步骤

1.2.4.1 草坪草科、属间植株识别要点

鉴别草坪草首先要确定草坪草的科与属，然后才能鉴定到种，我们已经了解到用作草坪的植物主要是禾本科的草种，少量为莎草科、豆科、灯心草科、旋花科、百合科及景天科等草种，其中豆科、旋花科和景天科属于双子叶植物，而禾本科、莎草科、灯心草科和百合科属于单子叶植物，单子叶与双子叶植物主要区别是：单子叶植物胚具1片子叶，主根不发达，形成须根系，维管束散生，无形成层，叶具平行脉或弧形脉，花常3数，少4数，无5数，花粉具1萌发孔；双子叶植物胚具2片子叶，主根发达，多为直根系，维管束环状排列，具形成层，叶具网状脉，花常5数或4数，极少3数，花粉具3个萌发孔。在单子叶植物禾本科、莎草科、灯心草科和百合科中，禾本科、莎草科与灯心草科的植物外形很相像，尤其是莎草科与禾本科更像，主要从几方面区别，见表1-5和图1-4、图1-5。

表 1-5 草坪草常见各科特点

科名		禾本科	莎草科	灯心草科
茎	秆	茎横断面多为圆形或扁椭圆，茎是圆柱形（圆）或扁平，中空、半中空或实心，多变	茎的断面多为三角形，茎三棱形，多为实心，具髓	内部具充满或间断的髓心或中空。通常为圆形或近圆形
	节	茎节明显	茎节不明显	茎节不明显
叶	叶排列方式	叶基生或秆生，两列对生	叶基生或秆生，三列伸出	叶全部基生成丛而无茎生叶，或具茎生叶数片，常排成三列，螺旋状
	叶片	通常扁平、多具叶舌	扁平、无叶舌或退化	
	叶缘	光滑、具纤毛或刺毛	通常具刺毛	光滑
	叶鞘	通常开裂的，少有闭合	闭合的	叶鞘开放或闭合
花		早熟禾亚科：圆锥花序，稀为总状或穗状花序；小穗两侧压扁或圆筒形，含(1)2至多数小花，自下而上向顶成熟，脱节于颖之上与诸小花间，小穗轴延伸至上部小花之后成一细柄；颖片2枚，稀1枚或退化；外稃具有3脉或5(13)脉，有芒或无芒；内稃具2脉成脊，稀1或3脉；鳞片2(~3)；雄蕊3枚，有些为6或2至1枚；子房1室，无毛或先端有毛，柱头2(~3)，羽毛状。颖果与稃体分离或黏着；种脐线形或短线形；胚小为果体的1/6~1/4 画眉草亚科：小穗常两侧压扁，含一至多数小花，顶生小花常不发育，脱节于颖之上；鳞被2，质厚，顶端截平，有脉纹。胚长约为颖果的1/3~5/6 黍亚科：小穗常背腹压扁或为圆筒形，常脱节于颖之下，小穗轴从不延伸至顶生小花之后；每小穗含2小花，通常均为两性或下部小花为雄性或中性，甚至退化仅剩1外稃（如小穗为单性时，则为雌雄同株或异株）。鳞被截平，有脉纹。胚长为颖果的1/2以上	两性小穗雄雌顺序或雌雄顺序，通常雌雄同株，少数雌雄异株，具柄或无柄，小穗柄基部具枝先出叶或无，鞘状或囊状，小穗1至多数，单一顶生或多数时排列成穗状、总状或圆锥花序；雄花具3枚雄蕊，少数2枚，花丝分离；雌花具1个雌蕊，花柱稍细长，有时基部增粗，柱头2~3个；果囊三棱形、平凸状或双凸状，具或长或短的喙。小坚果较紧或较松地包于果囊内，三棱形或平凸状	复聚伞花序或由数至多朵小花集成头状花序；头状花序单生茎顶或由多个小头状花序组成聚伞、圆锥状等复花序；花序有时为假侧生，花序下常具叶状总苞片，有时总苞片圆柱状，似茎的延伸；花雌蕊先熟，花下具小苞片或缺如；花被片6枚，2轮，颖状，常淡绿色或褐色，少数黄白色、红褐色至黑褐色，顶端尖或钝，边缘膜质，外轮常有明显背脊；雄蕊6枚，稀3枚；花药长圆形或线形；花丝丝状；子房3或1室，或具3个隔膜，花柱圆柱状或线形；柱头3；胚珠多数
果实		果实外观变化大，大小变化大，果实外围的鳞片，在果实成熟掉落时通常不脱落，果实中产生单个或多个种子	直径2 cm多长的刺果团，类似喙，果实外围的鳞片，在果实成熟掉落时会脱落，果实是单种子的小坚果，三棱形、双凸状、平凸状或球形	直径仅几毫米的微小球状结构。果实中产生3个种子。蒴果常为三棱状卵形或长圆形，顶端常有小尖头，3室或1室或具3个不完全隔膜，种子多数，表面常具条纹
种子		种子纺锤形、圆形、卵形	三棱形、双凸状、平凸状或球形	种子卵球形、纺锤形或倒卵形，有时两端（或一端）具尾状附属物

1.2.4.2 草坪草识别器官的特征

一株成熟的禾本科草坪草主要由根、茎、叶、花等器官组成（图1-6）。如果要识别草坪草所属的科属，最简单的方法是通过花序的特征来鉴别。但在草坪正常修剪高度下，一般花序是不存在的，所以，必须依靠营养器官的特征来识别。营养器官包括幼叶、叶舌、叶鞘、

图 1-4 不同科草坪草茎横切面

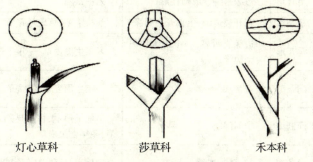

图 1-5 不同科草坪草叶片排列

叶耳、叶颈和叶片等(图 1-7~图 1-12)。这些器官着生的方法、质地、大小、形状等变化及草坪草的生长习性等(图 1-13~图 1-15)都给草坪草的识别提供了方便。它们各自的特点见表 1-6 所列。

表 1-6 草坪草各器官的特征及代表性草种

器官	定义		特征	代表性草种
幼叶卷叠方式 vernation	幼叶在叶鞘里的排列方式	卷包式	一层层卷成同心圆	一年生黑麦草、苇状羊茅、野牛草、巴哈雀稗、匍匐翦股颖、结缕草、沟叶结缕草、细叶结缕草
		折叠式	两叶相对,均折为"V"形,大叶包小叶	草地早熟禾、多年生黑麦草
叶舌 ligule	叶鞘顶端和叶片相连接处的近轴面的突出物	类型	膜质:透明或半透明	草地早熟禾、匍匐翦股颖、多年生黑麦草、羊茅、匍匐紫羊茅、苇状羊茅、猫尾草
			丝状:状似头发	狗牙根、结缕草、钝叶草、野牛草、格兰马草、狼尾草
			无或已退化	个别种,如稗子
		形状	截形:似剪断平齐	苇状羊茅、巴哈雀稗
			圆形(半圆状)	匍匐翦股颖、多年生黑麦草、羊茅、一年生黑麦草
			稍尖	粗茎早熟禾、一年生早熟禾、猫尾草、绒毛翦股颖
		边缘	缘毛型	冰草、假俭草
			全缘型	羊茅、多年生黑麦草
			缺刻型(三尖)或锯齿型	普通早熟禾、猫尾草

(续)

器官	定义	特征		代表性草种
叶耳 auricle	叶片与叶鞘相连接处两侧边缘上的附属物	无叶耳	叶耳完全退化	匍匐翦股颖、匍匐紫羊茅、草地早熟禾、钝叶草、巴哈雀稗、野牛草、假俭草、结缕草、狗牙根、地毯草、猫尾草、格兰马草、钝叶草
		有叶耳	有细长交叉的爪状,也有只留一点痕迹的退化型	一年生黑麦草、多年生黑麦草、苇状羊茅
叶鞘 leaf sheath	叶下部卷曲成圆柱状包围茎秆的部分	闭合形	边缘密封卷成圆柱形	无芒雀麦
		开裂形	有开裂边缘,上部开裂明显	苇状羊茅、草地早熟禾
		叠瓦形	边缘线明显,一个边缘压另一个边缘	多年生黑麦草、一年生黑麦草
叶颈 collar	结构和外观均与叶片和叶鞘不一样的组织,是位于叶片和叶鞘之间起连接作用的带状部分	阔条型	宽带状,连续	一年生黑麦草、结缕草、海滨雀稗、假俭草、野牛草
		间断型	中间间断	草地早熟禾、粗茎早熟禾、一年生早熟禾、苇状羊茅、多年生黑麦草
		窄条型	细带状,连续	狗牙根、地毯草、匍匐紫羊茅
叶片 blade	叶鞘以上叶子的伸展部分,叶片有近轴(上表面)与远轴(下表面)的两个平面	叶尖	船形:卷成小木船形	草地早熟禾、一年生早熟禾
			钝形或圆形:叶尖平展渐尖或圆形稍尖	钝叶草
			披针形(锐尖形):叶尖很尖	紫羊茅、日本结缕草、细叶结缕草
		叶形	扁平型:叶片平坦截面成一线形	狗牙根、匍匐翦股颖
			V型:叶卷折,截面成V形	草地早熟禾、加拿大早熟禾、一年生早熟禾
			针型:叶比V形卷的更紧,似针	紫羊茅
		叶面	两面光滑	草地早熟禾、粗茎早熟禾、一年生早熟禾、狗牙根、结缕草、巴哈雀稗、海滨雀稗、假俭草
			单面光滑	高羊茅、匍匐翦股颖、多年生黑麦草、野牛草
			背面有光泽	多年生黑麦草、一年生黑麦草
		叶片横截面	具龙骨无脊:表面光滑,叶面中脉处隆起	草地早熟禾、粗茎早熟禾、一年生早熟禾
			具龙骨有脊:表面有山脊状隆起,叶背面中脉处隆起	多年生黑麦草、一年生黑麦草
			无龙骨有脊:表面光滑,叶背面中脉处隆起	高羊茅、匍匐翦股颖、野牛草
			无龙骨无脊:表面光滑,叶背面中脉平展	狗牙根、日本结缕草、假俭草
		叶宽	窄	匍匐翦股颖、草地早熟禾、多年生黑麦草、狗牙根、细叶结缕草、沟叶结缕草、紫羊茅、野牛草
			宽	地毯草、日本结缕草

(续)

器官	定义	特征		代表性草种
根 root		须根系	许多粗细详尽的不定根(由胚轴和下部的境界所产生的根)组成	禾本科草坪草、莎草科草坪草
		直根系	由一明显的主根(由胚根形成)和各级侧根组成	白三叶
花序 inflorescence	草坪草开花部位,根据花序主轴上小花穗的排列方式可基本上分为三种类型	总状花序	花有花梗,排列在一不分枝且较长的花轴上	结缕草、沟叶结缕草、细叶结缕草
		圆锥花序	花序轴上有多个总状或穗状花序,形似圆锥	展开的:草地早熟禾、高羊茅 圆柱状:猫尾草
		穗状花序	和总状花序相似,但花无梗	多年生黑麦草、一年生黑麦草、冰草
生长习性 growth habit	生长习性不仅指侧枝的形成方式,也指枝条的生长方向	匍匐型	茎在地上匍匐扩展	匍匐剪股颖、野牛草
		根状茎	在地下横走的茎	草地早熟禾、无芒雀麦、白颖薹草
		丛生型	靠从主根分蘖来扩展	多年生黑麦草、一年生黑麦草
		根状茎-匍匐型	既有地上匍匐的茎又有地下横走的茎	狗牙根、竹节草、双穗雀稗、日本结缕草

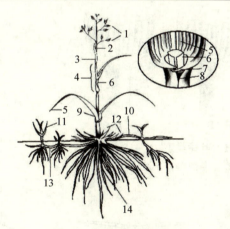

图 1-6 禾本科草整株图

1. 花序　2. 花序秆　3. 节　4. 节间　5. 叶片　6. 叶舌　7. 叶耳
8. 叶鞘　9. 叶颈　10. 匍匐茎　11. 枝　12. 冠　13. 根状茎　14. 须根

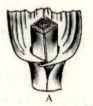

图 1-7 幼叶卷叠方式

A. 折叠式　B. 卷包式

图 1-8 叶舌边缘类型

A. 丝状　B. 渐尖　C. 截形　D. 边缘具毛

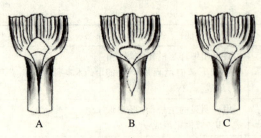

图 1-9 叶鞘类型
A. 开裂形 B. 叠瓦形 C. 闭合形

图 1-10 叶耳类型
A. 爪形 B. 圆形或钝形 C. 无叶耳形

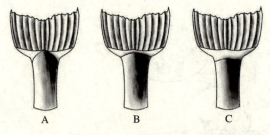

图 1-11 叶颈类型
A. 间断型 B. 窄条型 C. 阔条型

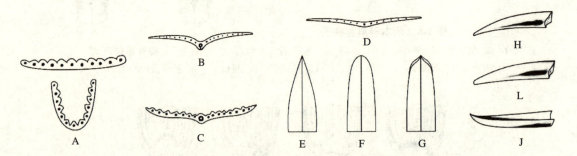

图 1-12 叶片表面特征与叶尖形状
①叶片横截面：A. 叶片具脊而无龙骨状突起 B. 叶片无脊而具龙骨状突起 C. 叶片具脊也具龙骨状突起
D. 叶片无脊也无龙骨状突起
②叶片正面平展：E. 尖 F. 圆形或钝形 G. 船形 ③叶片侧面：H. 尖 L. 圆形或钝形 J. 船形

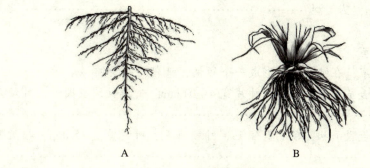

图 1-13　草坪草根系类型
A. 直根系　B. 须根系

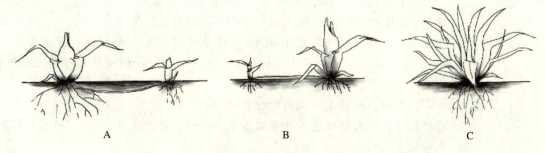

图 1-14　草坪草生长习性
A. 根状茎型　B. 匍匐型　C. 丛生型

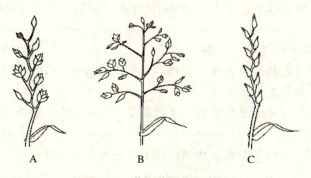

图 1-15　草坪草的花序类型
A. 总状花序　B. 圆锥花序　C. 穗状花序

1.2.4.3　实验步骤

草坪草的鉴定，一般根据草坪草识别器官特征，用肉眼观察，在必要情况下借助尺子或放大镜、检索表等进行鉴定。首先利用下面检索表检索出所提供草坪草的名称。用放大镜（体视显微镜）、解剖针等用具观察植株特征，用尺子测定植株各项指标，并记录在相应的表格中。

＊附：常见禾本科草坪草的识别检索表

1. 叶折叠在芽内

    2. 有叶耳，小到长爪状；叶舌膜质状；叶脉显著；叶片下面有光泽，表面暗绿色，宽 2~5 cm，丛生型 ·· 多年生黑麦草
  2. 无叶耳
　　3. 有匍匐茎
　　　4. 叶片窄，在叶片基部形成一个短柄，叶鞘显著紧缩
　　　　5. 叶舌呈一圈短毛状，叶片宽 4~10 mm，尖端钝圆或圆形，叶颈光滑无毛
　　　　　 ·· 钝叶草
　　　　5. 叶舌膜质状，顶端有短毛，叶颈有毛；叶片宽 3~5 mm，接近基部边缘有
　　　　　 毛 ·· 假俭草
　　　4. 叶片基部不紧缩，叶鞘紧缩
　　　　6. 叶舌呈一圈毛状，叶颈窄，稍有毛，叶片和叶鞘光滑或稍有毛
　　　　　 7. 叶片宽 1.5~4 mm，有匍匐茎或根状茎，叶端渐尖 ············· 狗牙根
　　　　　 7. 叶片宽 4~10 mm，顶端钝或圆形；无根状茎，节上有毛 ····· 地毯草
　　　　6. 叶舌很短，膜状，叶片宽 4~8 mm，近基部稍有毛，匍匐枝和根状茎短而
　　　　　 粗 ·· 巴哈雀稗(芽内叶也可卷曲)
　　3. 无匍匐茎
　　　8. 叶片窄，卷曲，短硬毛，表面叶脉显著
　　　　9. 有根状茎，秆基部红色；叶舌膜质状，中短，叶片光滑 ······ 匍匐紫羊茅
　　　　9. 无根状茎
　　　　　 10. 叶蓝绿色，宽 0.5~1.5 mm，秆绿色或基部粉红色，叶舌膜状极短，叶
　　　　　　　鞘裂开 ·· 羊茅
　　　　　 10. 叶亮绿色，宽 1~2.5 mm，秆基部红色，叶鞘闭合几乎达到顶端
　　　　　　　 ··· 紫羊茅(丛生型)
　　　8. 叶片扁平到 V 形，叶脉不显著
　　　　11. 叶片有船形的尖端，中脉二侧有半透明的线(对光可见)
　　　　　 12. 正常无根状茎
　　　　　　　13. 叶片通常亮绿色，叶鞘光滑，基部白色，叶舌膜状长而尖，通常有孕
　　　　　　　　 穗 ··· 一年生早熟禾
　　　　　　　13. 有细匍匐枝，叶鞘粗糙不平的感觉，叶舌膜质状，长而尖 ··········
　　　　　　　　 ··· 普通早熟禾
　　　　　 12. 有根状茎
　　　　　　　14. 叶片尖端渐细到船形，叶鞘明显紧缩，叶舌膜状，中短 ············
　　　　　　　　 ··· 加拿大早熟禾
　　　　　　　14. 叶片不渐尖，整片叶子同宽，叶鞘不显著紧缩，叶舌极短，膜质
　　　　　　　　 ··· 草地早熟禾
　　　　11. 叶片无船形的尖端，中脉二侧无半透明的线，具匍匐生长习性 ············
　　　　　 ··· 蟋蟀草
 1. 叶卷包在芽内
　 15. 有叶耳
　　　16. 叶鞘基部红色，叶片背面有光泽

17. 叶片边缘粗糙，叶耳短，叶耳通常无毛 ·················· 草地羊茅
17. 叶片边缘粗糙，叶耳短，叶耳和叶颈有少数短毛，叶耳很小 ······ 苇状羊茅
  16. 叶鞘基部非红色，叶片背面无光泽
    18. 有根状茎，健壮，叶耳长钩状 ·················· 匍匐冰草
    18. 无根状茎，叶耳长爪形状 ······················· 冰草
15. 无叶耳
  19. 叶鞘圆形
    20. 叶颈稍有毛
      21. 叶鞘无毛
        22. 有匍匐枝，茁壮
          23. 叶颈有长毛，叶舌有穗状毛，叶片宽 2~5 mm，具根状茎 ······ 结缕草
          23. 叶颈毛稀疏，叶片宽 2~3 mm ··············· 沟叶结缕草
        22. 无匍匐枝，根状茎弱，叶颈有长毛，叶宽 1~2 mm ······· 格兰马草
      21. 叶鞘有毛，无根状茎 ···················· 旱雀麦草
    20. 叶颈无毛
      24. 叶舌具穗状毛，叶颈广阔
        25. 有根状茎，叶片光滑 ·················· 细叶结缕草
        25. 无根状茎，有匍匐枝，叶片有毛，宽 1~3 mm，灰绿色 ······ 野牛草
      24. 叶舌膜质，叶颈窄
        26. 叶鞘闭合，几达顶端，叶片宽 8~12 mm，光滑 ········ 无芒雀麦
        26. 叶鞘开裂，边缘叠盖，叶舌尖，叶表面具显著脉纹
          27. 匍匐枝无或弱
            28. 叶片宽 3~7 mm，叶舌长 ················ 红顶草
            28. 叶片宽 1~3 mm，叶舌中等短 ············ 细弱翦股颖
          27. 匍匐枝茁壮
            29. 叶片宽 1 mm，叶舌中等短 ·············· 绒毛翦股颖
            29. 叶片宽 2~3 mm，叶舌中等长，匍匐茎长 ······· 匍匐翦股颖
  19. 叶鞘压缩，叶舌很短，膜质，叶片宽 4~8 mm，根状茎和匍匐枝短而粗 ········
    ··································· 巴哈雀稗

1.2.5 实验相关记录与参考表格

将实验数据填于表 1-7 中。

1.2.6 实验作业

每个人根据实习地点的草坪草种，观察并记录草坪草的主要特征，完成表 1-7 并撰写实验报告。

表 1-7 草坪草植株识别观察记录表

专业：　　　　　　班级：　　　　　　姓名：　　　　　　学号：

草坪草种	主要营养器官特征								生长习性	花序类型
	幼叶卷叠方式	叶舌		叶耳	叶鞘	叶颈	叶片			
		长度	质地与特征				叶尖	叶表面	宽度		

实验 1.3　草坪草种子质量检验

草坪草种子质量对草坪草建植成败起到至关重要的作用。种子质量检验贯穿于草坪草种子生产、加工、贮藏、运输、销售和使用的全过程。种子质量的优劣，直接关系到种子经营部门的信誉，使用者的利益，关系到草坪种业的兴衰成败，关系到种子贸易竞争成败，也直接影响生态环境保护和城市环境绿化效果。常规检验种子质量基本为 4 项：净度分析、发芽试验、其他植物种子数测定和水分含量测定。

1.3.1　净度分析

1.3.1.1　实验目的

草坪草种子净度是指从被检草坪草种子样品中除去杂质和其他植物种子后，被检草种子质量占供试样品总质量的百分率。进行种子净度检验的工作称为净度分析。净度分析的目的是了解检验样品各组分，如净种子、杂质、其他植物种子的百分率，由此推测种子批的组成，为种子清选分级以及种子质量提供依据；分析样品混合物的特性，鉴定组成样品的各个种和杂质的特性；分离出的净种子为其他项目的分析提供样品。净度分析不仅要计算各成分的质量百分比，还要鉴别样品中其他植物种子和杂质所属的种类。

1.3.1.2　实验原则

将试验样品分成净种子、其他植物种子、杂质 3 种组分，并测定各组分的质量百分率。在样品中所有植物种子所属的种和每种杂质，应尽可能加以鉴别，如需报告其结果，应测定其质量百分率。

1.3.1.3　实验材料与器具

(1) 实验材料

多年生黑麦草、草地早熟禾和狗牙根的种子。

(2) 实验器具

净度分析台、电子天平（感量 0.001 g）、不同孔径的套筛、种子均匀风选机（早熟禾属种子需要）、放大镜、体视解剖镜、镊子、解剖针、分样勺、瓷盘、硫酸纸等。

1.3.1.4　实验方法与步骤

①试验样品的选取　净度分析除禾本科的早熟禾属必需用均匀吹风法外，其他属草坪草

不用，试验样品的大小应为：估计至少包含有 2500 个种子单位的质量，或不少于标准中质量的规定。净度分析可用该质量的一份试验样品，或至少是该重量 1/2 的各自独立分取的两个次级样品。试验样品（或每个次级样品）须称重，以克表示，达到（附表 1 的第 5 列"净度分析试验样品"）所需质量，以满足计算各种组分百分率达到一位小数的要求。

②称重　用电子天平（精确至 0.001 g）称取狗牙根 1 g、多年生黑麦草 6 g、草地早熟禾 1 g 左右的种子试验样品。

③试验样品的分离　试验样品称重后，借助放大镜、体视显微镜等设备将种子分离，分离为 3 个组分，即：净种子、无生命杂质、其他植物种子。

④称重　分离后，各组分以及需要报告百分率的任何植物种子种类或其他物质的种类，都须称重，以克表示，以满足计算各种组分百分率达到一位小数的要求。

⑤结果计算与表示　将分析后的所有成分质量之和与分析前最初质量比较，核对分析期间物质有无增失。若增失差距超过分析前最初质量的 5%，则应重新分析，填报重新分析结果。

净度分析的结果应保留一位小数，所有组分的百分率总和应为 100。组分少于 0.05% 的，填报为"微量"。

1.3.1.5　实验相关记录于参考表格

将实验数据填于表 1-8 中。

1.3.1.6　实验作业

按实验步骤进行试验，所测数据填于表 1-8。每人交一份实验报告。

表 1-8　净度分析统计表

学名：_____　样品编号：_____
种名：_____　检验日期：_____
使用仪器：_____　温度：_____ ℃　湿度：_____ %
全试样：_____

			初始质量	净种子	其他植物种子	无生命杂质	各组分质量和
	（g）						
	（%）						
其他植物种子	分类	学名	数量（粒）		质量（g）		质量（%）
	其他作物						
	杂草						
无生命杂质类别							
备注							

专业：_____　班级：_____　姓名：_____　学号：_____

1.3.2　种子发芽率测定

1.3.2.1　实验目的

种子发芽率代表种子成为正常种苗的能力，进行发芽试验，掌握种子发芽率，有利于了解种子的使用价值，测定种子批的最大发芽潜力，据此可以比较不同种子批的质量，也可估测田间播种价值，确定播种量。对草种子贸易、种子的安全贮藏、种子使用时播种用量确定等都具有重要的参考价值。使生产者、使用者与经营者更好地掌握草种子质量，避免造成不必要的经济纠纷或损失。

1.3.2.2 实验原理

田间的环境条件变化很大，不同地区、不同季节的气候与土壤条件千差万别，在田间条件下进行发芽试验，通常结果没有可靠的重演性。因此，采用控制外部条件的实验室方法，实验室方法已经标准化，使大多数样品的草种得到最整齐、最迅速、最完全的发芽。发芽条件的控制与方法的标准化使发芽试验结果尽可能在接近随机样品变异所容许的范围内得到重演，数据较为准确可信。

1.3.2.3 实验材料与器具

（1）实验材料

如草地早熟禾、多年生黑麦草、高羊茅、匍匐翦股颖、狗牙根、结缕草等草坪草种子。

（2）实验试剂

0.2%硝酸钾、蒸馏水。

（3）实验器具

冷藏箱、光照培养箱、培养皿、镊子、滤纸、记号笔、贴纸、记录本、笔。

1.3.2.4 发芽率测定程序

（1）准备工作

① 确定发芽条件　种子只有在温度、发芽床、水分、光照等综合条件都适宜的情况下，才能得到最好的发芽结果。不同的草种发芽适宜条件需求不同，而同一种草种也可能有几种发芽方法供选择(附表2)，方法的选择取决于草种子的来源与生产年限与状态(如种子是否处理)，能否采用适宜的检验方法取决于检验员的经验。若所选择的方法不能获得满意的结果，则须用其他一种或几种方法重新进行试验。

②发芽器皿的选择并加注标签　草坪草种子一般均很小，通常选择滤纸作发芽床，特殊的大种子选择沙质作为发芽床。根据种子大小选取适宜大小的发芽器皿。中等大小的种子如高羊茅、多年生黑麦草等，一般采用直径≥12 cm 的培养皿为宜，小一点的种子如翦股颖、狗牙根等种子选择直径≥9 cm 培养皿为宜，大一点的种子如野牛草应选择≥15 cm 培养皿为宜，如果沙培选择的培养器皿应≥28 cm(长)×20 cm(宽)。清洗干净，在置种子的器皿侧面加注标签，标签上注明样品编号、名称、重复号和置床日期等。标签最好不要贴在盖上，以免混乱，造成误差。一般发芽为4次重复。

③发芽床准备　纸质发芽床应剪裁适宜而平铺在器皿中，并润湿，待纸床吸足水分后，沥去多余的水即可，注意排出2层滤纸之间的空气。要求用硝酸钾溶液处理的，则用0.2%硝酸钾溶液代替水湿润。沙床的砂粒大小均匀，不含微粒和大粒，宜使用圆粒砂，90%砂粒介于0.05~0.8 mm，加饱和含水量的60%~80%(中小粒种子加60%，大粒种子加80%)。砂子必需清洗后于130 ℃的恒温烘箱中消毒1 h。

（2）数种置床

①数种　用于发芽试验的种子必须从净种子中分取。将净种子充分混匀后四分法分取其

中一份，再从中随机数取 4 个 100 粒种子，应注意避免从净种子的一个方向数取 4 个 100 粒。数取种子可采用人工计数、数种板或真空数种器计数等方法。

②置床 将数好的 4 份 100 粒种子用镊子均匀的摆放在制备好的发芽床上，种子之间应保持一定的距离，以减少相邻种子间病菌的相互感染和对种苗发育的影响。为了避免在摆放过程丢失种子，摆放应有一定的规律。

(3) 置培养箱中培养

把发芽箱温度调节到所选定的发芽温度，并根据需要调节光照条件。将置床后的培养皿放入发芽箱。如需预先冷冻，则放入 5~10 ℃下预冷 7 d 后再移入规定的发芽温度的培养箱中培养。

(4) 日常检查管理

种子发芽期间应经常检查温度、水分和通气状况，以保持适宜的发芽条件。注意适时补水，始终保持发芽床湿润。检查发芽箱的温度，防止因电器损坏、控温部件失灵等事故造成发芽箱温度不在规定的温度范围。如采用变温发芽的应在规定的时间变换温度。检查过程中如有腐烂的死种子应及时取出并记载。如有发霉的种子应及时取出冲洗，发霉严重应更换发芽床。

(5) 观察记载

发芽需要一定的持续时间，试验前或试验间用于破除休眠处理的时间不包括在发芽时间内。如果确定试验方法选择的合适，而样品在规定的试验时间内有超过 30% 以上未发芽，则可以考虑试验时间可再延长 7 d，或规定时间的 1/2。反之，如果在规定的试验时间结束前，样品已经达到最高发芽率，则该试验可提前结束。当幼苗的主要构造发育到一定时期时应按照规定的标准进行种苗评定与计数。试验期间至少应进行 2 次计数，即初次计数与末次计数(见附表 2)。中间计数的次数和时间根据发芽情况斟酌进行。

第一次计数时间是大约时间，必须让幼苗达到适当发育的阶段，以便对幼苗进行正确的评定。没有国家或国际标准的种子通常要实验摸索第一次计数时间，对于有现行版的国家标准 GB/T 2930—2018《草种子检验规程 发芽试验》和国际标准《国际种子检验协会国际种子检验规程》的草种子检验规程现可参照。末次计数是计正常幼苗、不正常幼苗和未发芽种子。未发芽种子包括硬实种子、新鲜未发芽种子、死种子、空种子、无胚种子、虫伤种子等。当一个复胚种子单位产生一株以上正常幼苗，仅按一株正常幼苗计数。当种苗不易评定或呈现毒素症状时，则重新选择发芽床如沙床、有机发芽床或土壤床重新试验。

(6) 重新发芽率测定

如果怀疑有休眠存在时，即新鲜不发芽种子较多时，可采取促进休眠种子发芽处理的一种或几种方法重新测定。当由于植物毒素或真菌或细菌的蔓延而试验结果不一定可靠时，可采用沙床或土壤发芽床重新测定，必要时增加种子间距。当正确评定幼苗数有困难时，可采用规定的其他一种或几种方法重新测定。当有迹象表明试验条件、幼苗评定或计数存在差错时，应采用相同方法重新测定。当 100 粒种子重复间的差距超过最大容许差距范围时重新测定。

(7) 结果计算和表示

发芽试验结果要计算 4 个 100 粒种子重复的平均数，结果用正常幼苗数的百分率表示。百分率要修约至最近的整数。正常种苗、不正常种苗、硬实种子、新鲜未发芽和死种子百分率总和必须为 100。修约原则为先修约正常种苗，四舍五入，计算保留的百分比的整数部分，相加各值。如果和为100，则计算结束，如果总和大于或小于100，首先在保留的百分数中找到具有最大小数部分的值，将这个值进位到大于该数的整数，保留该值作为最后的结果，计算保留的百分比的整数部分。加经过修约后的数值，如果和为100，计算结束。否则继续另一次循环。如果小数部分相同，则保留的优先顺序是不正常幼苗、硬实、新鲜未发芽和死种子。

1.3.2.5 实验相关记录与参考表格

将实验数据填于表1-9中。

表1-9 发芽率测定统计表

学名：_____   样品编号：_____
种名：_____   方　法：_____
使用仪器：_____

日期	天数	I					II					III					IV				
		N	H	F	A	D	N	H	F	A	D	N	H	F	A	D	N	H	F	A	D
小计																						
%																						
正常种苗重复间实际差距											正常种苗重复间允许差距											
平均值 (I+II+III+IV)/4		正常(N)%					硬实(H)%					新鲜(F)%					不正常(A)%				死种(D)%	
备注																						

专业：　　　　　　班级：　　　　　　姓名：　　　　　　学号：

1.3.2.6 实验作业

按照实验程序进行发芽率测定实验，每人提交一份实验报告。

1.3.3 其他植物种子数测定

1.3.3.1 实验目的

其他植物种子是指除测定种外的所有种的种子。包括其他作物种子、其他牧草种子和杂草种子。其他植物种子数测定的目的是检测送检样品中其他植物种的种子数目，并由此推测种子批中其他植物种的种类及含量。其他植物种可以是所有其他植物种或指定的某一种或某一类植物种。种子批中含有其他植物种子数量的多少，会直接影响到该种草的质量及产量，其他植物种子与所栽培的草种争夺空间、水分和养料。有的有毒有害及恶性杂草，是国际贸易中国家及国际检疫对象，具有很强的危害性。例如，豚草属(*Ambrosia* spp.)、菟丝子属(*Cuscuta* spp.)、毒麦(*Lolium temulentum* L.)、列当属(*Orobanche* spp.)、假高粱[*Sorghum halepense*(L.)Pers.]已列入《全国农业植物检疫性有害生物名单》。综上所述，其他植物种子数测定对生产者、使用者和经营者了解草种子状况，减少在其生产中由于有害植物种所带来的经济损失具有十分重要的意义。

1.3.3.2 实验原则

本测定是通过对供检数量所发现的种子进行计数，并以数目表示。如所发现的种子不能准确地鉴别到种时，可允许只报告其属名。

1.3.3.3 实验材料与器具

(1) 实验材料

草坪草种子。

(2) 实验器具

电子天平(感量 0.001 g)、净度分析台、分样器、镊子、解剖针、手持放大镜、体视显微镜、托盘、记录表、笔等。

1.3.3.4 实验方法与步骤

(1) 检验方法

其他植物种子数测定通常包括4个检验方法：

①完全检验(complete test) 从整个试验样品中找出所有其他植物种子的测定方法。

②有限检验(limited test) 只限于从整个试验样品中找出指定种的测定方法。

③简化检验(reduced test) 从部分试验样品(至少是规定试验样品质量的1/5)中找出所有其他植物种子的测定方法。

④简化有限检验(reduced-limited test) 指用少于规定质量的试验样品检查指定种的测定方法。

(2) 检验步骤

①试验样品 测定其他植物种子样品量应符合国际或国家所规定的质量(附表1的第6列其他植物种子数测定试验样品)。通常样品不得小于25 000个种子单位的质量，也就是净度分析试验样品重量的10倍。如果送验人所指定的种难以鉴定时，至少需用规定试验样品质量的1/5对该指定的特殊种进行鉴定。

②测定 借助器具对试验样品进行逐粒检查，挑出试验样品中所有其他植物种或根据送检者的要求挑出某些指定种的种子，对挑出的每个种的种子进行计数。如果检验仅限于指定的某些种的存在与否，那么发现该种或全部指定种(与申请者的要求相符)的一粒或数粒种子时，即可结束测定。对分离出的其他植物种子进行鉴定，确定到种，部分难以鉴别的可确定到属。

③结果计算与表示 结果用测定试验样品实际质量中发现的所有其他植物种子数或指定种(属)的种子数表示，通常折算成单位质量(如每千克)所含的其他植物种子数或指定种(属)的种子数。

$$\text{其他植物种子含量(粒/kg)} = \text{其他植物种子数}/\text{试验样品质量(g)} \times 1000 \quad (1\text{-}1)$$

如果同一样品进行第二次或多次检验，那么其结果应用检验样品总质量中发现的种子总数表示。当需判断同一或不同实验室的2个测定值是否有显著差异。可查其他植物种子的容许差距表进行比较，但比较的两个样品的质量须大体相等。

1.3.3.5 实验相关记录与参考表格

将实验数据填于表1-10中。

表 1-10　其他植物种子数测定记录表

学名：_____　　　　　　样品编号：_____
种名：_____　　　　　　检验日期：_____
方法：　　□完全检验　　□有限检验　　□简化检验　　□简化有限检验
使用仪器：_____　室温：_____℃

其他植物种子名称	样品质量(g)	
	种子数(粒)	种子数(粒)/1kg 样品
合计		
备注		

专业：　　　　　　　班级：　　　　　　　姓名：　　　　　　　学号：

1.3.3.6　实验作业

按照实验步骤进行实验，将实验结果填于表 1-10 中，每人提交一份实验报告。

1.3.4　水分测定

1.3.4.1　实验目的

种子水分与种子成熟度、最佳收获时间、安全包装、人工干燥、热损伤、霜冻、病虫害以及机械损伤等因素有密切相关性。种子水分含量高低是决定能否安全储藏种子的重要指标。测定种子水分，控制种子水分在合理范围内是保证种子质量的重要手段。了解各阶段种子水分含量均具有重要的意义，在种子收获、清选或药物处理应含适当的水分，否则会发生破碎和挤压等机械损伤或药物中毒现象；安全的含水量有利于种子的运输、储藏及加工等各个环节，也不易因病虫害和温度等因素而引起劣变，保持良好的种子生活力，因而种子含水量测定具有极其重要的作用。通过试验使学生了解测定种子水分的意义，掌握水分的测定方法与步骤。

1.3.4.2　实验原则

种子水分是按常规程序将种子样品烘干所失去的质量。用失去质量占供检验样品的初始样品质量的百分率表示。采用的测定方法在尽可能保证除去较多水分的同时，减少氧化、分解或其他挥发性物质的损失。

1.3.4.3　实验材料与器具

(1) 实验材料

高羊茅、草地早熟禾、多年生黑麦草、狗牙根等草坪草种子。

(2) 仪器器具

恒温烘箱、电子天平(感量 0.001 g)、干燥器、干燥剂、样品盒(如铝盒)、取样勺、托盘、记录本等。

1.3.4.4　实验方法与步骤

水分测定基本两种方法，即恒温烘箱法和水分仪测定法。目前常用方法为恒温烘箱法，下面仅介绍恒温烘箱法。

恒温烘箱法一般根据种子特性及大小可采用高温(130 ℃，1~2 h)或低温(103 ℃，17 h)方法。适宜高温草种具体参考表1-11。一般牧草与草坪草种子及禾谷类作物可采用高温法，也有的采用低温法，如多年生黑麦草。

表1-11 常见草坪草种子水分测定方法(ISTA，2019)

学　名	中文名	预先处理方法 研磨/切	应用方法	高温烘干时间 (h)	预先烘干需求
Agrostis spp.	翦股颖属	否	高温	1	无
Bromus spp.	雀麦属	否	高温	1	无
Cynodon dactylon	狗牙根	否	高温	1	无
Cynosurus cristatus	洋狗尾草	否	高温	1	无
Deschampsia spp.	发草属	否	高温	1	无
Festuca spp.	羊茅属	否	高温	1	无
Lolium spp.	黑麦草属	否	高温	2	无
Paspalum spp.	雀稗属	否	高温	1	无
Phleum spp.	猫尾草属	否	高温	1	无
Poa spp.	早熟禾属	否	高温	1	无
Setraria spp.	狗尾草属	否	高温	1	无
Trifolium spp.	三叶草属	否	高温	1	无

(1)测定前仪器的准备

首先检查干燥器中的干燥剂是否具有干燥功能，否则替换新干燥剂或烘干再利用。在水分测定前将要用的铝盒(含盒盖)洗净后，于130 ℃的条件下烘干1 h，取出后置于干燥器中冷却后称重，再继续烘干30 min，取出后冷却称重，当两次烘干结果误差小于或等于0.002 g时，取2次质量平均值；否则，继续烘干至恒重。恒温烘箱温度按方法要求调好所需温度，稳定在103~130 ℃。

(2)试验样品的分取

测定应取2份独立分取的重复试样，根据所用样品盒直径大小，每份试样质量达到下列要求：

直径 > 5 cm 且 < 8 cm：4.5 g±0.5 g；

直径 ≥ 8 cm：　　　　10.0 g±1.0 g。

在分取试验样品以前，送验样品须按下列方法之一进行充分混合：

①用匙在样品容器内搅拌。

②将原样品容器口对准另一个同样大小的容器口，在两个容器间重复往返倾倒种子。按规程规定方法分取每份试验样品，样品暴露在空气中时间不得超过30s。

所接收的水分测定样品，必须装在一个完整的防湿容器中，尽量排除其中空气。样品接收后尽快进行测定。测定时，样品在检验室空气中暴露时间应降至最低限度，对于不需要研磨的种子，样品从接收的容器中拿出，直至试验样品密闭在准备烘干的样品盒内所经过的时间不应超过2 min。

(3) 称重与烘干

样品盒与盖在称样品前空时称重，加大约所需样品的质量后，再称样品盒和盖及样品的烘前质量，称重后迅速放入恒温烘箱内，并将打开的样品盖近置样品边。等烘箱温度升至所需温度后开始计时，烘制时间长短是根据种子的种类、特性与大小确定，选择高温时间（130~133 ℃，1 h±3 min，2 h±6 min）或低温（101~105 ℃，17±1 h）进行烘制见表（1-11）。烘制时间结束后放入干燥器中冷却，约需 45 min。冷却后，称样品盒和盖及样品的烘后质量。

(4) 计算与结果表达

① 计算　水分以质量百分率表示，每次重复计算保留三位小数，最后结果修约保留一位小数，公式如下：

$$含水量 S(\%) = \frac{M_2 - M_3}{M_2 - M_1} \times 100 \tag{1-2}$$

式中　M_1——样品盒和盖的质量（g）；

　　　M_2——样品盒和盖及样品的烘前质量（g）；

　　　M_3——样品盒和盖及样品的烘后质量（g）。

称重以 g 为单位，保留 3 位小数。

② 容许差距　若一个样品的两份测定之间的差距不超过 0.2%，其结果可用两份测定的算数平均数表示；否则重做。

(5) 结果报告

水分结果修约至 0.1%。报告中注明测定方法及其他信息如送样样品中发现有发芽种子、发霉种子或丸衣化种子等信息。

1.3.4.5　实验相关记录与参考表格

将实验数据填于表 1-12 中。

表 1-12　种子水分测定记录表

学名：_____　　样品编号：_____
种名：_____　　检验日期：_____
测定方法：_____　　室内相对温度：_____℃；
使用仪器：_____　　室内相对湿度：_____%；
注：重复间称重时间≤30s

项　目	重复及盒号		说　明
	Ⅰ（　）	Ⅱ（　）	
样品盒和盖的质量 M_1（g）			允许差距：不超过 0.2%
样品盒和盖及样品的烘干前质量 M_2（g）			实际差距：
样品盒和盖及样品的烘干后质量 M_3（g）			
样品的烘干前质量 M_2-M_1（g）			
含水量（%）			
平均含水量（%）			

计算公式：

$$含水量(\%) = \frac{试样烘干前质量 - 试样烘干后质量}{试样烘干前质量} \times 100 = \frac{M_2 - M_3}{M_2 - M_1} \times 100$$

专业：　　　　　班级：　　　　　姓名：　　　　　学号：

1.3.4.6 实验作业

按照实验步骤进行实验，将实验结果填于表 1-12 中，每人提交一份实验报告。

实验 1.4 草坪草种子丸粒化实验室制备技术

1.4.1 实验目的

学习和了解草坪草种子丸粒化实验室制备技术以及常见配方成分，掌握实验室制备丸粒化种子的基本操作流程和方法。

1.4.2 实验原理

种子丸粒化技术（seed pelleting technology）是种子包衣技术（seed coating technology）基础上发展起来的一项适应精细播种需要和提高播种质量的农业新兴技术。它是指将特制的丸粒化材料通过机械加工处理包裹在种子表面，制成表面光滑、大小均匀、颗粒增大的形状似"药丸"的种子。

丸粒化种子的特点体现在以下方面。

①提高播种性能　小粒种子体积增大、变重，利于机械精量播种，精播后种子不重叠，田间成苗率高，包衣材料中含有肥料、生长调节剂等，减少后期人工投入成本。

②播前植保　丸化种子外层的种肥能确保种苗期所必需的养料，其中杀虫剂、杀菌剂对地下害虫和苗期病害有很好的防治效果。

③提高药效　丸粒化是分层次进行的，某种程度上是可以使相互影响的物质加以隔离，提高药效又不降低种子的活力。

④增强抗逆性　由于丸粒化是分层进行，可根据需要选定多种活性物质和填充料进行特异型种子处理，提高种子的抗旱、耐寒、耐盐碱、增氧能力等。

草类种子丸粒化目前也是草种子处理的一项重要技术。近年来，随着农业机械化的逐步实现，园林绿化、运动场建植以及植被生态修复工程等对草种子播种性能要求越来越高，高质量的草种子丸粒化成为迫切需要，再加上对耐旱、耐寒、耐盐碱、防治病虫害的需求，草种丸粒化的多样化和功能特异化已成为新的发展趋势。

1.4.3 实验材料与器具

（1）实验材料
结缕草种子。
（2）实验试剂
皂土、滑石粉、高岭土、羟甲基纤维素钠溶液、染色剂。
（3）实验器具
不同孔径的套筛、实验室用小型种子包衣机。

1.4.4 实验方法与步骤

1.4.4.1 结缕草种子处理

采用比重精选，用70%的乙醇除去空瘪、损坏的种子，达到种子的净度和整齐度的要求；用10%的NaOH水溶液浸种30 min处理，打破休眠，达到种子发芽率的要求。称取处理后的种子10 g。

1.4.4.2 丸化材料准备

包括基质填料、黏合剂和染色剂。基质填料选择皂土、滑石粉和高岭土，其中滑石粉和高岭土过300目标准筛，皂土过160目标准筛；以水分别配制浓度1%和1.5%的羟甲基纤维素钠溶液作为黏合剂；将染色剂和滑石粉（或高岭土）混合倒入研钵中，充分研磨，待滑石粉均匀着色，过300目标准筛，筛下的染色粉保存备用。

1.4.4.3 增重型结缕草种子丸粒化过程

将称取的10 g结缕草种子放入包衣机中，包衣机工作参数转速设为450~600 r/min。

（1）成核期

取1.5%羧甲基纤维素钠水溶液4 mL，基质填料10 g（包含5 g皂土，5 g滑石粉），用装有黏合剂的注射器缓慢点几滴在雾化盘上，待雾化盘转动的同时，加入粉料，停顿2~3 s，黏合剂与基质填料如此交替分别加入，直至填料加完，过筛。

（2）丸粒加大期

取1.5%羧甲基纤维素钠水溶液20 mL，基质填料20 g（包含10 g皂土，10 g滑石粉），黏合剂与基质填料交替分别加入，直至填料加完，过筛。

（3）滚圆期

取1.5%羧甲基纤维素钠水溶液4 mL，高岭土10 g，黏合剂与高岭土交替加入，直至高岭土加完，过筛。

（4）撞光染色期

种子过筛12目至30目，收集16目至24目的丸粒化种子，用红色的滑石粉3 g和1%羧甲基纤维素钠水溶液2 mL交替加入，直至丸化种子表面均匀染色。

（5）丸化种子的晾干

将丸化种子取出自然晾干，所制备得到的丸粒化结缕草种子的结构示意如图1-16所示。

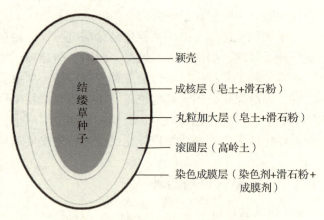

图1-16 丸粒化草坪草种子结构示意

（6）丸粒化种子质量检测

测定丸粒化种子的包衣整齐度、牢固度、裂解率、单籽率、丸粒化倍数等指标，将相关结果记录于表1-13中。具体测定方法如下：

①包衣整齐度（uniformity degree） 指丸化剂黏附均匀整齐的种子数量占全部处理种子

数量的百分率。计算公式：

$$整齐度(\%) = 符合标准粒径的包衣丸化种子质量/样品总质量 \times 100 \quad (1-3)$$

结缕草丸粒化种子的整齐度是指过筛后在 16 目到 24 目之间的丸粒种子质量占全部丸粒种子质量的百分比。

②包衣牢固度(fastness degree)　常用包衣壳层脱落率表示。

操作方法：模拟运输过程中的振荡，将装有包衣种子的密闭容器放在振荡器或摇床上，经过一定时间的振荡，计算包衣壳层脱落的干物质质量占供试丸化种子包衣所用的干物质质量的百分比。

③裂解率(splitting decomposition rate)　操作方法：选用充分晾干的包衣种子，随机取 100 粒，均匀置于培养皿内湿润滤纸上，5 min 后统计裂解的粒数占供试包衣种子总粒数的百分率，重复 3 次。计算公式：

$$裂解率(\%) = 丸化种子裂解数/供试总粒数 \times 100 \quad (1-4)$$

④单籽率(single seed rate)　每粒包衣种子中只有单粒裸种的粒数占被检验包衣种子总粒数的百分率。

$$单籽率(\%) = 单籽粒数/试验总粒数 \times 100 \quad (1-5)$$

⑤包衣种子千粒重(thousand seed weight)　采用百粒计数重复法，取充分晾干的包衣丸化种子 800 粒，称量其质量，重复 8 次，取其 100 粒种子的平均质量再乘以 10 即为千粒重。

⑥丸粒化倍数(pelleted rate)

$$丸化倍数 = 丸化种子千粒重/裸种种子千粒重 \quad (1-6)$$

1.4.5　实验相关记录与参考表格

将实验数据填于表 1-13 中。

表 1-13　丸粒化种子质量检测结果记录表

种子类型	整齐度(%)	脱落率(%)	裂解率(%)	单籽率(%)	千粒重(g)	丸化倍数
丸粒化种子						
裸种子	—	—	—	—		—

专业：　　　　　　班级：　　　　　　姓名：　　　　　　学号：

1.4.6　实验作业

按本实验操作要求完成供试草坪草种子丸衣化制备，并对其进行质量检测，将相关结果记录于表 1-13 中，撰写并提交实验报告。

实验 1.5　草坪草物候期的调查与观测

1.5.1　实验目的

掌握草坪草物候期观察的方法及判断标准，为草坪草利用和管理提供依据。

1.5.2 实验原理

草坪植物的生长、发育规律与季节性气候变化有关,植物在特定时期对季节性气候变化反应表现出特有的特征,这些时期称为物候期。物候期是草坪草生物学特性最直接的外观表现,研究和了解草坪植物物候期对草坪的利用和管理具有重要指示作用。草坪草在整个生育过程中,要经过几个外部特征不同的物候期。草坪草的物候期主要有返青(萌发)期、分蘖期、拔节期、抽穗期、开花期、结实期及枯黄期。其中开花期又可分为开花初期和盛花期,结实期又可细分为乳熟期、蜡熟期和完熟期。同时,还可以根据返青到枯黄期经历的天数来计算得出草坪草的青绿期。开展草坪草物候期的观测是草坪草种质资源研究和改良的基础工作,同时也是对草坪进行管理的重要依据之一。

1.5.3 实验材料与器具

(1)实验材料

实验地或资源圃内种植的草坪草种质资源材料。实验地或资源圃除进行必要的水肥管理、杂草清除及病虫害的防治外,不做任何修剪。

(2)实验器具

放大镜、记录本等。

1.5.4 实验方法与步骤

观察草坪草种质资源材料的返青(萌发)期、分蘖期、拔节期、抽穗期、开花期、结实期、枯黄期,并根据返青期和枯黄期计算出青绿期。具体观测标准为:

(1)返青(萌发)期

当地面芽变为绿色或地下芽、种子胚芽萌发出土时,就进入了萌发期,观察鉴别草地植物返青(萌发)期的标准,一般以50%的植株返青或萌发时为返青(萌发)期。

(2)分蘖期

从分蘖节产生侧枝的时期称为分蘖期。鉴别的标准是50%的幼苗从基部分蘖节,并形成新枝。

(3)拔节期

禾本科植物在地面出现第1个茎节时,以50%的植株第1个节露出地面1~2 cm为标准。

(4)抽穗期

以禾本科植物50%花穗伸出顶部叶鞘时称为抽穗期。

(5)开花期

稃壳张开,雄蕊伸出,并开始散布花粉时。开始开花的日期为初花期;80%花序开花的日期为盛花期。

(6) 结实期

由受精至种子完全成熟称为结实期。以 50% 以上的籽粒内充满乳汁并接近正常大小称为乳熟期；以 80% 以上的种子内含物变干呈蜡质状为蜡熟期；以 80% 以上种子变坚硬并开始脱落为完熟期。

(7) 枯黄期

草坪草植物结实后由于水分不足、温度下降、霜冻等因素限制而枯死，直至翌年返青前的时期。植株叶片 50% 达到枯黄的日期。

(8) 青绿期

返青期到枯黄期的天数。

1.5.5 实验相关记录与参考表格

将相关观测信息记录于表 1-14 中。

表 1-14 草坪草物候期调查与观测记录表

年度：　　　　地点：　　　　纬度：　　　　经度：　　　　记录人：

被调查草坪草名称	返青(萌发)期	分蘖期	拔节期	抽穗期	开花期		结实期			枯黄期	绿期(d)
					初花期	盛花期	乳熟期	蜡熟期	完熟期		

1.5.6 实验作业

完成实验地内草坪草种质资源材料圃的物候期观测，并将相关结果记录于表 1-14 中，撰写并提交实验报告。

实验 1.6 草坪草有性杂交技术

1.6.1 实验目的

学习和掌握草坪草有性杂交的方法和技术，为草坪草的选育工作奠定基础。

1.6.2 实验原理

遗传性不同的个体之间进行杂交获得杂交种，继而在杂种后代种进行选择以育成符合生产要求的新品种的方法，称为杂交育种。有性杂交的方法分为人工授粉杂交和开放授粉（自由授粉）。在母本雌蕊成熟前进行人工去雄，与其他花的雄蕊隔离，再进行人工授粉，称人工授粉杂交；把杂交亲本用特殊的播种方式播在杂交地段上，杂交时去雄或不去雄，使其自由传粉杂交称为开放授粉（自由授粉）。开放授粉对自花授粉和异花授粉草坪草均能采用，但更广泛地应用于异花授粉草坪草上，特别在多年生草坪草杂交育种中应用更加方便，能够较快、经济而有效地获得种间杂种和品种间杂种。开放授粉还用于多个父本向一个母本授粉进行多父本杂交，以创造符合杂种群体品种。

杂交的目的是为了将两个或更多亲本的理想基因结合于同一杂种个体中，以便培育出综合性状优良的新品种。但杂交只是杂交育种工作的开端，为了达到这一目的，还必须经过杂交育种的一系列过程。为了达到有性杂交的具体目的，发挥创造性作用，在工作开始以前，必须拟订杂交育种计划，包括育种目标、亲本选配、杂种后代的处理等。

因此，通过人工杂交和选择，有意识地将不同亲本的理想基因组合在一起，对创造新的种质资源、选育优良新品种，具有重大的创造性意义。

1.6.3 实验的材料与设备

（1）实验材料

草坪草父母本群体材料。

（2）实验器具

杂交袋（隔离袋）、小剪刀、镊子、毛笔、小玻璃杯、挂牌、插牌、铅笔、纸袋。

1.6.4 实验的步骤/程序

开展杂交工作前，应对牧草的生育期、花器构造、开花习性、授粉方式、花粉寿命、胚珠受精持续时间等一系列问题有所了解，以便有效地进行杂交。

（1）调节开花期

有性杂交的首要条件是杂交亲本的开花期相遇，否则需要调节开花期，使亲本花期相遇。具体方法包括调节播种期、调节光照时间、调节温度、利用再生草和分蘖，利用栽培管理措施以及春化处理等。

（2）人工授粉杂交

①选株　在亲本群体中选择健壮无病、丰产性状好的，且选择叶鞘露出芒尖或抽出叶鞘 1/3～2/3 的花序，花器发育将近成熟而花药尚未破裂，剥开颖壳后雌蕊柱头已成羽毛状，花药由青绿色变成青黄色。有的草种则是待花序完全从叶鞘中抽出后进行选择。

②修整花序　为便于去雄和授粉，需将选株的花序进行必要的修整。主要包括剪去芒、花序上部和下部发育不良的小穗，一般只留中部 5~6 对小穗，每小穗只留基部的第一、二朵小花。

③去雄　为避免自花授粉，需将小花内的雄蕊去除或杀死，即去雄。去雄时可用镊子将颖壳或小花拨开夹除花药，注意不要损伤柱头和小花的其他部分。去雄要干净、彻底，将一朵花去雄完毕进行下一朵花时，应将镊子用酒精消毒，以免黏附花粉。对于一些花朵小，人工夹除雄蕊困难的草坪草可利用雌雄蕊对温度的敏感性不同实行温汤去雄法，或根据雌雄蕊耐药性的不同利用化学方法进行群体杀雄。去雄后立即套袋隔离，挂上挂牌。挂牌上用铅笔写明母本名称、去雄日期，同时将信息记录于表 1-15 中。

④授粉　去雄后 1~2 d 内每天开花最盛的时间为授粉的最适时间。可采用如下几种方法进行授粉：选择优良的典型父本植株，将新鲜花粉抖落在小玻璃杯中，然后用毛笔蘸取一些花粉轻轻地涂在母本的柱头上；挑选将要开而花药已变黄成熟但尚未破裂的小花，用镊子将

花药取出塞到母本的花朵中；将选好的父本花序取下，拿到母本植株处，边取花药边授粉；将父本和母本的花序用隔离袋套在一起自由授粉，即接近授粉法；剪取即将开花的父本花序数个插于水瓶中，与母本花序系在一起，父本花序稍高于母本花序，将父本花序和母本花序套在一个隔离袋内，使花粉自由落在母本柱头上授粉，即插瓶法。

可采用去雄授粉后，每隔若干小时再授粉一次或数次即多次重复授粉的办法，来提高杂交的结实率或克服远缘杂交的困难。授粉后立即套上隔离袋、挂牌。用铅笔写明父母本名称、授粉日期，挂牌，记录于表1-15中。

⑤授粉后的管理　为保证杂交成功率和获得的杂交种子数量，授粉后1~2d内应及时检查花序和小花状态，未受精的花补充授粉，并在必要时设置支架防止倒伏。对已受精的花序可除去隔离袋，并加强田间管理，防治病虫害。杂交种子成熟后，将每一花序分别采下，连同所挂挂牌分别装入纸袋，并在挂牌和纸袋上写明编号和收获日期，同时记录在表1-15中，然后分别脱粒、晒干和贮藏。

(3) 开放授粉(自由授粉)

①设置隔离区　开放授粉杂交时，需设置隔离区。隔离区四周一定距离内不能播种同一草坪草。

②父母本的播种　父本与母本相互间隔播种，母本行与父本行的行数比例，根据父本花粉量的多少而定。一般采取的比例方式有2∶2、4∶2、4∶4、6∶4等。并分别插牌做好标记。

所需杂交种子不多时，也可把母本种在一个小区内，四周种上父本。或把母本事先种在花盆中，待开花时将母本搬到父本田间，自由授粉。

需进行多父本杂交时，可在播种前将几个父本品种种子等量混合后种在父本行中，任其自由授粉。

③杂交种子的收获　杂交种子成熟后进行收获，并记录相关信息。

④注意事项　开花前拔除病株及发育不良和形态上有缺点的植株。自花授粉草坪草开花前必须及时去雄，大多数多年生草坪草可以不去雄，在开花期进行2~3次人工辅助授粉。

1.6.5　实验相关记录与参考表格

将实验数据填于表1-15中。

表1-15　有性杂交信息记录表

材料名称：　　　　　年度：　　　　　记录人：

杂交组合编号	母本名称	父本名称	去雄日期	授粉日期	种子收获日期

1.6.6　实验作业

按要求完成有性杂交实验，收获杂交种子进行贮藏，并将相关信息记录于表1-15，撰写并提交实验报告。

第 2 章
草坪土壤

实验 2.1　土壤取样方法与样品制备

2.1.1　实验目的

为开展草坪管理学实验，正确采集和制备草坪土壤样品，通过室内常规分析测定并获得可靠的科学分析数据，对于实验室分析结果能否确切反映草坪土壤实际情况具有重要意义。

2.1.2　实验原则

采样位置的选择和样品制备的结果对实验室分析结果有着重要的影响。采集土壤样品一定要具备代表性，能够反映实验的目的，能够确切获得可靠的分析数据；采样时还要按照采样技术路线随机多点均匀采样，避免特殊点，各采样点采样量一致；另外，采集样品要注意时间，空间上的一致性，防止样品污染等，在采集代表性样品的同时，还要注意采集典型样品。

2.1.3　实验材料与器具

(1) 实验材料

待测的实验地块。

(2) 实验器具

土钻、铁锹、锄头、土袋、土盒、标签、卷尺、记录表、瓷盘、牛皮纸、土壤筛、尼龙筛、广口瓶、天平等。

2.1.4　实验方法与步骤

2.1.4.1　土壤样品的采集方法

土壤采样方法因研究目的不同而有所区别。

(1) 剖面土壤样品采集

用以研究土壤形成，形态，分析土壤理化性质等，是野外研究土壤的主要手段。在研究建设面积较大、土壤条件差别明显的草坪时，应在草坪的代表性地段采集剖面样品。剖面点应选择在土壤类型内代表性大的地段，并位于典型的地形部位，不宜设在土类的过度地段或边缘，应避开道路、沟侧、田边、山顶、谷底、肥料堆放处等地方。采集剖面样品时，一般要求土壤剖面宽1.0 m，长1.5 m，深1.5~2.0 m(根据具体情况确定)。把长方形窄的一面垂直向阳作为观察面。挖出的土壤堆放于土坑两侧或后方，不能影响观察，同时表土与底土应该分开堆放，待观测结束后按底土表土的顺序填回土坑中。剖面挖好后，根据土壤剖面的结构形态，自上而下划分土层，并进行观测记录。记录结束后，自下而上逐层采集样品，每个土层通常采集中间部位的土壤，切记自下而上取样，尽量避免上层土壤对下层的污染。每层取土样1 kg左右，直接装入塑料袋或布袋内，填写两张标签，一张放入土样袋中，一张附在袋子外面，标签详细注明编号、地点、深度、日期及采样人等。

(2) 原状土壤样品采集

用以土壤物理性质的测定，比如密度和孔隙度的测定。采样时土壤不宜过湿或过干，土样不能受到挤压，不能变形，为此应该将样品置于不锈钢环刀或不怕挤压的盒子中保存，运回室内进行处理。

(3) 混合样品采集

用以研究土壤肥力状况。研究草坪生长期内土壤中的养分情况，土样一般以坪床土壤0~20 cm的表土为宜。先将表层0~3 cm的杂质及表土刮去，再用土铲斜向或垂直按要求深度取样。对根系较深的坪床，可适当增加深度。根据采样地面积，取样点不少于5点。采样方法有对角线、棋盘式和蛇形采样法(图2-1)。每个采样点采集到的土样，集中起来混合均匀，同时去除枯叶、石子、虫壳等杂质，然后用四分法取1 kg左右装入塑料袋或布袋，标记好，在记录本上详细记录当季作物、施肥及生长情况等。

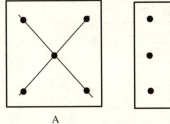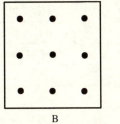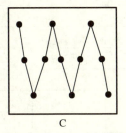

A　　　　　　　　B　　　　　　　C

图2-1 混合采样点示意

A. 对角线采样法　B. 棋盘式采样法　C. 蛇形采样法

2.1.4.2 土壤样品的处理及贮存

土样采集后，应及时处理，以免发霉变质影响分析结果。根据不同的分析测定目的，土样处理方法也有差异。例如原状土样为了测定土壤物理性质，就不能进行风干、碾碎等处理。

(1) 土壤样品的风干

采回的土样，除了需要新鲜土样测定的项目外(含水量、硝态氮、铵态氮、亚铁、微生物等)，其他项目都需要风干样品，再进行分析。样品风干方法是将土壤样品摊开于干净的瓷盘、木盘、纸等上面，压好标签，铺成薄层，用手捏碎土块，置于室内阴凉处风干，并经常翻动样品，加速干燥。另外，及时拣出动植物残体，避免混入土样，增加有机质等含量。风干时切勿暴晒。

(2) 样品的制备

风干后的土样先行去杂，再用木棒碾碎磨细，使其通过不同规格的筛孔，过筛时，从粗到细，每种规格都要预留足够的样品，土壤筛一般是金属制品，如若需要分析金属元素等指标，应使用尼龙筛。

物理分析时，取 100~200 g 风干土样碾碎，使其全部通过 2 mm 筛孔，留在筛上碎石称重保存，计算碎石含量。过筛的土壤，贮存备用，必要时称重。若土样中有石灰结核、铁锰结核或半风化体等物质，必须拣出称重、保存，不能直接碾碎。

化学分析时，取风干样品一份，去杂、磨细使全部通过 1 mm 孔筛，这种土样可用来进行速效性养分及交换性能、pH 值等项目的测定。

(3) 样品的贮存

研磨过筛后的样品，即可装袋或装瓶贮存，贮存环境应当避免日光、高温、潮湿和有酸碱气体等影响。并在包装内外均附上标签，注明编号、土壤名称、采样地点、深度、日期、采样人和过筛孔径等数据，大量样品还应建立样品总账，存放时按照一定顺序排列，以便随时查找使用。

2.1.5 实验相关记录与参考表格

将实验数据填于表 2-1 中。

表 2-1　土壤取样记录表

取样地点			环境状况		
取样方法			取样点数		
取样深度(cm)			取样日期		
取样人			贮藏方法		
采样点编号	干燥方法	质量(g)	过筛孔径(mm)	其他	
1					
2					
…					
备注					

2.1.6 实验作业

按要求取样，并将样品进行处理、然后编号、填写表 2-1。总结取样时应该注意哪些问题？为使采集的土壤具有最大的代表性，分析结果能具体反映田间实际情况，如何采样误差能够降到最低？风干土壤样品在制备过程中应注意哪些事项？撰写并提交实验报告。

实验 2.2　土壤水分测定

2.2.1 实验目的

通过普通土壤与草坪土壤水分含量测定，了解水分测定方法与步骤，掌握水分测定技术，进一步理解普通土壤与草坪土壤水分测定对实际生产的指导意义，以便及时对土壤进行灌溉、保墒或排水，从而保证草坪植物正常生长发育。

2.2.2 恒温烘箱法

此方法适用于普通土壤。

2.2.2.1 实验原理

土壤样品在 105 ℃±2 ℃烘至恒重时的失重,即为土壤样品所含水分的质量。

2.2.2.2 实验材料与器具

(1) 实验材料

待测土壤。

(2) 实验器具

土钻、孔径 1 mm 土壤筛、铝盒(小型的直径约 40 mm、高约 20 mm;大型的直径约 55 mm,高约 28 mm)、分析天平(感量 0.001 g 和 0.01 g)、小型电热恒温烘箱、干燥器(内盛变色硅胶或无水氯化钙)。

2.2.2.3 实验方法与步骤

本方法适用范围即用于测定除石膏性土壤和有机土(含有机质 20%以上的土壤)以外的各类土壤的水分含量。

(1) 试样的选取和制备

①风干土样 选取有代表性的风干土壤样品,压碎,通过 1 mm 筛,混合均匀后备用。

②新鲜土样 在田间用土钻取有代表性的新鲜土样,刮去土钻中的上部浮土,将土钻中部所需深度处的土壤约 20 g,捏碎后迅速装入已知准确质量的大型铝盒内,盖紧,装入木箱或其他容器,带回室内,将铝盒外表擦拭干净,立即称重,尽早测定水分。

(2) 实验步骤

①风干土样水分的测定 取小型铝盒在 105 ℃恒温箱中烘烤约 2 h,移入干燥器内冷却至室温,称重,准确至 0.001 g。用角勺将风干土样拌匀,舀取约 5 g,均匀地平铺在铝盒中,盖好,称重,准确至 0.001 g。将铝盒盖揭开,放在盒底下,置于已预热至 105 ℃±2 ℃的烘箱中烘烤 6 h。取出,盖好,移入干燥器内冷却至室温(约需 20 min),立即称重。风干土样水分的测定应做两份平行测定。

②新鲜土样水分的测定 将盛有新鲜土样的大型铝盒在分析天平上称重,准确至 0.01 g。揭开盒盖,放在盒底下,置于已预热至 105 ℃±2 ℃的恒温烘箱中烘烤 12 h。取出,盖好,在干燥器中冷却至室温(约需 30 min),立即称重。新鲜土样水分的测定应做 3 份平行测定。

注:烘烤规定时间后一次称重,即达"恒重"。

(3) 结果计算

①计算公式

$$水分(分析基)(\%) = \frac{M_1 - M_2}{M_1 - M_0} \times 100 \tag{2-1}$$

$$水分(干基)(\%) = \frac{M_1 - M_2}{M_2 - M_0} \times 100 \tag{2-2}$$

式中 M_0——烘干空铝盒质量(g);

M_1——烘干前铝盒及土样质量(g);

M_2——烘干后铝盒及土样质量(g)。

②平行测定的结果用算术平均值表示,保留小数后一位。

③平行测定结果的相差，水分小于5%的风干土样不得超过0.2%，水分为5%~25%的潮湿土样不得超过0.3%，水分大于15%的大粒(粒径约10 mm)黏重潮湿土样不得超过0.7%。

2.2.3 酒精燃烧法

此方法适用于普通土壤。

2.2.3.1 实验原理

本实验方法是利用酒精在土壤中的燃烧，蒸发出土壤中的水分，由燃烧前后土壤的质量变化计算出含水量。

2.2.3.2 实验材料与器具

(1)实验材料

待测土壤。

(2)实验器具

称量盒、天平、酒精、滴管、火柴等。

2.2.3.3 实验方法与步骤

①称取代表性土样(黏质土5~10 g，沙质土20~30 g)，放入已知质量的称量盒中，称湿土质量 M_1(准确至0.01 g)。

②用滴管将酒精加入装有湿土的称量盒中，至土壤浸透。

③点燃盒中酒精，燃至火焰熄灭，连续燃烧2~3次，使其达到恒重后立即称干土质量 M_2(准确至0.01 g)。

④结果计算

$$含水量(\%) = \frac{原土质量-烘干后土质量}{烘干后土质量} \times 100 = \frac{M_1 - M_2}{M_2 - M_0} \times 100 \tag{2-3}$$

式中 M_0——烘干铝盒质量；

M_1——烘干铝盒与样品烘干前质量；

M_2——烘干铝盒与样品烘干后质量。

2.2.4 时域反射仪法

此方法适用于草坪土壤水分测定。

2.2.4.1 实验原理

时域反射法(time demain refletrometry，TDR)是指通过测定土壤的介电常数，进而计算土壤含水量的方法。时域反射仪具有小巧便携、容易操作、无放射性、测定精度高、数据自动采集和保持样本原始性等优点，能够快速且连续地测量土壤含水量，适于长期定点观测。

土壤介电常数取决于固、液、气三相的相对含量及相互作用。由于土水界面的相互作用，相互影响，使湿润土的介电性质相当复杂。常定义TDR测得的介电常数为表观介电常数，在大部分TDR的频率范围内，土中液相自由水的介电常数是80，固相介电常数是3~4，气相介电常数是1，自由水的介电常数远大于其他两相，因此，土的表观介电常数主要取决于土中水的含量，通过测量表观介电常数便可推求出土的含水量。

TDR 是基于电介质理论的电导率测量方法，通过测量波导中电磁波传递的时间测量被测介质的介电常数。随土壤水分含量升高，介电常数值增大，而电磁波在介质中传播的速度与介电常数的平方根呈反比，因此，沿波导棒的电磁波传播时间也随之延长。通过测定土壤中高频电磁脉冲沿波导棒的传播速度，模拟电压输出，并被读数系统计算并显示出来，就可以确定土壤含水量。

TDR350 美国 SPECTRUM 土壤水分温度盐分速测仪主要用于测量土壤体积含水量、土壤（EC）电导率及土壤表层温度等来判断土壤的干旱程度以指导农业灌溉，广泛应用于农业、高尔夫球场和运动场草坪等领域。

2.2.4.2 实验材料与器具

（1）实验材料

待测土壤。

（2）实验器具

①以德国 IMKO 公司生产的 TRIME-T3 便携式土壤水分测量仪为例，主要包括：TRIME-HD 手持式读数表、TRIME-T3 套管式探头、专用 TECANAT 材质套管、高频电缆传输线以及 IMKO 土钻等。TRIME-T3 套管式探头为 TDR 测试信号波导，测量段长度 220 mm，由圆柱式 PVC 外壳（直径 37 mm）和 4 个铝合金弹条组成。其中，铝合金弹条表面为弧形，分为 2 组（每一组尺寸为 180 mm×18 mm），通过弹簧平行对称固定于探头上，用来保证测试时探头与套管的紧密贴合。表层含水量检测可选配 P3 系列表层探头搭配使用。IMKO 土钻设备包括：含 3 个土锚的套管支持柱，带固定装置的撞击头，带手柄的旋转土钻，带夹子的橡皮塞，钢保护套（图 2-2）。

②美国 FieldScout TDR 350 测水仪（可收缩型）、便携包、4 节 5 号电池。

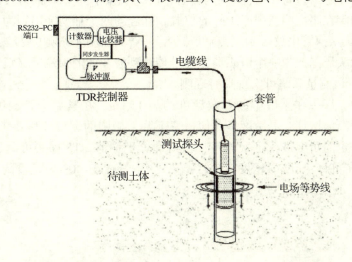

图 2-2 套管式 TDR 水分测试系统（引自张瑞国等，2016）

2.2.4.3 实验方法与步骤

1）TRIME-T3 便携式土壤水分测量仪

TRIME-T3 管式 TDR 采用 TECANAT 制成透明塑料管，通过移动圆柱式 T3 探头在塑料管中的位置，就可以从 FM 水分表，离线式读出探头水分测量值（不同深度土壤的体积含水量），测量深度可达 3 m，标定后可以同时测量土壤剖面的含盐量。

(1) TRIME-HD 及 TRIME DATA LOGGER 的安装与操作

TRIME-IPH 通过旋扣连接至传感器，然后通过 7 针接口连接至 TRIME-Data Pilot。具体操作请参考 TRIME-HD 或 TRIME Data Logger 手册。

TRIME-IPH 提供 IMP232 接口，根据实际需要，也可选择 0-1V/0-20 mA 或 4-20 mA/RS232 模拟输出，模拟接口须具有一个差分输入。智能化 TRIME 传感器可直接连接 IMP232 接口，通过此接口配合联网模块可连接多个传感器。IMKO 提供 3 口、6 口和 12 口的联网模块，可设定同时测定的传感器数量。

TRIME-IPH 可通过 RS232 串口连接线与计算机连接，连接成功后可进行数据采集，改变设置或校准工作。通过 IMP232 小型联网接口工作的传感器，可通过电池、太阳能或主电源供电。

(2) 预埋探管

普通土钻进行预打孔会破坏土壤材质，很难使套管与土壤紧密贴合，而 IMKO 土钻可使二者结合紧密。为提高设备观测的精确度，可采用以下安装方法：①预先由土钻取土；②将撞击头、套管和钢保护管安装为一体放入预先钻出的孔内，用尼龙锤向下砸入土中，砸入一定深度，用配套土钻取出钢保护管内的土壤，继续向下砸入土中直至达到需要的深度，之后卸下撞击头和钢保护管；③将橡皮塞的黑色垫圈向下塞入套管，使其沿管壁滑入管底，用旋转接头固定橡皮塞。TRIME T3 的探管埋入土壤后，不能立即使用，需要在管壁与土壤空隙处做灌浆处理，约 4 周后使用，测量数据才能恢复到比较精确的水平。

(3) TRIME-T3 探头检测

测量时首先在土中预埋塑料套管，探头、套管和土壤之间不能存在空隙，土壤含水量越高，空隙造成的误差越大。将 T3 探头放入套管中时，要按下弹簧膨胀测波体，以免被管口卡掉。深度标志固定在距离测量中心 1 m 的位置，标志的两个耳型突出是为了定位探头的测量方向。将 T3 探头从探管中放入到测点后，产生一个 1GHz 的高频电磁波，电磁波沿着波导体传输，并在探头周围产生一个电磁场，信号传输到波导体的末端后又反射回发射源，传输时间为 1~2 ns。该测量系统可实现瞬时现测。

在田间测量中，探头在土壤中的有效深度约为 15 cm，在紧靠套管周围测量时极为灵敏，随着与套管距离的增加，灵敏度呈几何速率下降。椭圆的测量体积要求进行多次测量，每次测量后旋转一定的角度进行下次测量，然后计算平均值。T3 探头可测量体积含水量的范围在 0~60%，在 40%~60% 时精度在 3% 左右，含水量在 0~40% 时精度为 2%，T3 探头测量物电导率为 0~1 ds/m (图 2-3)。

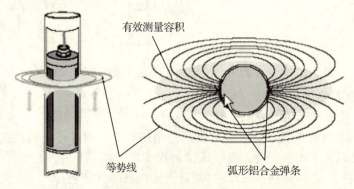

图 2-3　TRIME 探头周围的电场分布及可测量的体积

(4) TRIME 的标定

在出厂前 TRIME TDR 系列产品同电缆、探针、探头等装置都已进行了标定(密度为 1.4 g/cm³ 的石英砂中标定)，标定后的参数，存入探针连接器的芯片中。当土壤密度在 1.1~1.7 g/cm³ 范围内时，土壤密度对 TRIME 水分测值的影响不予考虑。但其测量值受不同土壤质地、密度以及温度等物理因素的影响，当要求误差更小时，需预先标定。

经验公式：校正水分＝实测水分＋(12.12×密度－17.05)

也可以在室内标定，用环刀取水分仪所测处土壤，利用烘干法测定相应的体积含水量，取平均值与 TDR 实测值进行线性比较。

室内标定基本步骤：

①采回土样，把根系、砾石、杂草等干扰物质除去，风干之后过 2 mm 的筛子；

②在几个直径 50 cm 的小桶中倒满土样(按给定容重：< 1.1 kg/dm³ 或 > 1.7 kg/dm³)，探头的杆必须完全埋没；

③几个装好土样的小桶内分别加水，制成几个不同水分梯度的土样。放在室内阴凉处静置 2~4 h 之后测定该容重下土样的含水量；

④TDR 测定之后套管旁边的地方用环刀(100 cm³)取土，立即放入烘箱(110 ℃，12 h)，用烘干法测定含水量，各重复 3 次。

(5) 结果计算

土壤容积含水量直接从仪器上读取。

(6) 注意事项

①如果在套管的有效长度内含有 1 mm 的气体缝隙，当样品含水量为 15% 时，测量结果会下降 1%~2% 体积含水量；如果样品含水量为 25% 时，误差在 5% 体积含水量；如果样品含水量很高(达到 50%)，误差可能会达到 10% 左右。饱和情况下的样品缝隙被水填充，缝隙误差会小很多。

②TDR 测量中的一个限制因素是原状土壤的电导率。原状土的电导率不得超过 1 ds/m。

③在非常干的土壤中打套管可能会出现问题，可用其他方法进行打管(如使用 Edelman 土钻进行预钻孔，然后再将土冲刷回套管周围)。

④在土壤膨胀或收缩的情况下，由于套管可能破裂，会使测量出现问题。

2) TDR 350 水分测定仪

TDR 350 的内置数据记录器可记录来自多个站点的数据。数据点可以通过 FieldScout 移动应用查看，该应用程序使用已记录的 GPS 位置绘制土壤测量图。测量值可保存到插入内置 USB 端口的 USB 驱动器中。连接杆最长可调节至 96.5 cm。通过调整轴的下半部分，可将仪表的长度缩短到 58.5 cm(图 2-4)。

(1) 安装电池 TDR 350 需要 4 节 5 号电池。

(2) 仪表校准 TDR350 具有标准土壤类型和高粘土类型的内部校准功能，还可选择与 TDR 300 相匹配的值。校准功能适用于大部分土壤类型。如果两台仪器在同一土壤测量数值不同，可标准化仪表的输出，以便仪表可互换使用。

校准需要装蒸馏水或去离子水的塑料容器，直径约 15.24 cm，高度与 TDR 杆的长度相同。过程如下：

①在"设置"菜单选"校准"选项　按"选择"按钮启动校准过程；

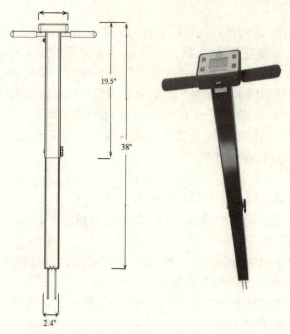

图2-4 TDR350土壤水分仪

②握住仪器，使测量杆在空中停留 按"菜单/选择"按钮，等待仪表指示其准备就绪；

③将测量杆完全浸入水中 按"菜单/选择"按钮，仪表指示准备就绪后，将显示该特定杆长的校准已完成。如果使用多个杆长，则必须对每个长度进行校准操作。

(3) 设置仪表

伸缩轴可收缩使用以调整至所需长度。要调整长度，需拆下法拉式螺栓，将轴调整至新位置。将杆拧入探头块底部的插座。

(4) 配置仪表

仪表配置在"设置"菜单中完成。

①显示屏幕 TDR 350 有 3 个主显示屏，包括启动信息屏幕、数据屏幕和设置菜单屏幕。

a. 启动信息屏幕：打开仪表电源时，按住"开/关/后退"按钮以显示启动设备信息屏幕。释放按钮以继续进入"数据"屏幕(图2-5A)。

b. 数据屏幕：传感器的读数显示在"数据"屏幕上(图2-5B)。屏幕右上角显示 GPS、蓝牙和电池电量。土壤湿度、电导率和温度数据显示在屏幕的上半部分。运行平均值和检测次数显示在右下角。左下角显示当前杆长度和土壤类型。按住"读取"按钮将清除平均值，并将计数器重新设置为 0。

c. 设置菜单屏幕："设置"菜单的内容显示图 2-5C 中，使用箭头按钮滚动到所需的选项。对于大多数选项，按下"选择"按钮切换不同选项。

TDR 350 可选标准型、高黏土型或砂型 3 种土壤类型模式之一。标准模式适用于大多数矿物土壤。对于黏土含量较高的土壤(±27%)，高黏土模式将更加精确。砂型适用于基于沙地的运动场或高尔夫球场。有 3 种水分类型选项。*VWC%* 模式显示由 *EC* 传感器输出优化的

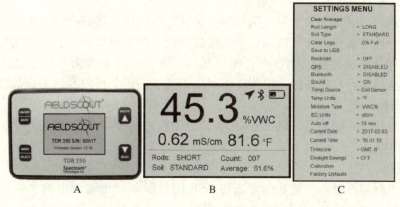

图 2-5　TDR350 显示屏幕

A 启动信息屏幕　B 数据屏幕　C 设置菜单屏幕

水分含量。期间模式显示原始传感器读数，此模式主要用于故障排除或特定土壤校准。TDR 300 模式显示与 TDR 300 水分仪的输出相匹配的读数。

②GPS 状态　启用 GPS 功能可获取地理参考数据。使用 FieldScout 移动应用时须启用蓝牙功能，当仪表通电时，蓝牙将始终处于打开状态。如果禁用 GPS 功能，应用程序将使用手机 GPS 定位。GPS 定位的卫星越多结果越准确。当 GPS 启用且位置固定时，图标将从白色变为灰色，再变为黑色。黑色图标表示仪表已检测到 10 个或更多卫星。如果提供差分校正，GPS 图标包含十字线图标(图 2-6)。

图 2-6　GPS 显示状态

③检测 VWC 读数准确度　两个测试可以检查仪表是否正常运行。

a. 测试 1(无杆)：断开杆与探头块的连接，选择"水分类型"的"周期"选项。在没有连接杆的情况下，仪表读数应为 1930μs±30μs。

b. 测试 2(附杆)：可在 3 个标准环境(空气、蒸馏水和用蒸馏水浸透的运动场沙子)中进行读数。用蒸馏水进行准确度检测，自来水与蒸馏水中观察到的结果相差很大。在饱和砂中读数时，容器应足够高，直径至少为 7.5 cm，以便测试杆完全浸没或插入。

土壤类型设置为标准型，水分类型设置为 TDR 300 模式。TDR 仪在空气中读数 VWC± 0%，饱和沙中读数 35%~45%。表 2-2 显示了蒸馏水中不同杆长对应体积含水量的大致范围。

表 2-2　不同杆长对应的蒸馏水中土壤体积含水量的数值范围

测量杆长度	实际体积含水量 VWC	测量杆长度	实际体积含水量 VWC
8 英寸(20 cm)	60%~65%	3 英寸(7.5 cm)	75%~80%
4.8 英寸(12 cm)	70%~75%	1.5 英寸(3.8 cm)	65%~70%

(5)获取读数

将测试杆推入土壤检测含水量。测量时,必须将测试仪杆部完全插入土壤中,如果没有完全插入,部分采样量将由空气组成,造成读数偏低。探头应以稳定、向下的压力插入。

按"读取"按钮启动测量。读数应立即显示。如果显示器未检测到传感器,将显示破折号,需检查传感器是否牢固连接。探测杆在测量时必须接近平行以保证测量值精确。

(6)数据查看

数据可传输到闪存驱动器,FieldScout 移动应用程序还可以将数据直接发送到 SpecConnect web 实用程序。

(7)下载数据

存储在仪表内部存储器中的数据可通过 USB 闪存驱动器传输到电脑。将闪存驱动器连接到仪表前面的 USB 端口。按菜单/选择按钮打开设置菜单。滚动至 Save to USB(保存至USB)选项,然后再次按下菜单/选择按钮。数据将以扩展名为 .csv 的文件格式保存到闪存驱动器。如果下载的仪表闪存驱动器上已有数据文件,数据传输将把原文件覆盖。

(8)数据管理

数据存储在逗号分隔的文本文件中。文件名将与仪表的序列号匹配。这些文件可以用文本编辑软件或电子表格打开。

(9)结果计算

土壤容积含水量直接从仪器上读取。

(10)注意事项

①如果测试杆在土壤中晃动,杆附近可形成气穴,导致读数偏低。不能用锤子或其他钝器敲击探头,会对内部电子设备造成损坏。要确保杆尽可能平行地插入,这样会降低杆子弯曲或断裂的可能性。避免有岩石或其他材料的区域,这些材料可能导致杆偏转或弯曲。如果地面特别坚硬或紧实,可使用钻孔器(6430PH)制造 3 英寸孔洞,以便于启动探头杆的插入。取样过程中测试杆偶尔弯曲是正常的。较长的杆比较短的杆更容易弯曲。如果发生弯曲,杆应简单地弯曲回平行位置,垂直于 TDR 仪。在沙土中测试杆磨损速度最快,应注意及时更换。

②仪表在水中不会读取 100%,利用土壤水分校准方程,在矿物土壤中能找到准确的体积水含量。

③土壤特异性校准 为了达到最大精度,可以选择特异性土壤校准,而不使用 TDR 350中土壤校准选项(标准、高黏土或砂)。在这种情况下,需要用烘干法测量的土壤水分含量。将仪表的周期读数与实际体积含水量 VWC 相关联,建立关系式,通过对该数据与另一组数据进行回归分析来实现。

④天空晴朗无云时,GPS 覆盖范围最好。GPS 接收器位于仪表的前面(靠近 USB 端口)。读取读数时,接收器应远离任何如树木等障碍物。

2.2.5 实验相关记录与参考表格

将实验数据填于表 2-3 中。

表 2-3　土壤水分测定记录表

水分测定方法		测定日期	
	重复及盒号	I（　）	II（　）
恒温烘箱法或酒精燃烧法	烘干铝盒质量　$M_0(g)$		
	烘干铝盒和样品的烘干前质量　$M_1(g)$		
	烘干铝盒和样品的烘干后质量　$M_2(g)$		
	样品的烘干后质量　$M_2 - M_0(g)$		
	含水量(%)		
	平均含水量(%)		
时域反射仪法	重复	土壤水分	
	I		
	II		
	III		
	平均含水量(%)		

2.2.6　实验作业

比较恒温烘箱法、酒精燃烧法和时域反射仪法的优缺点，都应用于哪些方面？利用 TDR 仪测定草坪土壤 0~10 cm、10~20 cm 等层次的土壤容积含水量。思考在计算土壤含水率时，为什么要以烘干土重为基数？土壤吸湿水和自然含水率有什么区别与联系，各应用于哪些方面？撰写并提交实验报告。

实验 2.3　土壤酸碱度(pH 值)测定

2.3.1　实验目的

土壤酸碱度是土壤重要的理化参数，对土壤肥力及植物生长有很大影响。土壤 pH 值测定是土壤分析中最常规和最重要的项目。了解土壤的 pH 值，对改良利用土壤以及指导土壤施肥等有重要意义。通过实验熟悉土壤酸碱度测定流程，掌握土壤酸碱度测定方法。

2.3.2　实验原理

以电位法测定土壤悬浊液 pH 值时，用玻璃电极为指示电极，甘汞电极为参比电极。将指示电极和参比电极插入土壤悬浊液，构成一个电极反应，其间产生一个电位差，参比电极的电位是固定的，因此，该电位差的大小取决于待测液中氢离子活度，而氢离子活度的负对数就是 pH 值，故而可以直接用酸度计读出 pH 值。

2.3.3　实验材料与器具

(1)实验材料

待测土壤。

（2）实验试剂

①pH4.01 标准缓冲液　称取在 105 ℃下烘干的苯二甲酸氢钾（$KHC_8H_4O_4$，分析纯）10.21 g，用蒸馏水溶解后定容至 1 L。

②pH6.87 标准缓冲液　称取 3.39 g 在 50 ℃烘干的磷酸二氢钾（KH_2PO_4，分析纯）和 3.53 g 无水磷酸氢二钠（Na_2HPO_4，分析纯），溶于水后定容至 1 L。

③pH9.18 标准缓冲液　称取 3.80 g 硼砂（$Na_2B_4O_7 \cdot 10H_2O$，分析纯）溶于无二氧化碳的冷蒸馏水中，定容至 1 L，此缓冲液 pH 值易变，注意保存。

④氯化钾溶液（0.01 mol/L）　称取 147.02 g 化学纯 $CaCl_2 \cdot 2H_2O$ 溶于 200 mL 水中，定容至 1 L，吸取 10 mL 放于 500 mL 烧杯中，加水 400 mL，用少量 $Ca(OH)_2$ 或 HCl 调节 pH 值在 5.5~6.0，最后定容至 1 L。

（3）实验器具

pH 酸度计、玻璃电极、甘汞电极、烧杯、量筒、天平、玻璃棒、滤纸、温度计等。

2.3.4　实验方法与步骤

（1）待测液制备

称取通过 2 mm 孔筛的风干土样 10.00 g，放于 50 mL 的烧杯中，加入 25 mL 无二氧化碳的蒸馏水。用玻璃棒剧烈搅拌 1~2 min，使土体完全分散，静置 30 min 后用校正过的酸度计测定。

（2）测定方法

①仪器校正　测定 pH 值之前，须对酸度计进行校正。酸碱度不同的土壤，选用 pH 值不同的标准缓冲液校正，酸性土壤用 pH 值 4.01，中性土壤用 pH 值 6.87 和 pH 值 9.18 进行调整。酸度计的使用可参阅仪器使用说明书。

②测定　将玻璃电极的球部浸入待测土样的下部悬浊液中，轻轻摇匀，然后将饱和甘汞电极插入待测液的上部澄清液中，待读数稳定，记录 pH 值。每测完一个样品，需用蒸馏水冲洗电极，并用滤纸将水吸干再测下一个样品，每测完 5~6 个样品，再用 pH 标准缓冲液校正一次。

当上述测定的 pH<7 时，再以相同的水土比，用 0.01 mol/L KCl 浸提，按上述步骤测土壤代换性酸度。

2.3.5　实验相关记录与参考表格

将实验数据填于表 2-4 中。

表 2-4　土壤 pH 值测定记录表

样品编号		测定日期	
使用仪器		测定人	
测定记录			
重复	测定值		
Ⅰ			
Ⅱ			
Ⅲ			
…			
平均			

2.3.6 实验作业

按照实验步骤进行实验,叙述酸度计校准方法;解释测定 pH 值时,为什么要将玻璃电极球部浸入土样的上清液中?撰写并提交实验报告。

实验 2.4 土壤水溶性盐的测定

2.4.1 实验目的

土壤可溶性盐通常是指水溶性盐类,是盐碱土的一个重要属性,是限制作物生长的障碍因素。土壤所含可溶性盐分在达到一定数量后,会直接影响作物的发芽和正常生长,盐分对作物生长的影响,主要取决于土壤可溶性盐的含量及其组成,以及不同作物的耐盐程度。分析土壤中水溶性盐的成分,可以确定盐分的类型和含量,进一步判断土壤盐渍化状况和盐分动态,为盐碱土分类和利用改良提供依据。通过实验了解电导法和残渣烘干—质量法测定土壤水溶性盐方法与步骤,掌握其测定技术。

2.4.2 电导法

2.4.2.1 实验原理

土壤可溶性盐是强电解质,其水溶液具有导电性。电导分析法就是以测定电解质溶液的电导为基础的分析方法。在一定浓度范围内,溶液的含盐量与电导率呈正比。因此,电导率数值就能够表示土壤含盐量的高低,但其不能反映混合盐的组成。土壤浸出液的电导率可以用电导仪测定。

2.4.2.2 实验材料与器具

(1) 实验材料

待测土壤样品。

(2) 实验试剂

0.01 mol/L 氯化钾溶液:称取干燥分析纯 KCl 0.7456 g 溶于刚煮沸过的冷蒸馏水中,于 25 ℃稀释至 1 L,贮存于塑料瓶中。该标准溶液在 25 ℃时的电阻率是 1.412 ds/m;0.02 mol/L 氯化钾溶液:称取 KCl 1.4911 g,与上法一样配成 1 L 溶液,该溶液在 25 ℃时的电阻率是 2.765 ds/m。

(3) 实验器具

电导仪、电导电极、三角瓶、漏斗等。

2.4.2.3 实验方法与步骤

(1) 土壤浸出液的制备

称取通过 1 mm 筛孔的风干土样 100 g,放入 1000 mL 广口塑料瓶中,加入 500 mL 去二氧化碳蒸馏水,用橡皮塞塞紧瓶口,放在振荡机上振荡 3 min。然后连接布氏漏斗与抽气系统,铺上滤纸(与漏斗直径大小一致),缓缓抽气,滤纸与漏斗紧贴,可先倒入少量土液,湿润滤纸,使其完全贴在漏斗底上,然后缓缓倒入悬浊土浆,直至抽滤完毕。如果滤液开始浑浊,应倒回重新过滤,最后将清亮的滤液收集备用。

（2）电导仪测定

①吸取土壤浸出液或水样 30~40 mL，放入小烧杯中（如果只用电导仪测定总盐量，土壤样品可直接称取风干土 4 g，加水 20 mL，盖紧盖子，振荡 3 min，静置，待上清液澄清后，直接测定）。

②测量液体温度。同一批样品，每隔 10 min 检测 1 次液体温度，也可将样品容器置于 25 ℃恒温水浴中检测。

③用少量待测液冲洗电极 2~3 次，将电极插入待测液中，仪器指针稳定后，记录电导仪读数，取出电极，用水冲洗，滤纸吸干（按电导仪说明书调节电导仪，测定待测液的电导度）。

④每个样品重复 2~3 次，避免出现误差。

2.4.2.4 结果计算

（1）土壤浸出液电导率计算

$$\text{土壤浸出液的电导率 } EC_{25} = \text{电导仪读数 } S \times \text{温度校正系数 } f_t \times \text{电极常数 } K \quad (2\text{-}4)$$

一般电导仪的电极常数数值已在仪器上补偿，故不需要再乘电极常数。温度校正系数可查表 2-5。

表 2-5 电阻或电导之温度校正系数（f_t）

温度（℃）	校正值	温度（℃）	校正值	温度（℃）	校正值	温度（℃）	校正值
3.0	1.709	20.0	1.112	25.0	1.000	30.0	0.907
4.0	1.660	20.2	1.107	25.2	0.996	30.2	0.904
5.0	1.663	20.4	1.102	25.4	0.992	30.4	0.901
6.0	1.569	20.6	1.097	25.6	0.988	30.6	0.897
7.0	1.528	20.8	1.092	25.8	0.983	30.8	0.894
8.0	1.488	21.0	1.087	26.0	0.979	31.0	0.890
9.0	1.448	21.2	1.082	26.2	0.975	31.2	0.887
10.0	1.411	21.4	1.078	26.4	0.971	31.4	0.884
11.0	1.375	21.6	1.073	26.6	0.967	31.6	0.880
12.0	1.341	21.8	1.068	26.8	0.964	31.8	0.877
13.0	1.309	22.0	1.064	27.0	0.960	32.0	0.873
14.0	1.277	22.2	1.060	27.2	0.956	32.2	0.870
15.0	1.247	22.4	1.055	27.4	0.953	32.4	0.867
16.0	1.218	22.6	1.051	27.6	0.950	32.6	0.864
17.0	1.189	22.8	1.047	27.8	0.947	32.8	0.861
18.0	1.163	23.0	1.043	28.0	0.943	33.0	0.858
18.2	1.157	23.2	1.038	28.2	0.940	34.0	0.843
18.4	1.152	23.4	1.034	28.4	0.936	35.0	0.829
18.6	1.147	23.6	1.029	28.6	0.932	36.0	0.815
18.8	1.142	23.8	1.025	28.8	0.929	37.0	0.801
19.0	1.136	24.0	1.020	29.0	0.925	38.0	0.788
19.2	1.131	24.2	1.016	29.2	0.921	39.0	0.775
19.4	1.127	24.4	1.012	29.4	0.918	40.0	0.763
19.6	1.122	24.6	1.008	29.6	0.914	41.0	0.750
19.8	1.117	24.8	1.004	29.8	0.911		

表 2-6 土壤饱和浸出液的电导率与盐分(%)和作物生长关系

饱和浸出液 EC_{25}(dS/m)	盐分 (g/kg)	盐渍化程度	植物反应
0~2	<1.0	非盐渍化土壤	对作物不产生盐害
2~4	1.0~3.0	盐渍化土壤	对盐分极敏感的作物产量可能受到影响
4~8	3.0~5.0	中度盐土	对盐分敏感作物产量受到影响，但对耐盐作物（苜蓿、棉花、甜菜、高粱、谷子）无多大影响
8~16	5.0~10.0	重盐土	只有耐盐作物有收成，但影响种子发芽，而且出现缺苗，严重影响产量
>16	>10.0	极重盐土	只有极少数耐盐植物能生长，如盐植的牧草、灌木、树木等

(2)直接用土壤浸出液的电导率表示土壤盐渍化程度

用水饱和的土浆浸出液的电导率来估计土壤全盐量，其结果较接近田间情况，并已有明确的应用指标(表 2-6)。

2.4.3 残渣烘干—质量法

2.4.3.1 实验原理

吸取一定量的土壤浸出液放在瓷蒸发皿中，水浴蒸干，用 H_2O_2 氧化有机质，在烘箱中烘干，称重，可得到烘干残渣质量。

2.4.3.2 实验材料与器具

(1)实验材料

待测土壤。

(2)实验器具

布氏漏斗、离心机、振荡机、电子天平、烘箱、水浴锅、瓷蒸发皿等。

2.4.3.3 实验方法与步骤

(1)土壤浸出液的制备

参照电导法的测定。

(2)测定步骤

①用电子天平称量已烘干的 100 mL 瓷蒸发皿的质量 m_0。

②吸取 1∶5 土壤浸出液 20~50 mL(一般盐分质量在 0.02~0.2)放入 100 mL 瓷蒸发皿内，水浴上蒸干，沿皿四周滴加 150 g/L H_2O_2，使残渣保持湿润。

③继续蒸干，如此反复用 H_2O_2 处理，使有机质完全氧化。

④蒸干后残渣和瓷蒸发皿放入 105~110 ℃烘箱烘干 4 h，冷却后用万分之一天平称重。

⑤将蒸发皿和残渣再次烘干 0.5~1 h，取出放在干燥器中，冷却后称重，直至前后 2 次质量之差小于 1 mg，记录蒸发皿和残渣的质量 m_1。

2.4.3.4 结果计算

$$\text{土壤水溶性盐总量}(g/kg) = \frac{(m_1 - m_0) \times D}{m} \times 1000 \tag{2-5}$$

式中 m——称取风干土样的烘干质量(g)；

m_1——蒸发皿和残渣的烘干质量之和(g)；

m_0——蒸发皿的烘干质量(g);

D——土壤浸出液分取倍数。

2.4.4 实验相关记录与参考表格

将实验数据填于表2-7中。

表2-7 水溶性盐含量测定记录表

样品编号		测定日期		测定人	
电导率法					
重复	电导仪读数 S	温度校正系数 f_t	浸出液的电导率	盐分含量%	
Ⅰ					
Ⅱ					
…					
平均					
残渣烘干—质量法					
重复	蒸发皿的烘干质量 m_0(g)	称取风干土样的烘干质量 m(g)	蒸发皿和残渣的烘干质量之和 m_1(g)	土壤浸出液分取倍数 D	盐含量(g/kg)
Ⅰ					
Ⅱ					
…					
平均					

2.4.5 实验作业

比较烘干残渣法和电导法测定土壤水溶性盐总量的测定条件及优缺点。阐述土壤电导率和土壤含盐量有何密切关系？撰写并提交实验报告。

实验2.5 土壤养分测定

2.5.1 土壤水解性氮的测定

2.5.1.1 实验目的

土壤水解性氮又称为土壤有效性氮，是指土壤中容易被植物吸收利用的氮。包括铵态氮、硝态氮、氨基态氮、酰胺态氮及一些多肽和蛋白质类化合物。氮是植物最重要的营养元素之一，测定土壤中的水解性氮，能够了解土壤的肥力状况，并且可以为合理施肥提供依据。通过实验了解氮对植物的重要性，掌握土壤水解性氮的测定方法。

2.5.1.2 实验原理

本实验采用碱解扩散法。在扩散皿中，土壤于碱性条件和硫酸亚铁存在下进行水解还原，使易水解态氮和硝态氮转化为氨，并扩散，为硼酸溶液所吸收。硼酸溶液吸收液中的氨，用标准酸滴定，由此计算碱解氮的含量。

2.5.1.3 实验材料与器具

（1）实验材料

待测土壤。

（2）实验试剂

①NaOH溶液[c(NaOH)=1 mol/L]　40.0 g氢氧化钠（NaOH，化学纯）溶于水，冷却后，稀释至1 L。

②硼酸指示剂溶液[p(H_3BO_3)=20 g/L(m/V)]　20 g H_3BO_3（化学纯）溶于60 ℃的蒸馏水，冷却后，稀释至1 L。

③0.01 mol/L硫酸标准溶液　先配成(1/2 H_2SO_4)=0.1 mol/L，用Na_2CO_3标定，再稀释10倍。

④碱性胶液　40 g阿拉伯胶和50 mL水在烧杯中，温热至70~80 ℃，搅拌促溶，约冷却1 h后，加入20 mL甘油和20 mL饱和K_2CO_3水溶液，搅匀，放冷。离心除去泡沫和不溶物，将清液贮于玻璃瓶中备用。

⑤硫酸亚铁粉末　将硫酸亚铁（$FeSO_4 \cdot 7H_2O$，化学纯）磨细，装入密闭瓶中，存于阴凉处。

（3）实验器具

扩散皿、半微量滴定管（5 mL）、恒温箱。

2.5.1.4 实验方法与步骤

（1）称取风干土样（过2 mm筛）2.00 g，置于扩散皿外室，加入0.2 g硫酸亚铁粉末，水平轻旋转扩散皿，使土壤均匀地铺平。

（2）取2 mL H_3BO_3-指示剂溶液（试剂2）放于扩散皿内室，然后在扩散皿外室边缘涂上碱性胶液，盖上毛玻璃，旋转数次，使皿边与毛玻璃完全黏合。

（3）再慢慢转开毛玻璃一边，使扩散皿外室露出一条狭缝，迅速加入10.0 mL氢氧化钠溶液（试剂1），立即盖严，再用橡皮筋圈紧，使毛玻璃固定。

（4）轻轻摇动扩散皿，使碱液与土壤充分混合（注意勿使外室碱液混入内室）。随后放入40 ℃恒温箱中，碱解扩散24 h后取出（中间摇动数次以加速扩散吸收）。

（5）用硫酸标准溶液（试剂3）滴定内室吸收液中的NH_3。溶液由蓝色变为紫红色为滴定终点。

（6）在样品测定同时进行空白试验，校正试剂和滴定误差。

2.5.1.5 结果计算

$$N(\text{mg/kg}) = \frac{(V-V_0) \times C \times M}{m} \times 1000 \qquad (2-6)$$

式中　N——碱解性氮质量分数（mg/kg）；

C——硫酸（1/2 H_2SO_4）标准溶液的浓度（mol/L）；

V——样品测定时用去硫酸标准液的体积（mL）；

V_0——空白试验时用去硫酸标准液的体积（mL）；

M——氮的摩尔质量，M(N)=14 g/mol；

m——土样质量(g)。

两次重复测定结果允许差为 5 mg/kg。

2.5.1.6 注意事项

(1)微量扩散皿使用前必须彻底清洗。利用小刷去除残余后,冲洗,先后浸泡于软性清洁剂及稀盐酸中,然后以自来水充分冲洗,最后再用蒸馏水淋之。应熟练操作技巧以防止内室硼酸-指示剂液遭受碱液污染。

(2)在 $NO_3^- - N$ 还原为 $NH_4^+ - N$ 时。$FeSO_4$ 本身要消耗部分 NaOH,所以测定时所用 NaOH 溶液的浓度须提高。

(3)碱性胶液由于碱性很强,在涂胶液和洗涤扩散皿时,必须特别细心,慎防污染内室,否则会使结果偏高。扩散过程中,扩散皿必须盖严以防漏气。

(4)滴定时要用小玻璃棒小心搅动吸收液,切不可摇动扩散皿。

2.5.1.7 实验相关记录与参考表格

将实验数据填于表2-8中。

表 2-8 土壤水解性氮测定记录表

测定日期			测定人		
测定记录					
样品编号	土样质量(g)	空白试验时用去硫酸标准液体积(mL)	样品测定时用去硫酸标准液体积(mL)	硫酸(1/2 H_2SO_4)标准溶液浓度(mol/L)	碱解性氮质量分数(mg/kg)

注:氮的摩尔质量 $M(N)= 14$ g/mol。

2.5.1.8 实验作业

简述土壤水解性氮测定过程中应注意哪些问题?在实验过程中,用于回滴的盐酸为什么要进行标定?撰写并提交实验报告。

2.5.2 土壤有效磷的测定

2.5.2.1 实验目的

土壤有效磷是指能被当季作物吸收利用的磷。磷是植物生长所必需的大量元素之一。土壤中的磷大部分不能被植物直接吸收利用,易被吸收利用的有效磷通常含量很低。我国不同地带气候区的土壤,其有效磷含量与全磷含量呈正相关趋势,因此除全磷分析外,测定土壤中有效磷含量,才能全面说明土壤磷素肥力的供应状况,为科学施肥提供可靠依据。通过实验了解磷对草坪植物的重要性,掌握土壤有效磷的测定方法。

2.5.2.2 实验原理

浸提剂的选择是有效磷测定实验的关键。我国目前广泛使用的浸提剂是浓度 0.5 mol/L 的碳酸氢钠溶液(Olsen 法),它适用于石灰性土壤、中性土壤及酸性水稻土。此外使用盐酸—氟化铵溶液(Bray I 法)为浸提剂,适用于酸性土壤和中性土壤。

本实验采用碳酸氢钠浸提—钼锑抗比色法。石灰性土壤中的有效磷,多以磷酸一钙和磷酸二钙状态存在,可用 pH=8.5,浓度 0.5 mol/L 的碳酸氢钠提取到溶液中。磷酸一钙可直接溶于碳酸氢钠水溶液中,而磷酸二钙与碳酸氢钠反应成为磷酸钠而溶解,钙则成为碳酸钙的沉淀而析出。其反应式为:

$Ca(H_2PO_4)_2 + 2NaHCO_3 \rightarrow Ca(HCO_3)_2 + 2NaH_2PO_4$

$CaHPO_4 + NaHCO_3 \rightarrow CaCO_3 \downarrow + NaH_2PO_4$

酸性土壤中,因 pH 值提高而使 Fe-P、Al-P 水解而部分被提取。在浸提液中由于 Ca、Fe、Al 的浓度较低,不会产生 P 的再沉淀。

2.5.2.3 实验材料与器材

(1)实验材料

待测土壤。

(2)实验试剂

①无磷活性炭粉 将活性炭粉先用 1∶1 盐酸浸泡 24 h,然后在平板漏斗上抽气过滤,用水淋洗至无 Cl^-,再用浸提剂浸泡 24 h,在平板漏斗上抽气过滤,用水洗尽碳酸氢钠,并至无磷为止,烘干备用。

②0.5 mol/L 碳酸氢钠浸提剂(pH 值 8.5) 称取 42 g 碳酸氢钠溶于约 950 mL 水中,用 10% 氢氧化钠溶液调节 pH 值至 8.5±0.05(用酸度计测定),用水稀释至 1 L。贮存于聚乙烯或玻璃瓶中备用。该溶液久置因失去 CO_2 而使 pH 值升高,所以如贮存期超过 20 d,使用时须重新校正 pH 值。

③二硝基酚指示剂 称取 2,6-二硝基酚 0.2 g 溶于 100 mL 水。

④钼锑贮备液 称取 10 g 钼酸铵 $[(NH_4)_6Mo_7O_{24} \cdot 4H_2O$,分析纯],溶于 300 mL 约 60 ℃ 的水中,冷却。另取 153 mL 浓硫酸,缓缓注入约 400 mL 水中,搅匀,冷却。然后将稀硫酸注入钼酸铵溶液中,搅匀,冷却。再加入 100 mL 5 g/L 的酒石酸锑钾溶液,最后用水稀释至 1 L,盛于棕色瓶中备用。

⑤钼锑抗显色剂 称取 1.50 g 抗坏血酸(左旋,旋光度+21~22,分析纯),溶于 100 mL 钼锑贮备液中。此试剂有效期在室温下为 24 h,在 2~8 ℃ 冰箱中可贮存 7 d。

⑥5 mg/L 磷标准溶液$[\rho(P)=5$ mg/L] 准确称取 105 ℃ 烘干的磷酸二氢钾(优级纯) 0.4390 g,用水溶解后,加入 5 mL 浓硫酸,定容至 1 L,即为 100 mg/L 磷标准贮备液$[\rho(P)=100$ mg/L](此液可以长期保存)。吸取 5 mL 磷标准贮备液放入 100 mL 容量瓶中,加水定容即为 5 mg/L 磷标准溶液$[\rho(P)=5$ mg/L],此溶液不宜久存。

(3)实验仪器

分光光度计或比色计、往复振荡机。

2.5.2.4 实验方法与步骤

(1)称取通过 2 mm 孔径筛的风干土样 5.0 g(精确至 0.01 g),置于 250 mL 带盖塑料瓶中。

(2)瓶中加入约 1 g 无磷活性炭,加入 25 ℃±1 ℃ 的浸提剂 100 mL,在 25 ℃±1 ℃ 的室温下,于恒温往复式振荡机上用 160~200 r/min 的频率振荡 30 min。

(3)立即用无磷滤纸和干燥的漏斗过滤于干燥的有塞三角瓶中,同时需做空白试验。

(4)吸取滤液 10.00 mL 于 50 mL 三角瓶中,加二硝基酚指示剂 2 滴(小心慢加,慢慢摇动,防止产生的 CO_2 喷出瓶口),用稀硫酸和稀氢氧化钠调节 pH 值至溶液呈微黄色。

(5)待 CO_2 充分放出后,加入钼锑抗显色剂 5 mL,定容,摇匀,在分光光度计上用 700 nm 波长(2 cm 比色皿)比色,读取 P 透光度,再在标准曲线上查得 P 的浓度。

2.5.2.5 结果计算

$$有效磷\ P(mg/kg) = \frac{\rho V t_s}{m \times 10^3} \times 1000 \tag{2-7}$$

式中　ρ——从标准曲线上查得显色液中 P 的浓度(mg/L);
　　　V——显色液体积(mL);
　　　t_s——分取倍数,即试样提取液体积与显色时分取体积的比值,本试验为 50/10;
　　　1000——换算成每 1kg 土壤中有效磷含量;
　　　10^3——将 P 的比色体积 mL 换算成 L;
　　　m——风干试样质量(g)。

表 2-9 重复测定结果的允许误差

测定值(P, mg/kg)	允许误差(P, mg/kg)
<10	绝对误差≤0.50 mg/kg
10~20	绝对误差≤1.0 mg/kg
>20	相对相差≤5%

重复测定结果以算术平均值表示,保留小数点后 1 位。

2.5.2.6 注意事项

(1)浸提剂 0.50 mol/L 碳酸氢钠酸度必须调节至 pH = 8.50,因为只有在 pH = 8.50 时,溶液中的 Ca^{2+}、Al^{3+}、Fe^{3+} 的浓度较低,有利于磷的提取。

(2)严格将浸提时的温度控制在 25 ℃恒温室中,最好用恒温振荡机。

(3)如果土壤有效磷含量较高,应吸取较少量的样品浸出液,并加浸提剂补充至 10.00 mL 后显色,计算时按所取浸提液的分取倍数计算。

(4)因胶塞含磷,故浸提时振荡须用塑料瓶。

2.5.2.7 实验相关记录与参考表格

将实验数据填于表 2-10 中。

表 2-10 土壤有效磷的测定记录表

样品编号		测定日期		测定人	
重复	ρ	V	t_s	m	P(mg/kg)
Ⅰ					
Ⅱ					
平均					
备注	计算公式:有效磷 $P(mg/kg) = \dfrac{\rho V t_s}{m \times 10^3} \times 1000$ 式中　ρ——从标准曲线上查得显色液中 P 的浓度(mg/L); 　　　V——显色液体积(mL); 　　　t_s——分取倍数,即试样提取液体积与显色时分取体积的比值,本试验为 50/10; 　　　1000——换算成每 1kg 土壤中有效磷含量; 　　　10^3——将 P 的比色体积 mL 换算成 L; 　　　m——风干试样质量 g。					

2.5.2.8 实验作业

叙述实验中影响土壤有效磷浸提的因素，撰写并提交实验报告。

2.5.3 土壤速效钾的测定

2.5.3.1 实验目的

土壤中易为作物吸收利用的钾素，称为土壤速效钾或有效钾，包括交换性钾和水溶性钾。其含量直接反映土壤供钾能力，对判断土壤钾供应情况和确定施肥计划有很重要的意义。土壤有效钾中水溶性钾占很少部分，95%左右都是交换性钾。目前，常用的土壤速效钾测定方法是乙酸铵浸提—火焰光度法。通过实验了解草坪植物土壤速效钾的测定方法，掌握乙酸铵浸提—火焰光度法测定钾的技术环节。

2.5.3.2 实验原理

土壤速效钾的测定分为提取和测定两个步骤，即先以中性 1 mol/L 乙酸铵溶液浸提，然后用火焰光度计测定。

2.5.3.3 实验材料与器具

(1) 实验材料

待测土壤。

(2) 实验试剂

①1 mol/L 乙酸铵溶液　称取化学纯乙酸铵 77.08 g 溶于蒸馏水后稀释至近 1 L，用稀 HOAc 或 NH_4OH 调至 pH7.0，定容至 1 L，该溶液不宜久放。具体方法：取 1 mol/L 乙酸铵溶液 50 mL，用 0.1% 溴百里酚蓝作指示剂，用 1∶1 氢氧化铵或乙酸调节至中性（呈绿色），根据 50 mL 所用的氢氧化铵或乙酸的毫升数，算出所配溶液的需要量，最后调至 pH=7.0。

②钾(K)标准溶液[$\rho(K)$ = 100 mg/L]　准确称取经过 105 ℃ 烘干(4~6 h)的分析纯氯化钾 0.1907 g，溶于中性乙酸铵溶液中，定溶至 1 L，此液即 100 mg/L 钾(K)标准溶液。

(3) 实验器具

火焰光度计、往复振荡机、天平、三角瓶、容量瓶(100 mL)、量筒(50 mL)、漏斗等。

2.5.3.4 实验方法与步骤

(1) 称取过 1 mm 或 2 mm 筛孔的风干土样 5.00 g，置于 100 mL 三角瓶中（或 200 mL 塑料瓶中）。

(2) 加入 1 mol/L 中性乙酸铵溶液 50 mL（土液比 1∶10），用橡皮塞塞紧，振荡 30 min。

(3) 立即用干滤纸过滤悬浮液，滤液承接于小三角瓶中，直接用火焰光度计测定，同时做空白试验，记录检流计上的读数，然后从标准曲线上查得待测钾浓度(mg/kg)。

2.5.3.5 结果计算

土壤速效钾含量以钾(K)的质量分数 $\omega(K)$ 计(表 2-11)，数值以毫克每千克(mg/kg)表示，按以下公式计算：

$$\omega(K) = \frac{\rho V}{m} \tag{2-8}$$

式中　ρ——查标准曲线或求回归方程而得待测液中钾的浓度(mg/L)；

　　　V——浸提剂的体积(mL)；

　　　m——烘干土样的质量(g)。

表 2-11　土壤速效钾的供应指标

等级	土壤速效钾 K(mg/kg)	等级	土壤速效钾 K(mg/kg)
极低	<30	高	100~160
低	30~60	极高	>160
中	60~100		

2.5.3.6　实验相关记录与参考表格

实验数据记录于表 2-12。

表 2-12　土壤速效钾的测定记录表

样品编号		测定日期		测定人	
测定记录					
重复	ρ	V		m	$\omega(K)$
Ⅰ					
Ⅱ					
平均					
备注	计算公式：$\omega(K) = \dfrac{\rho V}{m}$ 式中　ρ——查标准曲线或求回归方程而得待测液中钾的浓度(mg/L)； 　　　V——浸提剂的体积(mL)； 　　　m——烘干土样的质量(g)。				

2.5.3.7　实验作业

叙述实验中影响土壤速效钾含量的因素有哪些？以土壤速效钾作为钾素指标时，应注意哪些问题，撰写并提交实验报告。

实验 2.6　土壤质地测定

2.6.1　实验目的

土壤质地对建植草坪成功与否以及使用性能均起到非常重要的作用。本实验主要介绍土壤质地手测法和比重计速测法。通过实验熟悉了解土壤质地对草坪建植与管理的重要性，掌握手测法和比重计速测法的测定方法。

2.6.2　实验原理

土壤质地是土壤重要的基本性状之一，指土壤中各粒级土粒的配合比例或各粒级土粒在土壤总质量中所占的百分数，即土壤机械组成，是土壤研究工作中不可缺少的项目之一。

手测法是野外常用的土壤质地测定方法，主要依据经验估测，准确性较差，但方法简便易行，能够满足生产上的基本要求，非常实用。手测法又分为干测法和湿测法两种，主要依据不同质地土壤的外观、手感和可塑性的差异，来区分不同质地类型的土壤。实际操作过程中，要注意按照一定的先后顺序操作，即首先对土样进行目测观察，记录土样的外观性状，再用手指感受土壤土粒的粗细、大小、软硬等，以辨别土样质地类型，手测过程中应该先用干测的方法，后用湿测方法。

比重计速测法是对自然土壤进行分散处理，使其成为单粒状态，再使分散后的土粒在一定容积的悬液中自由沉降，粒径不同沉降速度不同，粒径越大，沉降越快。据司笃克斯（Stakes）定律（球体微粒在静水中沉降，其沉降速度与球体微粒的半径平方呈正比，而与介质的黏滞系数呈反比），算出不同直径的土粒在水中沉降一定距离所需时间，并用比重计测出土壤悬液中所含土粒（指某一级的土粒）的数量，就可确定土壤质地。

2.6.3 实验材料与仪器设备

（1）实验材料

待测土壤。

（2）实验器具

表面皿、滴管、鲍氏比重计（甲种）、研钵、搅拌棒、温度计、土壤筛、冲洗筛、干燥器、烘箱、洗瓶、沉降筒（1000 mL 量筒）等。

2.6.4 实验方法与步骤

（1）手测法

干测法是用手指直接对土壤捻磨，而湿测法是把土放在表面皿中，用滴管滴水使土壤湿润，然后根据表 2-13 进行判断。

表 2-13 土壤质地手测法标准（根据卡庆斯基分类法）

特性 质地	目测观察	干测法		湿测法		
		用手指研磨干土	手指敲压土块	湿时揉成球 （直径 1 cm）	湿时搓成条 （约 4 mm 粗）	将土条压成薄片
砂土	肉眼可见几乎全是沙粒	极粗糙，全是沙粒，有摩擦时沙沙的声音	土壤散碎，不成土块，土粒分散，不成团	沙粒，加水调湿也不能揉成球	一搓就碎开，成不了土条	压不成片，压就散开
砂壤土	沙占比高，少量细土	研磨时主要是沙粒，有细土粒存在的感觉	土块手指轻压时易碎	能够揉成球，但轻压即碎	勉强成条，极易碎成小段	能够压成片，易碎
轻壤土	沙多，明显能看到细土	研磨时有黏质颗粒，有粗糙感	手指能够轻易压碎土块	略有可塑性，可成球，压扁时裂缝多而大	可以搓成条，但提起易断	成片后边缘有裂口，片面较平整，无指纹
中壤土	还有沙粒存在	研磨时感觉砂质和黏土量大致相当	干燥时土壤结块，用手指较难压碎土块	有可塑性，成球压扁边缘裂缝小	可成条，弯成圆环后易断	成片后，片面平整，边缘裂口小
重壤土	几乎没有沙粒	研磨时手指能够感觉到沙粒存在，肉眼几乎看不到沙粒	干燥土块手指很难压碎	可塑性明显，容易揉成球形	能够搓成条状，弯成环状，压扁有裂缝	成片，片面平整有明显指纹，边缘无裂口
黏土	看不到沙粒，全是匀质土	手指摩擦感觉到匀质很细的土	干燥时形成坚硬土块，锤击也不能碎成粉末	可塑性、黏结性很强，揉成球，球面有光泽	很容易成条和环状，压扁无裂缝	成片后有明显反光，明显指纹

(2) 比重计速测法

①称取风干土壤样品 20 g 置于小烧杯中(过 2 mm 孔筛的),加入少许蒸馏水湿润样品。

②分散土样　根据土壤的 pH 值分别选用分散剂。石灰性土壤用 0.5 mol/L 的六偏磷酸钠;中性土壤用 0.5 mol/L 的草酸钠;酸性土壤用 0.5 mol/L 的 NaOH。加入分散剂后,为使样品土粒充分分散,常用以下 3 种物理分散方法:

煮沸法:将分散剂加入盛有样品的烧杯内,再加入蒸馏水,摇匀后放在电热板上加热,并不时摇动烧杯,以免土粒黏结。煮沸后降低电热板的温度,使得悬液保持微沸 1 h。

震荡法:将分散剂加入盛有样品的烧杯内,再加入蒸馏水,然后放于震荡机内持续震荡 8 h。

研磨法:将称好的样品置于瓷蒸发皿中,加一部分分散剂使之呈稠糊状,静置 0.5 h,使分散剂充分作用,然后用带橡皮球的玻璃棒研磨 20 min,使之分散完全。加入剩余分散剂。

③在加入分散剂的土样充分分散的同时,在 1000 mL 量筒中加入 5 mL 的分散剂备用。

④把烧杯中的土样用蒸馏水通过放在量筒上 0.1 mm 孔径的洗筛洗入其中,至过筛的水透明为止,最后定容至 1000 mL(筛上残留的土壤,仔细洗入小烧杯中。在电热砂浴上蒸干,再经过烘干,过 0.5 mm 及 0.25 mm 孔筛,分别称重,计算大于 0.5 mm,大于 0.25 mm 及大于 0.1 mm 的粒组质量)。

⑤测定悬液比重　将沉降筒置于实验台上,用温度计测定悬液温度,根据所测液体温度,结合表 2-14,查出不同温度下不同粒径沉降所需时间。用搅拌棒搅拌悬液 1 min(上下各约 30 次),取出搅拌棒时立即记录时间。测定时要提前 10~15s 将比重计轻轻插入悬液中,到了选定时间立即记录比重计读数。每次测定读数后,取出比重计放在盛有蒸馏水的量筒中备用。

⑥分散剂会引起悬液比重的增加,因此需做空白校正(除不加土样外,均按样品分散处理和制备悬液时使用的分散剂和水质加入沉降筒中,保持在与样本相同的条件下,读取比重计数值)。另外,由于比重计刻度是以 20 ℃ 为标准的,低于或高于此温度均会引起悬液黏滞度的改变,而影响土粒的沉降,因此需进行温度校正,其校正值可从表 2-15 查得。

表 2-14　小于某粒径颗粒沉降时间表(简易比重计用)

温度(℃)	<0.05 mm			<0.01 mm			<0.05 mm			<0.01 mm		
	时	分	秒	时	分	秒	时	分	秒	时	分	秒
4		1	32		43		2	55			48	
5		1	30		42		2	50			48	
6		1	25		40		2	50			48	
7		1	23		38		2	45			48	
8		1	20		37		2	40			48	
9		1	18		36		2	30			48	
10		1	18		35		2	25			48	
11		1	15		34		2	25			48	
12		1	12		33		2	20			48	
13		1	10		32		2	15			48	
14		1	10		31		2	15			48	
15		1	8		30		2	15			48	
16		1	6		29		2	5			48	
17		1	5		28		2	0			48	
18		1	2		27	30	1	55			48	

（续）

温度(℃)	<0.05 mm			<0.01 mm			<0.05 mm			<0.01 mm		
	时	分	秒	时	分	秒	时	分	秒	时	分	秒
19		1	0		27		1	55			48	
20			58		26		1	50			48	
21			56		26		1	50			48	
22			55		25		1	50			48	
23			54		24	30	1	45			48	
24			54		24		1	45			48	
25			53		23	30	1	40			48	
26			51		23		1	35			48	
27			50		22		1	30			48	
28			48		21	30	1	30			48	
29			46		21		1	30			48	
30			45		20		1	28			48	
31			45		19	30	1	25			48	
32			45		19		1	25			48	
33			44		19		1	20			48	
34			44		18	30	1	20			48	
35			42		18		1	20			48	
36			42		18		1	15			48	
37			40		17	30	1	15			48	
38			38		17	30	1	15			48	
39			37		17		1	15			48	
40			37		17		1	10			48	

表 2-15 甲种比重计温度校正表

温度(℃)	校正值	温度(℃)	校正值	温度(℃)	校正值
6.0~8.0	-2.2	18.5	-0.4	26.5	+2.2
9.0~9.5	-2.1	19.0	-0.3	27.0	+2.5
10.0~10.5	-2.0	19.5	-0.1	27.5	+2.6
11.0	-1.9	20.0	0	28.0	+2.9
11.5~12.0	-1.8	20.5	+0.15	28.5	+3.1
12.5	-1.7	21.0	+0.3	29.0	+3.3
13.0	-1.6	21.5	+0.45	29.5	+3.5
13.5	-1.5	22.0	+0.6	30.0	+3.7
14.0~14.5	-1.4	22.5	+0.8	30.5	+3.8
15.0	-1.2	23.0	+0.9	31.0	+4.0
15.5	-1.1	23.5	+1.1	31.5	+4.2
16.0	-1.0	24.0	+1.3	32.0	+4.6
16.5	-0.9	24.5	+1.5	32.5	+4.9
17.0	-0.8	25.0	+1.7	33.0	+5.2
17.5	-0.7	25.5	+1.9	33.5	+5.5
18.0	-0.5	26.0	+2.1	34.0	+5.8

(3) 结果计算

计算公式：

$$物理性黏粒含量(\%) = \frac{比重计实测读数(g) - (空白校正值 + 温度校正值)(g)}{烘干土质量(g)} \times 100 \quad (2\text{-}9)$$

根据以上计算公式计算得数值，查表 2-16 即可确定土壤质地名称。

表 2-16　卡庆斯基土壤质地分类表

物理性黏粒(%)	物理性沙粒(%)	质地名称
0~5	100~95	粗砂土
5~10	95~90	细砂土
10~20	90~80	砂壤土
20~30	80~70	轻壤土
30~40	70~60	中壤土
40~50	60~50	重壤土
50~60	50~40	轻黏土
60~70	40~30	中黏土
>80	<20	重黏土

2.6.5　实验相关记录与参考表格

将实验数据填于表 2-17 中。

表 2-17　土壤质地测定记录表

土壤采集地		测定日期		测定人		
土壤质地测定记录							
手测法	土样编号	手感描述			质地名称		
比重计法	土样编号	烘干土质量(g)	空白校正值	温度校正值	实测读数(g)	黏粒含量(%)	质地名称

2.6.6　实验作业

采集当地或其他地方采集来的土壤进行土壤质地测定。阐述比重计测定土壤质地实验原理，撰写并提交实验报告。

实验 2.7　土壤容重测定

2.7.1　实验目的

土壤容重是衡量土壤松紧和结构状况的主要技术指标,本实验要求学生掌握环刀法测定土壤容重的原理及操作步骤。

2.7.2　实验原理

土壤容重是指在自然状态下(包括土粒之间的空隙),单位体积内原状土壤的干土重,单位 g/cm^3。土壤容重可以用来计算土壤孔隙度,用一定容积(一般用容积 100 cm^3)的环刀,插入自然状态下的土壤中,使土样充满其中,取出土样,经过烘干得到干土重,算出单位容积的干土重(图 2-7)。

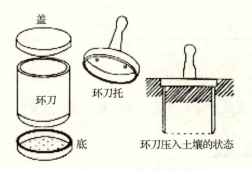

图 2-7　环刀取样示意

2.7.3　实验材料与器具

(1) 实验材料

待测土壤。

(2) 实验器具

环刀、折尺、剖面刀、铁锹、橡胶锤、烘箱、台秤等。

2.7.4　实验方法与步骤

①采样前,先在室内称重环刀(连同环刀底盘和顶盖)。

②选择代表性采样点,铲平表土,取下环刀两端盖子,刀口向下平稳打入土壤中,切勿左右晃动和倾斜。

③待环刀内充满土壤后,用铁铲挖去周围的土壤,取出环刀,用刀具削平环刀两端多余的土壤,使土壤刚好容纳在环刀内,垫上滤纸,盖上盖子,擦干净环刀外面,带回室内称重。每个采样点取 3~5 个重复。

④室内,把环刀内土壤倒入已知质量的铝盒中,放入烘箱(105 ℃)中烘干。有关测定数

据记录在表 2-18 并计算。

⑤结果计算

$$\text{土壤容重}(g/cm^3) = \text{环刀内干土重}/\text{环刀容积} \tag{2-10}$$

2.7.5　实验相关记录与参考表格

将实验数据填于表 2-18 中。

表 2-18　容重测定数据记录表

重复采样	土样 1	土样 2	土样 3
铝盒编号			
铝盒质量			
烘干后铝盒连同干土质量			
环刀容积(cm^3)	100	100	100
容重(g/cm^3)			
容重平均值(g/cm^3)			

2.7.6　实验作业

采集当地土壤并进行测定，阐述测定土壤容重有哪些意义？撰写并提交实验报告。

实验 2.8　土壤比重测定

2.8.1　实验目的

土壤比重是指单位体积的土壤固体颗粒烘干质量。比重的大小与土壤固相组成物质的种类和相对含量有关，决定于构成土壤颗粒的比重，因此不同土壤类型的比重也不一样。单位容积固体土粒(不包括粒间孔隙)的质量，叫做土粒密度或土壤密度，单位是 g/cm^3。土壤比重是土粒密度与水的密度之比。由于水的密度为 1 g/cm^3，所以土壤密度和土壤比重的数值相等。土壤比重值的大小，主要取决于它的矿物组成，多数土壤矿物的比重为 2.6~2.7，所以土壤比重常取平均值 2.65。土壤有机质含量对比重值也有一定的影响，一般土壤有机质的比重为 1.25~1.4，土壤中有机质含量越高，比重越小。一般有机质富集在表层，其含量随着土层深度的增加而减少，所以土壤的比重，在一定范围内，往往随土层深度的增加而增加。

2.8.2　实验原理

利用排水称重法原理测定。将已知质量的土壤放入水中，排尽空气，求出由土壤代换出水的体积，以烘干(105 ℃)土壤的质量除以体积，即可求得土壤比重。土壤比重常用比重瓶法测定。

2.8.3 实验材料与器具

(1)实验材料

待测土壤。

(2)实验器具

比重瓶、天平、滴管、烧杯、烘箱、温度计、电热板等。

2.8.4 实验方法与步骤

(1)在洗净的比重瓶(50 mL)中,注满冷却过的煮沸后的蒸馏水,测定瓶内温度 t ℃,塞上毛细管塞,擦干瓶外,称重得水与比重瓶的合重为 A g。

(2)将上面装满蒸馏水的比重瓶水倒出,剩余约 1/3 水。称取 10 g 通过 1 mm 筛孔的风干土样,倒入该比重瓶内。轻轻摇动比重瓶,驱逐土壤中的空气,使水土混合均匀。

(3)用电热板煮沸比重瓶,煮沸过程中不时摇动比重瓶,排出土壤中的空气,保持沸腾 0.5 h,取下后充分冷却到瓶内温度 t ℃,再往比重瓶内注入煮沸后的冷蒸馏水,充满比重瓶上端的毛细管,塞上瓶盖,擦干瓶外,称重得此时比重瓶、水和土壤的合重为 B g。

(4) 结果计算

$$\text{土壤比重} = \text{干土质量(g)}/\text{干土排出水的体积}(\text{cm}^3) \quad (2\text{-}11)$$
$$= 10/(10+A-B) \times t \text{ 温度时蒸馏水的密度}$$

2.8.5 实验相关记录与参考表格

将实验数据填于表 2-19 中。

表 2-19 土壤比重测定数据记录表

重复采样	土样 1	土样 2	土样 3
干土质量(g)			
干土排出水的体积(cm³)			
水与比重瓶质量(g)			
比重瓶、水和土壤质量(g)			
t 温度时蒸馏水的密度(g/cm³)			
土壤比重(g/cm³)			
平均值			

2.8.6 实验作业

采集当地土壤并进行测定,阐述在实验过程中,为什么要排出比重瓶内土壤和水中的空气?撰写并提交实验报告。

实验 2.9　土壤紧实度(硬度)测定

2.9.1　实验目的

土壤紧实度(坚实度)及土壤硬度,是土壤对外界穿透力的反抗,表示土壤疏松或坚实的程度,直接关系到耕作阻力,影响草坪出苗及根系生长,对于土壤通气性、水分渗透、保持和供应都有影响。同时土壤紧实度也间接影响了土壤养分之间的转换和运输等指标。因此,测定土壤紧实度,对于了解土壤养分情况非常重要。通过实验了解土壤紧实度对草坪建植与管理所起的作用,掌握土壤紧实度测定方法。

2.9.2　实验原理

土壤硬度仪是利用压力计之理论值 kg/cm^2,直接测量出土壤的硬度值。其测定原理如图 2-8 所示。根据土壤情况选择合适的弹簧和探头(现在质量好的仪器已经不需要更换弹簧和探头),安装好仪器后首先检查仪器标尺,弹簧未受压时,读数为零。选择测试地点,清理土壤表面的杂物后,垂直土面把仪器按向土里,使探头入土直至挡土板与土面接触。读取标尺所指深度值,计算土壤坚实度(现在多数土壤坚实度仪器能直接读取土壤硬度)。数字式土壤硬度计可连接电脑测试,电脑上同步显示测试力曲线图及测试过程中详细的测试力的记录。

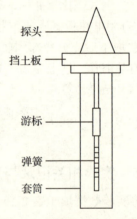

图 2-8　土壤坚实度仪示意

2.9.3　实验材料与器具

(1)实验材料

待测运动场草坪场地或普通绿地土壤。

(2)实验器具

指针式土壤硬度仪(硬度指示范围:0~40 mm;0~500 kg/cm^2)/数字式土壤硬度计(例如:GPS 土壤紧实度测量仪,型号 TJSD-750-Ⅲ),数字式测定仪的测量量程 0~500 N/cm^2(千克、牛顿和磅 3 种单位在仪器里可自动转换)、尺子。

2.9.4　实验方法与步骤

(1)先将仪器尖端部分全部插入土壤中,直到挡土板(口)部分。

(2)垂直顺向拔出土壤硬度计,并从表上读取硬度指示值(数字式硬度仪此步骤读数值即可)。

(3)读取测值完毕,请旋转从动针旋钮,使指示表归零。

(4)如果侧头内部附着土壤,将会使测量值不正确,请逆时针方向旋转(口)部,取下此圆套筒,清理干净后转至固定位置,即可再次测量。测量重复至少 3 次。

(5)硬度指示范围：0 ~ 40 mm；0 ~ 500 kg/cm^2。

2.9.5　实验相关记录与参考表格

实验数据记录于表 2-20。

表 2-20　土壤紧实度/硬度测定记录表

测定地点			测定日期		测定人	
土壤紧实度/硬度测定记录							
样地编号	仪器读数				
	重复1		重复2		重复3	平均值

2.9.6　实验作业

在校园的运动场草坪土壤或普通绿化土壤上进行测定，撰写并提交实验报告。

实验 2.10　土壤孔隙度测定

2.10.1　实验目的

通过实验能够掌握土壤容重及孔隙度的测定方法，测定步骤流程，以及土壤容重的计算方法，并最终利用测得的土壤容重值判断土壤松紧度。

2.10.2　实验原理

土壤孔隙度是指在自然状态下，土壤孔隙容积占土壤容积的百分比，它直接反映了土壤的通气状况，是土壤的主要物理特性之一。土壤孔隙的作用主要是通气、通水和保水，也可以贮存土壤有机物。土壤孔隙按其直径的大小可分为毛管孔隙和非毛管孔隙。

2.10.3　实验材料与器具

(1)实验材料

待测土壤。

(2)实验器具

环刀(包括底盖、上盖、环刀柄)、小铁锹、小刀、铝盒、电子天平、卷尺、酒精、石棉网、牛角勺、坩埚钳、普通花盆2个(盛土用)。

2.10.4　实验方法与步骤

(1)总孔隙度的计算

土壤总孔隙度通常不直接测定，而是根据土壤容重和土壤比重进行计算。土壤比重是单位容积土壤固体颗粒(不包括土壤空气和水分)的烘干质量。一般土壤平均比重为 2.65 g/cm^3。

$$\text{土壤孔隙度}(\%) = (1-\text{容重}/\text{比重}) \times 100 \tag{2-12}$$

孔隙度反映土壤孔隙状况和松紧程度：一般粗砂土孔隙度约33%~35%，大孔隙较多。黏质土孔隙度约为45%~60%小孔隙多。壤土的孔隙度约有55%~65%，大、小孔隙比例基本相当。

(2) 毛管孔隙度测定

①将环刀清理干净，套上套筒，放在待测土层上面，然后轻轻把环刀打入土层中，直至环刀套筒与土面相平为止。

②取出环刀，取下套筒，仔细修平环刀两端的土壤，盖上环刀盖子(一端为带孔的盖子，并垫有滤纸)，带回室内。

③取磁盘一个，倒入薄薄一层水，将有孔且垫有滤纸的一端放入水中，使土体通过滤纸吸水，待土壤毛管全部充满水位置。一般砂土需4~6 h，黏土需8~12 h。

④取出环刀，将吸水膨胀而超出环刀的湿土切除干净，立即称重，然后将环刀再放入薄层水中，砂土2 h，黏土4 h后再称重。

⑤如果2次质量无明显差异，即从环刀中自上而下均匀取出部分土样，置于铝盒中，测定含水量，计算出环刀内的干土重。

⑥计算毛管孔隙度

$$\text{毛管孔隙度}(\%) = \frac{\text{毛管水体积}}{\text{土壤体积}} \times 100 \tag{2-13}$$

$$= \frac{\text{充满毛管水的湿土质量} - \text{同体积土壤干土质量}}{\text{土壤体积}} \times 100$$

土壤体积即环刀容积。

(3) 非毛管孔隙度计算

$$\text{非毛管孔隙度} = \text{土壤总孔隙度} - \text{毛管孔隙度} \tag{2-14}$$

2.10.5 实验相关记录与参考表格

将实验数据填于表2-21中。

表 2-21 草坪土壤孔隙度测定记录表

测定地点			测定日期		测定人	
土壤类型及结构层次						
测定记录						
样地编号	土壤容重	土壤比重	毛管水体积	土壤体积	毛管孔隙度(%)	非毛管孔隙度(%)

2.10.6 实验作业

计算：假设一土壤容重为1.3 g/cm^3，用你所测的土壤比重计算出土壤孔隙度是多少？

分组测定土壤孔隙度、毛管孔隙度,比较各组的测定结果,撰写并提交实验报告。

实验 2.11　坪床水分渗透率测定

2.11.1　实验目的

土壤渗透率(土壤饱和导水率)是土壤被水饱和时,单位水势梯度下,单位时间内通过单位面积的水量。它是土壤重要的物理性质之一,反映了土壤的入渗和渗漏状况,在草坪排灌和水土保持方面有着重要意义。通过本次实验,掌握测定土壤渗透性的基本原理和操作方法。

2.11.2　实验原理

土壤渗透率及土壤渗透系数,根据达西定律可知,通过某一土层的水量与截面积、时间和水层厚度成正比,与渗透经过的距离(饱和土层厚度)呈反比,即

$$Q = KSth/L \tag{2-15}$$

由上式可得:

$$K = QL/(Sth) \tag{2-16}$$

式中　Q——渗透过一定面积 S 的水量(mL);
　　　K——渗透系数(饱和导水率)(cm/s);
　　　S——渗透筒的横截面积(cm^2);
　　　t——渗透过水量 Q 时所需要的时间(s);
　　　h——水层厚度(cm)。

土壤渗透率与土壤的孔隙率、质地、结构、盐分含量、含水量等有关,从达西定律可以看出,土壤渗透系数是土壤所特有的常数。

2.11.3　实验材料与器具

(1)实验材料
待测场地土壤。
(2)实验器具
渗透筒(圆柱形铁制筒)、量筒、直尺、秒表、温度计等。

2.11.4　实验方法与步骤

(1)选择具有代表性的测定地点,布置实验地块,根据渗透筒的大小(高 35 cm,内径 35.8 cm,横截面积 1000 cm^2)准备一块约 1 m^2 的圆形试验地。在圆形试验地周围筑高约 40 cm,顶宽约 25 cm 的土埝,并捣实土埝。
(2)将渗透筒置于试验地中央,在筒周围向外挖条小沟,使渗透筒能够深深嵌入土中。
(3)插好渗透筒后,把土壤填入筒内孔隙并捣实,防止水分沿筒壁渗漏损失。
(4)在渗透筒内外各插入直尺,用于观察水层厚度。水层厚度均保持 5 cm,先在外部迅

速灌水，并立即把相当于 5 cm 深水层的水倒入筒内，尽快倒到预期的水层厚度，为防止冲刷土表，可在土表覆盖干草等保护设施。

（5）为了便于换算成 10 ℃时的渗透系数，在筒内插入温度计，读取测定时的温度。

（6）当筒内灌水到 5 cm 高时，应立即计时，每隔一定时间进行一次水层下降的读数，准确到毫米。读数后立即加水至原来 5 cm 高度处，记录每次加水量，并随时记录加水温度。

（7）计时后 2 min 进行第一次读数和加水，3 min 后读第二次数，以后每隔 5~10 min 读一次数，如果渗水很慢，可间隔 30 min 或 1 h 进行一次读数，直至各段间隔时间内的数值基本无差异，试验结束。

（8）结果计算
①渗入水总量

$$Q = \frac{(Q_1 + Q_2 + \cdots + Q_n)}{S} \tag{2-17}$$

式中　Q_1，Q_2，…，Q_n——每次加水量（mL）；
　　　S——渗透筒的截面积（cm²）。

②渗透系数

$$K = \frac{Q_n \times L}{t_n \times S \times h} \tag{2-18}$$

式中　L——渗透筒插入土层的深度（cm）；
　　　h——试验时保持的水层厚度（cm）；
　　　Q_n——第 n 次加水量（mL）；
　　　t_n——所间隔时间（min）；
　　　S——渗透筒截面积（cm²）。

③不同温度下渗透系数换算方法

$$K_{10} = \frac{K_t}{0.7 + 0.3 \times T} \tag{2-19}$$

式中　K_{10}——10 ℃时的渗透系数；
　　　K_t——t ℃时的渗透系数；
　　　T——测定时的温度。

2.11.5　实验相关记录与参考表格

将测定结果填于表 2-22 中。

表 2-22　坪床水分渗透率测定记录表

测定地点		测定日期		测定人	
土壤类型及层次结构					
测定记录					
测定项目					
渗透筒的截面积（cm²）					

(续)

测定记录						
渗透筒插入土层的深度(cm)						
试验时保持的水层厚度(cm)						
水温(℃)						
时间 (时：分)	自开始后用时 (min)	每次灌入水量 Q(mL)	渗入水总量 Q (mL/cm^2)	渗透速度 V (mm/min)	K	K_{10}

2.11.6 实验作业

在同一块实验地分组测定土壤渗透系数，比较各组结果，分析产生误差的原因。撰写并提交实验报告。

第 3 章
草坪质量评价

实验 3.1 草坪色泽(颜色)测定

3.1.1 实验目的

草坪色泽(颜色)是表现草坪总体状况的重要指标之一,草坪草颜色受遗传因子、环境因素、养护水平等方面影响。通过对草坪色泽的测定,掌握本次实验的原理和方法,理解草坪色泽实验测定的意义和必要性,为草坪外观质量评价奠定基础。

3.1.2 实验原理

叶绿素仪原理:SPAD-502Plus 通过测量叶子对两个波长段里的吸收率,来评估当前叶子中的叶绿素的相对含量。叶绿素在蓝色区域(400~500nm)和红色区域(600~700nm)范围内吸收达到了峰值,但在近红外区域却没有吸收。用叶绿素的这种吸收特性,SPAD-502Plus 测量叶子在红色区域和近红外区域的吸收率,通过这两部分区域的吸收率,来计算出一种 SPAD 值,它是用数字来表示目前和叶子中叶绿素含量相对应的参数。

FieldScout CM 1000 叶绿素仪通过测量叶片在 700~840 nm 两种波长范围内的透光系数来确定叶片当前叶绿素的相对数量。每个波长的环境光和反射光都会被拍照测量。叶绿素 a 吸收 700 nm 的光,因此,从叶子反射的波长比 840 nm 的光减少。波长为 840 nm 的光不受叶片叶绿素含量的影响,并可作为叶片物理特性(如存在蜡状或多毛的叶片表面)反射多少光的指示。

手持式叶绿素仪(TYS-B 型)根据叶绿体色素提取液对可见光谱的吸收,利用分光光度计在某一特定波长测定其吸光度,即可用公式计算出提取液中各色素的含量。根据朗伯—比尔定律,某有色溶液的吸光度 A 与其中溶质浓度 C 和液层厚度 L 呈正比,即 $A=\alpha CL$,式中:α 比例常数。当溶液浓度以百分浓度为单位,液层厚度为 25px 时,α 为该物质的吸光系数。各种有色物质溶液在不同波长下的吸光系数可通过测已知浓度的纯物质在不同波长下的吸光度而求得。如果溶液中有数种吸光物质,则此混合液在某一波长下的总吸光度等于各组分在相应波长下吸光度的总和。这就是吸光度的加和性。

3.1.3 实验材料与器具

(1)实验材料

品比试验小区的草坪或不同材料的田间或盆栽草坪。

(2) 实验器具

①直接目测法 采用 NTEP 9 分制方法，即美国国家草坪草的评价项目(the National Turfgrass Evaluation Program，NTEP)，目测打分，9 分表示深绿到墨绿，1 分表示休眠或枯黄(参见附表 3)。

②实测法 采用叶绿素仪和分光光度计法 2 种。

叶绿素仪型号多种：可采用 SPAD-502Plus 叶绿素仪(图 3-1)；FieldScout CM 1000 叶绿素仪(图 3-2)；TYS-B 型手持式叶绿素仪(图 3-3)。

图 3-1 SPAD-502Plus 叶绿素仪　　　　图 3-2 FieldScout CM 1000 叶绿素仪

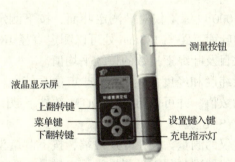

图 3-3 TYS-B 型手持式叶绿素仪

分光光度计法：研钵 1 个、剪刀 1 把、50 mL 容量瓶、玻璃漏斗、玻璃棒、皮头滴管、滤纸；实验试剂：石英砂、碳酸镁、丙酮(分析纯)、85%丙酮、80%丙酮。

3.1.4 实验方法与步骤

(1) 直接目测法

对草坪品比试验小区或不同实验材料进行目测打分；测定遗传颜色一般在草坪无环境胁迫条件下草坪活跃生长期进行，应该测定同种/品种在同一时期不同地点的草坪颜色，北方地区，冷季型草坪草通常在 4~5 月或 9 月，暖季型草坪草在 6~8 月。季节性颜色测定，如秋季颜色，通常在 9、10、11、12 月测定，冬季颜色一般 1~2 月测定。冷季型草地早熟禾、匍匐翦股颖、紫羊茅和暖季型草坪草狗牙根等也常测定冬季颜色。草坪色泽评分标准参照附表 3。

用目测法测定草坪颜色时,可在样地上随机选取一定面积的样方,以减少视觉影响,同时测定时间最好选在阴天或早上进行,评价时评估者应背对着太阳,避免太阳光太强造成的试验误差。观测者对草坪远视和近视的结果对草坪颜色给予等级(1~9分值)划分的评价,如果没有经验,可以采用比色卡法。比色卡法是事先将由黄到绿色的色泽范围内以10%的梯度逐渐增加至深绿色,并以此制成比色卡,把观测的草坪颜色与比色卡作比较来确定草坪颜色等级。

(2)SPAD-502Plus 叶绿素仪

①仪器调零 打开电源,不放样品,按下探测头,听到一声响,屏幕显示 N=0,表明调零完成。

②将叶片放在测量头部。

③关闭测量头,按指压台听到一声响后,测量结果会出现在屏幕上,并自动保存。

使用时的注意事项:

①每次测量前都要进行调零。

②确定样品完全覆盖接收窗。

③测量面积为 2 mm × 3 mm,厚度可达 1.2 mm,不要测定过厚的样品如叶脉处,如测定有较多叶脉的样品,应多次测量后求平均值。

④发射窗和接收窗保持清洁。

⑤避免日光直接照射仪器,否则影响测量。

(3)FieldScout CM 1000 叶绿素仪

①手持 FieldScout CM 1000 叶绿素仪对准测定叶面,按下测定按钮。距离叶面 28.4 cm 处可以测定直径 1.10 cm 的叶面,距离 183 cm 处可以测定直径 18.8 cm 的叶面。

②在屏幕上显示样品数目及叶绿素指数的持续平均值。

③数据记录系统会记录纬度和经度(如使用全球定位系统)、样本编号、个别叶绿素指数读数,以及环境光水平的数值。并可以通过 ScoutTM 软件下载到你的电脑上。

(4)手持式叶绿素仪(TYS-B 型)

①首先将手持式叶绿素仪的测量头夹在叶片两端,按下测量头。

②在使用手持式叶绿素仪校准过程中,测量头不夹样品,2 个 LED 次序发光,被接收的光转换成电信号,光强度的比率被用来计算。

③在手持式叶绿素仪的测量头夹住样品后,2 个 LED 再次发光,通过叶片传输的光打到接收器上,被转换成电信号,传输光的强度比率被计算。

④步骤①和②的值用于计算 SPAD 测量值,就可以分析出所测叶片的叶绿素含量。

(5)分光光度法测定叶绿素含量

①在遮光室内取出待测样品,从植株上选取有代表性的叶片数张(除去粗大叶脉)剪碎后混匀,称取鲜样 0.1~0.5 g。

②样品置研钵中,加入少量碳酸镁和石英砂,加入 4 倍体积的丙酮研成匀浆,再加 85% 的丙酮适量继续研磨至组织呈白色。

③经铺有滤纸的漏斗将匀浆液转入 50 mL 容量瓶中,升用 80% 丙酮分次洗净研钵和滤纸,最后用 80% 丙酮定容至 50 mL。

④以 80% 丙酮为参比液,在 663、645nm 分别测定样品液的 A_{663},A_{645}(应在 0.2~0.8 范

围之内,浓度过大应用80%丙酮适当稀释)。

⑤按公式 $c_a=12.7A_{663}-0.00259A_{645}$,$c_b=22.09A_{645}-0.00467A_{663}$ 计算出叶绿素 a、叶绿素 b 的浓度。

$$叶绿素总浓度\ c_T = c_a + c_b \tag{3-1}$$

$$叶绿素含量(mg/g\ 鲜样) = \frac{c(mg/L) \times 提取液总体积(mL)}{样品重(g) \times 1000} \tag{3-2}$$

3.1.5 实验相关记录与参考表格

将实验结果填于表 3-1 至表 3-5 中。

表 3-1 草坪遗传颜色测定表(目测法)[①]

草坪草种/品种名	样地 1/重复 1	样地 1/重复 2	样地 1/重复 3	样地…/重复…	平均值
LSD 值或 t 检验值[②]					
变异系数 C.V.(%)[③]					

注:①采用九分制评价:遗传颜色:9 为最深,1 为最浅;秋季颜色:9 为完整颜色保留,1 为全部失色,通常于 9、10、11、12 月测定。

②单因素方差分析后两两比较平均值,当此值大于相应的 LSD 值($LSD_{0.05}$)时,会发生统计差异。t 检验值:Dunnett's t 检验(对照组比较)。

③变异系数(coefficient of variation, C.V.)表示每个列中均值的百分比变化。

表 3-2 草坪秋季颜色测定表(目测法)[①]

草坪草种/品种名	9 月	10 月	11 月	12 月	平均值
…					
LSD 值或 t 检验值					
变异系数 C.V.(%)					

表 3-3　草坪冬季颜色测定表（目测法）[①]

草坪草种/品种名	1月	2月	平均值
…			
LSD 值或 t 检验值			
变异系数 C.V.（%）			

表 3-4　草坪色泽测定记录表（叶绿素仪）

测定时间：

仪器名称		仪器型号		测定日期		测定人	
草坪草种或品种							
样品编号	测量值						
	样品数目	重复1	重复2	重复3	重复4	…	平均

表 3-5　草坪色泽测定记录表（分光光度法）

测定时间：

草坪草种/品种，小区号/材料编号	叶绿素 a 浓度（mg/g）			叶绿素 b 浓度（mg/g）			叶绿素总浓度（mg/g）			叶绿素含量（mg/g）		
	重复1	重复2	平均	重复1	重复2	平均	重复1	重复2	平均	重复1	重复2	平均

3.1.6　实验作业

根据试验要求，选择相应的实验方法，并将实验过程中所得的数据记录于相应的表 3-1 至表 3-5 中，撰写并提交实验报告。

实验 3.2　草坪密度测定

3.2.1　实验目的
通过测定草坪密度，更深刻理解草坪密度的定义，掌握草坪密度测定方法，理解草坪密度的意义。

3.2.2　实验原理
草坪密度是指单位面积上草坪植物个体或枝条的数量。它与草坪强度、耐践踏性、弹性等使用特性密切相关。草坪的密度受草坪草遗传基础的影响，不同草坪植物在相同的播种量和相同的生长条件下，因其分枝类型的不同密度有很大的差异。但良好的养护管理可以在草坪种性范围内提高草坪的密度。同时以不同形式表示的草坪密度在实际应用中也有很大的不同，因此在草坪评价系统中应统一密度的表示单位。

3.2.3　实验材料与器具
（1）实验材料
试验小区的草坪、运动场草坪、盆栽草坪草等均可。
（2）实验器具
直径为 10 cm、长度为 15 cm 的土钻或面积为 50~100 cm² 的样方。

3.2.4　实验方法与步骤
密度的测定方法有目测法和实测法两种。草坪在生长发育过程中个体间存在种内竞争，因此草坪密度会随草坪建植后的时间而变化，随着竞争的缓和草坪密度逐步稳定，草坪密度的测定应在草坪建植后密度稳定时进行。
（1）目测法
目测法是以目测估计单位面积内草坪植物的数量，并人为划分一些密度等级，以此来对草坪密度进行分级或打分。目测法参照附表 3。
密度实测值的表示方法有单位面积株数、茎数或叶数。在一般情况下，草坪密度多用单位面积枝条数来表示。在每个实验小区内测定（运动场根据条件设置典型样点，如足球场设置 6 个典型代表性样点），重复 3 次，用样方放置在草坪样地上人工计数其地上枝条数，或使用土钻取出完整草皮柱（运动场草皮柱计数完可以放回原处）计数其地上枝条数、叶数等。

3.2.5　实验的相关记录与参考表格
将实验结果填于表 3-6 和表 3-7 中。

表 3-6　草坪密度测定记录表（目测法）

草坪草种/品种/小区编号	1~9分值[①]		
	春	夏	秋
…			
LSD 值或 t 检验值[②]			
变异系数 C.V.(%)[③]			

注：①采用九分制评价：9 为密度最大，1 为密度最小。
②单因素方差分析后两两比较平均值，当此值大于相应的 LSD 值（$LSD_{0.05}$）时，会发生统计差异。t 检验值：Dunnett's t 检验（对照组比较）。
③变异系数（coefficient of variation，C.V.）表示每个列中均值的百分比变化。

表 3-7　草坪密度测定记录表（实测法）

样地序号/小区编号	单位面积枝条数（株/cm²）		
	春	夏	秋
…			

3.2.6　实验作业

分组完成草坪密度的实验，根据实验方法需要将实验的数据记录在相应的表 3-6、表 3-7 中，撰写并提交实验报告。

实验 3.3　草坪盖度测定

3.3.1　实验目的

通过对草坪盖度的测定，加深理解草坪盖度定义，掌握用目测法和针刺法测定草坪盖度的基本方法和原理。

3.3.2　实验原理

草坪盖度是指一定面积上草坪植物的垂直投影面积与草坪所占土地面积的比例。盖度是与密度相关的指标，但密度不能完全反映个体分布状况，而盖度可以表示植物所占有的空间范围。有时盖度也称为优势度。草坪植被盖度的测定结果可以基本反映草坪质量的良好与否，是评价草坪质量的重要指标。

3.3.3　实验材料与器具

（1）实验材料
实验小区的草坪草。

(2) 实验器具

1 m×1 m 样方框、线绳、细长针。

3.3.4 实验方法与步骤

(1) 目测法

制成 1 m×1 m 的木架，内用线绳等分为 100 个小格，将其放在被测草坪上，目测计数草坪植物在每格中所占有的比例，然后将每格的观测值统计后，用百分数表示出草坪的盖度值。重复 5~10 次。

(2) 点测法

草地植被定量分析的常用方法之一。其方法是将细长的针垂直或成一定角度穿过草层，重复多次，然后统计植物种及全部植物种与针接触的次数和针刺总数，二者比值即为某一植物种的盖度和植被的总盖度。在国内的许多研究中将点测法发展为方格网针刺法，用作草坪盖度的研究。

一般样方为 1 m×1 m 的正方形样方，将样方分为 100 个格，然后用针刺每一格，统计针触草坪植物的次数，以百分数表示盖度，一般重复 5~10 次每一样方于 7、8、9、10 月及翌年 4、5 月每月测定一次，取其平均值。

NTEP 盖度评分标准为(参照附表 3)：九分制中，盖度为 100%~97.5% 为最佳，记 8~9 分；97.5%~95% 为合格，记 6~7 分；95%~90% 记 4~5 分；90%~85% 记 2~3 分；85%~75% 记 1 分。

3.3.5 实验的相关记录和参考表格

将实验数据填于表 3-8 和表 3-9 中。

表 3-8 草坪盖度测定记录表

草坪草种/品种/样方编号	目测法(0~100%)		
	春	夏	秋
...			
LSD 值或 t 检验值①			
变异系数 C.V.(%)②			

注：①单因素方差分析后两两比较平均值，当此值大于相应的 LSD 值($LSD_{0.05}$)时，会发生统计差异。t 检验值：Dunnett's t 检验(对照组比较)。

②变异系数(coefficient of variation，C.V.)表示每个列中均值的百分比变化。

表 3-9 草坪盖度测定记录表

草坪草/品种/样方编号	点测法					
	春		夏		秋	
	与针接触的次数	针刺总数	与针接触的次数	针刺总数	与针接触的次数	针刺总数

3.3.6 实验作业

根据试验要求记录实验数据，并将数据填写在相应的表 3-8 和表 3-9 中，撰写并提交实验报告。

实验 3.4　草坪质地测定

3.4.1 实验目的

通过对草坪质地的测定，加深理解草坪草质地的概念，掌握测定草坪质地的操作方法和基本原理。为草坪外观质量评价奠定基础。

3.4.2 实验原理

草坪质地主要是指草坪草叶的宽窄与触感的量度，一般多指草坪植物叶片的宽度，是人们对草坪草叶片喜爱程度的指标。通常认为草坪植物的叶片越窄草坪质地越好，但也有人对此提出异议。孙吉雄(1995)在草坪质地分级中提出最佳叶宽的概念，在其分级中质地最好的叶宽为 0.4 cm，评价为很好，然后依次是 0.3~0.5 cm 为好，0.3 cm 或 0.5 cm 为中等，0.2~0.3 cm 和 0.5~0.6 cm 为差。草坪草的叶宽主要是由其基因所决定，但是同一草种，当栽培管理技术适当时，尤其是密度保持较高时，草坪质地会有所提高。

3.4.3 实验材料与器具

（1）试验材料

草坪品比试验小区或盆栽草坪植物材料。

（2）实验器具

刻度尺、游标卡尺。

3.4.4 实验步骤

国内草坪质地的测定方法较统一，多用草坪草叶的最宽处的宽度来表示，在叶宽的测定中要选叶龄与着生部位相同的叶片，测量叶片最宽处重复次数要大于 30 次。记录所有的实验数据，并根据美国 NTEP 评分法对所测草坪进行评分。NTEP 评分法的草坪质地评分标准为(参照附表 3)：

(1)手感光滑舒适，叶片宽度为 1 mm 或更窄为 8~9 分。

(2)叶片宽度 1~2 mm，7~8 分。

(3)叶片宽度 2~3 mm，6~7 分。

(4)叶片宽度 3~4 mm，5~6 分。

(5)叶片宽度 4~5 mm，4~5 分。

(6)叶片宽度 5 mm 以上，1~4 分。

(7)如果待测草叶片较窄，但其对手感不好的草坪，则在以上评分的基础上，其评分略减。

3.4.5 实验相关记录与参考表格

将实验数据填于表 3-10 中。

表 3-10 草坪质地测定记录表

草坪草种/品种名,小区编号	叶宽(mm)					1~9 分值(9 最细,1 最粗)				
	重复Ⅰ	重复Ⅱ	重复Ⅲ	…	平均	重复Ⅰ	重复Ⅱ	重复Ⅲ	…	平均
…										
LSD 值或 t 检验值										
变异系数 C.V.(%)										

3.4.6 实验作业

分组进行草坪叶宽度测量实验,撰写并提交实验报告。

实验 3.5 草坪高度和生长速度测定

3.5.1 实验目的

幼苗的生长速度及草丛的自然高度是体现草种坪用价值的重要指标。对一个优良的草坪草种来讲,必须具备草丛低矮和慢速生长的特性。而生长过快的草种往往草丛结构稀疏,并加大管理方面的投入。通过对草坪高度和生长速度测定,了解草坪草在相应管理条件下的生长状况,掌握草坪草高度与生长速度的测定方法,为草坪管理提供依据。

3.5.2 实验原理

草坪高度是指草坪草顶端(包括修剪后的草层平面)至地表面的垂直距离。不同草种所能耐受的最低修剪高度不同,这一特性在很大程度上决定了草坪草种的使用范围。对草坪管理而言,草坪草生长越缓慢、刈割次数越少,管理成本就越低,所以要求草坪草生长速度越慢越好。但在运动场草坪上,却希望运动后受损的草坪恢复的速度越快越好。同样,在新建草坪上,成坪速度越快,杂草侵入的机会就越小,建植成功率就越高。成坪速度受草坪草种/品种以及草坪养护水平决定。

3.5.3 实验材料与器具

(1)实验材料

实验小区草坪、普通绿地草坪、运动场草坪。

(2)实验器具

草坪高度棱镜测量仪、刻度尺、记录本。

3.5.4 实验方法与步骤

普通绿地草坪和实验小区草坪通常采用刻度尺测量,重复 10 次以上;而运动场草坪通常采用草坪高度棱镜测定仪。运动场草坪应选择典型代表样点(足球场通常选择 6 个样点,每个样点重复 3 次,重复测定点间距离 30 cm)。对生育期禾本科草坪草高度的测定一般在草坪草的拔节期及其以前,从土壤表面量至所测植株叶子伸直后的最高叶尖;拔节期以后,量至最上部一片展开叶子的某部叶枕,抽穗后量至穗顶(不包括芒长)。要注意测定重复的次数至少 3 次,记录所有的实验数据。

生长速度的计算公式:

$$V=(H_{t_2}-H_{t_1})/t \tag{3-3}$$

式中 H_{t_1}——第 1 次测量时草坪草高度(mm);

H_{t_2}——第 2 次(t 天时)测量时草坪草高度(mm);

t——两次测定间隔的时间(d)。

3.5.5 实验相关记录与参考表格

将实验数据填于表 3-11 和表 3-12 中。

表 3-11 草坪高度测定记录表

样地号/小区编号	重复	高度 H_{t1}(mm)	高度 H_{t2}(mm)	生长速度(mm/d)	平均生长速度(mm/d)
1	1				
	2				
	3				
2	1				
	2				
	3				
3	1				
	2				
	3				
4	1				
	2				
	3				
5	1				
	2				
	3				
6	1				
	2				
	3				

表 3-12 草坪整个生育期生长速度测定记录表

生育期	日期（年、月、日）	株高（cm）	生长速度（cm/d）
出苗期			
分蘖期			
拔节期			
孕穗期			
抽穗期			
开花期			
成熟期			

3.5.6 实验作业

分组完成实验，撰写并提交实验报告。

实验 3.6 草坪均一性测定

3.6.1 实验目的

本实验的主要目的是了解草坪均一性评价的内容及评分标准，掌握草坪质量均一性评价的原理及方法。

3.6.2 实验原理

草坪均一性指草坪外观上均匀一致的程度，也就是指某一非同质草坪类群分布状况在外观上的反映，是对草坪草颜色、生长高度、密度、组成成分和质地等项目整齐度的总体评价。高质量的草坪应高度均一，无裸露地面、杂草等，且生育型一致。

草坪均一性包括两方面：一是地上枝条在颜色、形态、长势上的均一和整齐；二是草坪表面的平坦性。不同用途的草坪均一性评价侧重点不同，以观赏草为主的草坪均一性评价多侧重于叶片外部形态、颜色和草种的分布状况等；运动场草坪侧重于草坪表面的平坦性。此外，草坪的均一性受草坪质地、密度、草坪草组成种类、颜色和修剪高度等影响。

3.6.3 实验材料与器具

（1）实验材料

拟评价的普通草坪或运动场草坪。

（2）实验器具

10 cm 样圆、卷尺、直尺、记录本。

3.6.4　实验方法与步骤

测定方法有目测法、样方法、均匀度法和标准差法。

(1) 目测法(参照附表3)

采用 NTEP 评价系统的九分制，草坪草色泽一致，生长高度整齐，密度均匀，完全由目标草坪草组成，不含杂草，并且质地均匀的草坪为 9 分；裸地、杂草所占据的面积达到 50% 以上时的草坪为 1 分；6 分表示中等。

(2) 样方法

计数样方内不同类群的数量，计算各自的比例和在整个草坪中的变异状况。样方多为直径 10 cm 的样圆，重复次数一般在 30 次以上。

(3) 均匀度法

用草坪密度变异系数 CVD、颜色变异系数 CVC 和质地变异系数 CVT 计算均匀度，公式为：

$$均匀度\ U = 1 - \frac{1}{3}(CVD + CVC + CVT) \tag{3-4}$$

3.6.5　实验相关记录与参考表格

将实验数据填于表 3-13 至表 3-15 中。

表 3-13　草坪均一性(目测法)测定记录表

草坪草种/品种	草坪样地编号	1~9 分值(9-完全均一，1-完全不均一)

表 3-14　草坪均一性(样方法)测定记录表

草坪草种/品种	草坪样地编号	盖度(%)			1~9 分值(9-完全均一，1-完全不均一)
		样方总盖度	异类群盖度	异类群占百分比%	

表 3-15　草坪均一性(均匀度法)测定记录表

草坪草种/品种	样方	草坪密度	密度变异系数 CVD	颜色	颜色变异系数 CVC	质地	质地变异系数 CVT	均匀度*

注：* 均匀度 $U = 1 - (CVD + CVC + CVT)/3$。

3.6.6 实验作业

在待测草坪上利用不同的评价方法进行均一性评价,撰写并提交实验报告。

实验3.7 草坪组成成分测定

3.7.1 实验目的

本实验的主要目的是了解草坪组成成分意义,掌握其测定方法,为草坪养护管理提供依据。

3.7.2 实验原理

草坪组成是指构成草坪的植物种或品种以及它们的比例。草坪草组成状况反映草坪现状,即了解草坪群落稳定状况、杂草入侵情况等,可以根据组成情况采取相应的养护措施。草坪草种的组成成分是影响草坪群落稳定的最主要因素之一,因为草坪草种间及种内是存在着竞争,混播或混合建植的草坪,需要草种之间相容性要好,并适宜当地的环境条件,所以为了防止草坪退化,草坪绿化的植物配置是根据当地的自然植被种类组成以及优势种与建群种进行的,而具有生物多样且稳定的群落也利于草坪抵御外界环境的胁迫,不易退化,从而也减少了草坪养护成本。

3.7.3 实验材料与器具

(1)实验材料

普通草坪或运动场草坪。

(2)实验器具

1 cm^2 样方、土钻、卷尺、刺针、直尺、剪刀、记录本。

3.7.4 实验方法与步骤

首先在草坪上选定测定点,普通绿化草坪可采用1 cm^2 样方,采用样方随机放置选点测定,在样方内测定草坪每个草种的盖度(垂直投影面积)和密度(草种的枝条数)以及草坪的总盖度和密度,根据面积大小选择重复数,通常大于1000 m^2,至少重复10次以上。而运动场草坪则采用土钻取样,运动场草坪一般选择有代表性的样点(足球场通常选择5~6个样点),每个样点重复3次,同样测定样方内每个草种的盖度(垂直投影面积)和密度(草种的枝条数)以及草坪的总盖度和密度。

3.7.5 实验相关记录与参考表格

将实验数据填于表3-16中。

表 3-16 草坪组成成分记录表

草坪草种	盖度(%)					总盖度(%)	密度(枝/100 cm^2)					总密度(枝/100 cm^2)
	重复1	重复2	重复3	…	平均		重复1	重复2	重复3	…	平均	
…												
草坪草种类总数量(个)												
杂草种类总数量(个)												

3.7.6 实验作业

依据草坪类型选择测定方法完成成分测定，撰写并提交实验报告。

实验 3.8 草坪绿期的测定

3.8.1 实验目的

本实验的主要目的是掌握草坪绿期测定的方法与评价标准，为草坪质量评价奠定基础。

3.8.2 实验原理

草坪绿期(green period)是指草坪群落中 50%的植物返青之日到 50%的植物呈现枯黄之日的持续日数。绿期长者为佳。草坪绿期的长短与草坪草种遗传特性、地理和环境条件以及草坪养护水平有关。

3.8.3 实验材料与器具

(1) 实验材料
拟评价的草坪草。
(2) 实验器具
0.1 m^2 样方框。

3.8.4 实验方法与步骤

首先查阅了解草坪种植所在地的温度气候等条件，掌握该地区春季温度与秋冬温度的变化情况，了解当地草坪草大致返青时期以及枯黄时期，并经常到待测草坪种植地进行观察，重点关注春季来临前，入秋或入冬前草坪草颜色的变化。

草坪绿期测定常用两种方法：

(1)实测法

尤其在冬季过后温度提升后每天到待测草坪草种植地观测，把样方随机放置在草坪上测定，记录草坪绿色覆盖率变化，记录草坪返青期即50%绿色覆盖率的日期；暖季型草坪草入秋后，冷季型草坪草入冬前，仔细观测草坪枯黄覆盖率，记录枯黄期即枯黄覆盖率50%的日期。重复5次，计算平均值。

(2)目测法

采用NTEP的9分制方法(参照附表3)。春季返青的测定是从冬季休眠到春季活跃生长的过渡，观测是基于小区颜色而不是草坪草遗传颜色。9分制，1分枯黄，9分全绿，6分为50%以上绿色。5个人目测打分，计算平均值。

3.8.5 实验相关记录与参考表格

将实验数据填于表3-17中。

表3-17 草坪绿期观察记录表

草坪草种	试验区编号	目测法		实测法				全年绿期(d)
		9分制评分*	达到6分的日期	绿色盖度%	50%返青日期	黄色盖度%	50%枯黄日期	
		1		1		1		
		2		2		2		
		3		3		3		
		4		4		4		
		5		5		5		
		平均		平均		平均		
		1		1		1		
		2		2		2		
		3		3		3		
		4		4		4		
		5		5		5		
		平均		平均		平均		
		1		1		1		
		2		2		2		
		3		3		3		
		4		4		4		
		5		5		5		
		平均		平均		平均		

注：*9分为全部(100%)返青，1分为没有返青，6分50%返青。

3.8.6 实验作业

选择几块欲进行评价的草坪草,用目测 9 分制和实测法进行观测,5 人为一组进行测定,根据测定数据计算草坪绿期,撰写并提交实验报告。

实验 3.9　草坪抗逆性测定

3.9.1　实验目的

本实验的主要目的是了解草坪抗逆性评价的原理,掌握草坪抗逆性评价的内容及方法。

3.9.2　实验原理

草坪抗逆性是指草坪草对寒冷、干旱、高温、水涝、盐渍及病虫害等不良环境条件和践踏、修剪等使用养护强度的抵抗能力。草坪抗逆性除受草坪草的遗传决定外,还受草坪的管理水平和技术以及混播草坪的草种配比影响。草坪草在逆境胁迫下,在形态、生理、生化以及分子水平上都有不同程度的变化,可以通过不同手段进行评价,但目前最简便的方法是外观评价,采用 NTEP 的 9 分制方法。

3.9.3　实验材料与器具

(1) 实验材料

拟评价的观赏草坪、游憩草坪和运动草坪。

(2) 实验器具

$1 m^2$ 样方、卷尺、刺针、直尺、剪刀、记录本。

3.9.4　实验方法与步骤

采用 NTEP 9 分制评价系统(参照附表 3)目测打分,或者采用 $1 m^2$ 样方,样方 100 小格,计数受害变化的样方格数,最后计算抗逆性。测定指标如下:

①病虫的损害　用病虫害造成植株死亡的百分率表示。1 分为没有抗性或 100% 受损害,9 分为抗性最强或没有受损害。

②耐旱性　用干旱引起的草坪草死亡百分率表示。1 分为完全萎蔫、100% 烧焦、完全休眠或没有一株恢复;9 分表示没有萎蔫、没有烧焦、100% 绿色、没有休眠和 100% 恢复。

③耐霜/抗冻性　用霜冻使草坪草死亡的百分率表示。1 分最差,100% 损伤;9 分没有伤害。

④耐寒性　即暖季型草坪草对低温 16~10 ℃的耐性,用寒害引起草坪草死亡的百分率表示。1 分最差,9 分最好。

⑤耐践踏性　运动员或车辆等对草坪的磨损与挤压的结合。评价有 2 个方面:草坪草在践踏下的生存能力和践踏后的恢复能力。1 分表示没有耐性或 100% 损伤,9 分表示抗性最强没有伤害。

3.9.5 实验相关记录与参考表格

将实验数据填于表 3-18 中。

表 3-18 草坪抗逆性测定记录表

评价项目	9 分制	百分率%
抗病害性		
耐旱性		
耐霜/抗冻性		
耐寒性		
耐践踏性		

3.9.6 实验作业

依据 NTEP 评价系统，对不同草坪草种抗逆性进行综合评价，撰写并提交实验报告。

实验 3.10 草坪春季返青及恢复性能测定

3.10.1 实验目的

了解草坪草的生长特点，掌握草坪草春季返青及恢复性能的测定方法，为草坪建植与养护管理提供参考。

3.10.2 实验原理

草坪草按照生长的适宜气候条件和地域分布范围可分为暖季型草坪草和冷季型草坪草两类。春季当气温达到 4 ℃ 以上时，冷季型草坪草地上部分的茎、叶就开始生长，而暖季型草坪草在气温回升到 10~12.7 ℃ 时，才从茎基或无限根茎上抽出新芽，逐渐长出根、茎、叶。一般来说，冷季型草坪草的返青期出现在 2 月下旬至 3 月上旬，暖季型草坪草在 3 月下旬至 4 月上中旬。

而草坪草的春季恢复生长是先从地下部分开始的，冷季型草坪草的温度略高于 0 ℃ 时，就已开始生长。因此，在冬季长江中下游大部分地区，冷地型草坪草的根系仍能缓慢生长，这对草坪草冬季保持绿化非常重要；暖季型草坪草的根系恢复生长也早于地上部分，但对温度要求较高(7~10 ℃)。草坪草的返青，温度是主导因素，但其他环境因素也影响到返青的早迟与快慢。春季草坪草返青率高，恢复性能就好，形成的草坪越整齐美观。因此，了解与掌握草坪春季返青时期及春季恢复性能对草坪建植与养护管理十分重要。草坪春季生长和发育状况可以用草坪春季返青日以及春季恢复能力指标表示。

①春季返青开始日(spring green-up date) 草坪草冬季休眠后春季冠层首次可见叶生长(新出现绿叶子)的日期，也就是草坪返青开始日期，是草坪休眠腋芽的绿叶的初始季节性外观。春季由于温度和水分条件变得有利于草坪植物生长，草坪开始返青，要了解草坪返青状况，应该持续观测记录，掌握草坪春季整体的恢复能力。

②春季恢复性能(spring recovery)　草坪经过冬季后，春季从返青再生长到形成均匀、稳定的草坪种植层(即通常95%绿色覆盖)的能力。即通常用草坪草从春季返青开始日到形成均匀、稳定的覆盖层(即通常95%绿色覆盖)所用的天数表示，也把这一时间段称返青期。

3.10.3　实验材料与器具

(1)实验材料

现有的运动场草坪、普通草坪、绿化草坪、品比试验区等。

(2)实验器具

0.1 m² 样方框。

3.10.4　实验方法与步骤

草坪返青日测定：首先了解当地的气温与环境条件，了解所种植的草坪草生物学特性，根据气温与草坪草生物学特性提前有计划地安排到待观测的冬季休眠的草坪草种植地进行观察，草坪草冬季休眠后春季冠层首次可见叶生长(新出现绿叶子)的日期，即为返青日，从返青日以后定期进行观测其绿色覆盖度，在草坪上随机(或选典型样点)测定，绿色盖度测定方法参照"实验3.3　草坪盖度测定"。记录草坪绿色覆盖度达95%时的日期。返青日与绿色覆盖率达95%的天数，是草坪冬季休眠后返青开始到草坪基本恢复绿色的时间，即为返青期。返青期的长短体现草坪草春季恢复绿色的能力。

3.10.5　实验相关记录与参考表格

将实验数据填于表3-19中。

表3-19　草坪春季返青及恢复性能测定记录表

草坪草/品种/样方编号	返青日期(年、月、日)	观测日期	绿色覆盖度(%)	观测日	绿色覆盖率达95%的日期(年、月、日)	春季恢复性能/返青期(d)

注：当绿色覆盖度达95%时停止测定。

3.10.6　实验作业

分组测定，撰写并提交实验报告。

实验3.11　草坪越冬与越夏率测定

3.11.1　实验目的

了解草坪草越冬率和越夏率的重要性以及对草坪建植与养护管理的实际意义；掌握草坪草越冬率和越夏率的测定方法，为草坪草抗逆性鉴定提供参考。

3.11.2 实验原理

草坪草按照生长的适宜气候条件和地域分布范围可分为暖季型草坪草和冷季型草坪草两类。在亚热带及以北地区的冬季，会有耐寒性和越冬的问题，在夏季，会有与高温、干旱、病害等现象结合在一起的越夏问题。草坪草育种时，在北方要考察抗冻能力，在南方，冷害以及伴随冷害而来的病害是致命的因素。虽然两种耐寒性的机理不尽一致，越冬率都是最主要的参考指标。在南北过渡带(北纬37°线约300 km宽的地带)及其以南的亚热带地区，冷季型草坪草能否安全越夏，是推广利用的主要限制因素。越夏率高的冷季型草种的选育成功，比起采用虽耐寒却必然在秋季转黄的暖季型草种，可以形成更漂亮的四季常绿草坪草。

3.11.3 实验材料与器具

(1) 实验材料

上一年播种建植的草坪和当年春季播种建植的草坪。

(2) 实验器具

剪草机、草坪土壤取样器/土钻(直径10 cm)或0.1 m²样方框、铁锹、直尺等。

3.11.4 实验方法与步骤

(1) 播种

如果已有上一年播种建植的草坪或当年春季播种建植的草坪可以作为实验样地进行该实验，如果预先没有实验观测样地，就要播种新建草坪，小区面积1 m×1 m，3次重复，随机区组排列。播种最适宜时期为暖季型草种春末夏初，冷季型草种夏末秋初，冷季型草坪草也可以采用春播，但春季杂草防治是一个关键因素。在过渡带地区暖季型草坪草也可夏播。播种前施用NPK复合肥1 kg/m²，呋喃丹0.02 kg/m²(防治地下害虫)，播种后出苗前加强养护管理(雾状喷灌，少量多次，保持土壤湿润)，出苗后正常养护管理直至成坪。春季播种的冷季型草坪草，当年可以统计观测越夏情况，当年与第二年观测越冬返青状况。而秋季播种的只能第二年观测统计越夏情况；春末夏初播种的暖季型草坪草当年可以观测统计越夏状况，来年统计越冬与返青状况。

(2) 越冬(夏)率的测定方法

待测成坪的草坪，根据草坪生长速度，在测定前3~7 d进行正常高度的修剪，用草坪取样器取样，如果没有取样器用样方确定取样点，然后用铁锹或铲子取样，计数取样器取下(样方内)的所有草坪草的活的枝条数。测定草坪总枝条数和活枝条数；也可用目测法(9分制)(参照附表3)确定。越冬(夏)率的测定通常有2次测定。越冬率测定：第一次观测一般在秋季入冬前也就是草坪草停止生长前一个月内观察统计，在北方草地早熟禾、高羊茅、多年生黑麦草、匍匐翦股颖等草种在11月底或12月初，暖季型草坪草在10月中旬进行测定。第二次测定是在第二年草坪草全部返青后进行测定。越夏率测定：冷/暖季型草坪草在6月底7月初测定第一次，8月末测定第二次。如果是混播草坪最好单独统计。

$$越冬(夏)率(\%) = 第二次测定的存活株数/第一次测定的存活株数 \times 100 \quad (3-5)$$

3.11.5 实验/实习的相关记录与参考表格

将实验数据填于表 3-20 中。

表 3-20 草坪越冬与越夏率测定记录表

草种/品种	第一次测定活植株总数(株)				第一次分值(9 分制)*				第二次测定活植株总数(株)				第二次分值(9 分制)				越冬(夏)率	
	日期				日期				日期				日期				实测(%)	目测(9 分制)*
	重复1	重复2	重复3	平均	重复1	重复2	重复3	平均	重复1	重复2	重复3	平均	重复1	重复2	重复3	平均		

注：*9 分为越冬或越夏最好的，即 100%植株越冬(夏)，1 分为植株全部死亡，即没有植株越冬(夏)。

3.11.6 实验/实习作业

以小组为单位，进行草坪越冬(夏)率测定，计算草坪草的越冬(夏)率，撰写并提交实验报告。

实验 3.12 草坪枯草层测定

3.12.1 实验目的

掌握草坪草枯草层的测定方法，为及时进行适当的草坪管理提供理论依据。

3.12.2 实验原理

枯草层是一层部分分解和未分解的植物组织，枯草层积聚在土壤表面，由活的和死的根、茎和叶组成(图3-4)。枯草层淡棕色，含少量土或不含土，草垫层位于枯草层下面，是含有机质的土壤层，颜色比枯草层深。自然条件下死去的有机残体会被不同类型的微生物分解，形成腐殖质，并在土壤中积累。当植物组织的产生大于分解速度时，枯草层就出现累积。枯草层上面是草坪冠层。草坪草种植多年后，就形成枯草层。适宜厚度的枯草层(12~19 mm)是有益的，可以增加弹性，防止运动员受伤，当枯草层厚度低于 12 mm 时就会因为太单薄而不能具有良好的缓冲效果。枯草层未分解的有机物可覆盖和保护土壤表层，使之免于干燥；枯草层还能保护植物根茎免受突然温度变化的影响，干燥的枯草层还可以防止

图 3-4 草坪枯草层示意

杂草种子的萌发。但当枯草层厚度超过 25 mm 时就会导致不良效果，如会为害虫和病原体的生存和生长提供一种良好的环境；会使剪草机轮子下陷，造成剪草过低；草坪的根系、根茎、匍匐茎和根颈覆没在其中，导致根系分布太浅，草坪长势变弱，抗性降低；枯草层保水性差，又有疏水性，加上保肥性差，使草坪水分状况恶化；会影响农药和除草剂的使用效果。

3.12.3　实验材料与器具

(1) 实验材料

建植多年的普通绿化草坪或运动场草坪。

(2) 实验器具

直尺、草坪土壤取样器(深≥10 cm)、1 kg 重物体(直径稍大于或等于草皮塞直径)等。

3.12.4　实验方法与步骤

(1) 选择测定样点

在建植多年的普通绿化草坪或运动场上，选择好取样样点，通常足球场草坪 5~6 个典型样点，普通绿化草坪同样选择蛇形取样法或对角线五点法取样等，选取具有代表性的样点。

(2) 取草皮土壤塞

按照选取的典型样点进行取样，用草坪土壤取样器在草坪上取出 4.5 cm 长的草皮土壤塞。

(3) 测定草层各层次的厚度

取出的样品首先测定草坪冠层厚度后，去掉上面鲜绿色的部分，然后将 1 kg 重物体放置在草塞上，再测量草皮土壤塞纵向垂直的各个不同颜色(草坪冠层、枯草层、垫层)的厚度(以 mm 为单位)，分别记录测量的数据，最后计算平均值。每个样点重复 3 次。

3.12.5　实验相关记录与参考表格

将实验数据填于表 3-21 中。

表 3-21　草坪枯草层厚度测定记录表

测定时间：　　　　　　　　　　　　　　　　　　　　测定地点：

样点	草塞冠层厚度(mm)				草坪冠层厚度(mm)				草坪枯草层厚度(mm)				垫层厚度(mm)			
	1	2	3	平均	1	2	3	平均	1	2	3	平均	1	2	3	平均
1																
2																
3																
4																
5																
6																

3.12.6 实验作业

以小组为单位,测量草坪的枯草层厚度,撰写并提交实验报告,并针对枯草层厚度提出有效的草坪改良措施。

实验 3.13 草坪杂草入侵率测定

3.13.1 实验目的

了解和识别草坪常见杂草的形态特征,掌握草坪杂草入侵率的测定方法,为更好地开展草坪杂草防除工作奠定基础。

3.13.2 实验原理

草坪杂草是指在草坪中出现的除人们最初建植草种以外的所有植物。杂草除了与草坪草争光、争水和争肥,还会成为植物病虫害的转寄或越冬寄主,有些植物的花粉还会影响到人们的健康。由于草坪杂草往往比草坪草种具有强大的生命力和种间竞争优势,草坪很容易被杂草侵蚀乃至覆盖。杂草对草坪的危害是非常明显的,轻者可以导致草坪品质、景观效果和草坪功能的退化,重者可以彻底破坏整个草坪而造成严重的经济损失。草坪杂草侵蚀率是衡量草坪被杂草入侵破坏程度的重要标准。

3.13.3 实验材料与器具

(1)实验材料

已建植的草坪。

(2)实验器具

$0.1\ m^2$ 样方框、小铲/铁锹/土壤取样器、钢卷尺、标本夹、标本纸、手持放大镜、体视显微镜等。

3.13.4 实验方法与步骤

(1)典型样点选择或试验样方设置

在需要进行杂草调查的普通绿化草坪上,用样方框采用十字交叉法选取样方 5 个,足球场运动场一般选取 5~6 个典型样点,将样方框内的各种草类植物,分类记载其植物形态学特征,并记录数量。尤其对不认识的杂草植物分别采集,用放大镜仔细观察确认种类,如果鉴定不出,采集并放置标本夹中,制成标本以供室内鉴别。

(2)草坪杂草的识别

对采集回的标本进行植物学特征的识别,借助植物分类学的方法区别草坪草和草坪杂草,依据其根、茎、叶、花、果实和种子的外部形态,利用植物检索表的形式,对其进行鉴定和识别。但是良好管理的草坪,通常没有形成花序的机会,这是因为留茬较低和频繁的修剪,所以要学会营养期草坪草和杂草的辨别。具体草坪草识别方法参照"实验 1.2 草坪草植株识别"。草坪杂草可以根据植物分类检索表或杂草检索表借助体视显微镜等工具进行识别鉴定。

$$杂草入侵率(\%) = (杂草的数量/植物总数量) \times 100 \qquad (3\text{-}6)$$

(3)目测法(参照附表3)

根据 NTEP，对入侵杂草采用 9 分制进行评价，9 分表示没有杂草，1 分表示全部为杂草。

3.13.5　实验相关记录与参考表格

将实验数据填于表 3-22 中。

表 3-22　草坪杂草入侵率记录表

样方	实测法				样方	目测法(9分制)
	植物总数量	杂草种类	杂草数量	入侵百分率%		

3.13.6　实验作业

以小组为单位，观测草坪杂草入侵率，并计算杂草入侵率，撰写并提交实验报告。

实验 3.14　运动场草坪坪床建造材料的测定——砂样的粒径分析

3.14.1　实验目的

学习和了解运动场草坪坪床结构的组成，掌握砂性建造材料的粒径分析(particle size distribution，PSD)测定方法，为草坪坪床建造提供数据支撑。

3.14.2　实验原理

运动场草坪应具有较强的抗践踏能力，能保持较高的草坪质量，具备良好的弹性和回弹性，同时具有快速的恢复能力，因此高品质的运动场地常采用砂基坪床，以砂性材料作为坪床的主体，有时会添加少量改良物质。不同运动场地在砂性材料的颗粒大小(即粒径分布)选择上有所区别，高尔夫球场果岭草坪的建造代表了运动场草坪建造的最高水平，其对砂性材料的粒径大小、渗透排水、孔隙状况分布等物理性质指标均有明确的要求，砂性材料颗粒大小的变化会显著影响渗透排水、孔隙状况的分布。此书仅介绍最重要指标之一"砂样的粒径分析"的测定方法。

利用 5% 六偏磷酸钠溶液作分散剂，处理砂样一定时间后，用水洗去 <0.053 mm 的细颗粒部分，将 >0.053 mm 的砂粒收集，于 105 ℃ 下烘干 4~6 h，在振筛机上按照各粒径大小进行筛分、称重，计算各粒级的比例。

本方法仅适用于高尔夫球场等高品质运动场地建造中所用砂性材料的检测，测定结果包括粉粒和黏粒两者之和(即 <0.05 mm 以下部分)，如需分别测定粉粒和黏粒含量，则建议参照土壤质地分析方法。

3.14.3 实验试剂与器具

(1)实验试剂

分散剂[5%六偏磷酸钠$(NaPO_3)_6$],分析纯。称取 50.0 g 六偏磷酸钠试剂,溶解于 1000 mL 去离子水中。

(2)实验器具

电子天平(感量 0.01 g)。

往返式振荡器(能放置 150 mL 或 250 mL 三角瓶)。

标准土壤筛:3.4 mm(6 目)、2 mm(10 目)、1 mm(18 目)、0.5 mm(35 目)、0.25 mm(60 目)、0.15 mm(100 目)、0.053 mm(270 目)。

振筛机:能垂直放置直径 20 cm 标准土壤筛 7 层。

恒温烘箱:控制温度在 100~105℃之间。

3.14.4 实验方法与步骤

供试砂样经风干、混匀后待测。

①称量约 50 g(精确至 0.01 g)风干样品,放于 150 mL 三角瓶中。每个样品同时做 2~3 个重复。

②用量筒加入 50 mL 分散剂,振荡 2 h(振荡强度 180~200 r/min)后洗涤样品。

③用 0.053 mm 标准土壤筛洗涤样品,将样品全部转移到土筛上,小于 0.053 mm 的样品弃去不要,用自来水冲洗干净。

④记录瓷盘的编号与质量,将土筛上的样品全部转移到瓷盘中,放入 105℃烘箱中烘干 4~6 h。将烘干好的样品称取总质量(包括砂样与瓷盘之和),精确至 0.01 g。

⑤将标准土壤筛按照粒径从大到小的顺序,依次从上而下放置,将烘干的砂样从瓷盘中转入最上层土筛中,加盖后一起放入振筛机上,振荡 10 min,之后分层依次称量样品质量,并做好记录。

⑥根据各粒级土筛上称量的样品质量,按照以下公式,计算其占整个质量的百分比。

$$各粒级所占比例(\%) = (W_{各粒级} / W_{样品}) \times 100 \tag{3-7}$$

式中 $W_{各粒级}$——各粒级土筛上的样品质量(g);

$W_{样品}$——样品质量(g)。

3.14.5 实验相关记录与参考表格

将实验数据填于表 3-23 中。

表 3-23 砂样的粒径分析记录表

样品信息	土样号	
测试编号	重复 1	重复 2
称样质量(g)		
瓷盘编号		

(续)

样品信息		土样号				
测试编号		重复1			重复2	
瓷盘质量(g)						
烘干后瓷盘+砂样总重(g)						
烘干后砂样质量(g)						
洗去<0.053 mm 颗粒质量(g)						
粒径	筛分后各层土筛上样品质量(g)			样品各粒级的百分比(%)		
	重复1	重复2	平均值	重复1	重复2	平均值
>3.4 mm						
2~3.4 mm						
1~2 mm						
0.5~1 mm						
0.25~1 mm						
0.15~0.25 mm						
0.05~0.15 mm						
<0.05 mm						
<0.053 mm 部分的总质量(g)						
总和						

3.14.6 实验作业

根据人数分组进行测定，撰写并提交实验报告。

实验 3.15 运动场草坪坪床建造材料的测定——砂样的渗透率测定

3.15.1 实验目的

学习和了解运动场草坪坪床结构的组成与特性，掌握砂性建造材料的渗透率(infiltration rate，IR)测定方法，为草坪坪床建造提供数据支撑。

3.15.2 实验原理

高品质的草坪运动场的坪床以砂性材料为主，其粒径大小不同会对坪床结构的物理性质产生影响，例如，渗透率、容重、持水力、孔隙状况等。其中渗透率可直接反映坪床的排水能力，本文主要介绍这一重要指标"砂样的渗透率"的测定方法。

砂样在张力槽中模拟坪床厚度 30 cm 条件下进行排水，然后经过模拟坪床紧实状态的击实处理，在常水头方式下进行饱和导水率的测定，收集一定时间的出水质量，通过渗透深度、截面积、水层厚度、出水时间等计算渗透率。

3.15.3 实验材料与器具

（1）实验材料

砂样。

（2）实验器具

电子天平（感量 0.01 g）、渗透测定仪、击实仪（图 3-5）、张力槽（图 3-6）、圆柱筒（高度 7.6 cm，直径 5.1 cm）。

图 3-5　击实仪

图 3-6　张力槽

3.15.4 实验步骤

供试砂样经风干、混匀后待测。

①每个待测样品需做 2 个重复，分别称量每个圆柱筒的质量，精确至 0.01 g，记录为 $W_{筒}$。

②称取适当样品于塑料盆中（一个样约 300 g，共称取 600~605 g），按样品质量加入 8%±0.5%的自来水（约 50 mL），混匀。

③将样品装入圆柱筒内，轻轻压实确保击实后样品下降高度在 1 cm 以内，用直尺削平圆柱筒顶部样品。

④将装好样品的圆柱筒放入盛有自来水的塑料盆中，浸泡 30 min，水面应控制在距圆筒上沿 1 cm 左右。

⑤将圆柱筒放入张力槽中，调节至 30 cm 位置排水，注意排水过程中应去除气泡影响，放好后盖上盖子，平衡 16 h 以上。

⑥第二天早上，从张力槽中取出样品用击实仪重锤（1.35 kg），从距离样品表面 30 cm 处落下，反复击实 15 次，之后取下圆筒，用游标卡尺记录样品下降高度 $H_{下降}$。

⑦将击实后的样品放入渗透测定仪上，固定好，接通水泵，轻轻打开放水阀门，待样品有出水后，计时 2 h。然后开始收集出水，每 30 min 收集一次，共收集 2 次，收集时间为 1 h，分别记录两次的出水质量 $W_{出水}$。根据样品特点，也可以连续收集出水 1 h，记录出水质量 $W_{出水}$。

⑧根据测定时水头高度 $H_{水头}$、渗透深度 $D_{渗透}$、渗透面积 $S_{渗透}$、出水时间 $T_{出水}$ 与出水质量 $W_{出水}$ 计算渗透率。

⑨结果计算与表达

按照以下公式计算：

$$渗透率(cm/h) = W_{出水} \times D_{渗透} / (H_{水头} \times S_{渗透} \times T_{出水}) \qquad (3\text{-}8)$$

式中　$W_{出水}$——出水质量(g)；

$D_{渗透}$——渗透深度，cm；为圆筒高度减去圆筒中样品击实后下降深度($H_{下降}$)，$D_{渗透}$ = 7.6 cm $-H_{下降}$；

$H_{水头}$——水头高度，$H_{水头}$ = 7.6 cm；

$S_{渗透}$——渗透面积(等于圆筒底面积)(cm^2)；

$T_{出水}$——出水时间，为 30 min(0.5 h) 或者 1 h。

3.15.5　实验相关记录与参考表格

将实验数据填于表 3-24 中。

表 3-24　砂样的渗透率测定记录表

样品信息	土样号	
测试编号	重复1	重复2
圆筒编号		
圆筒质量(g)		
击实下降高度(cm)		
接液杯编号		
接液杯质量(g)		
接液杯+水总质量(g)		
接液时间(h)		
水温(℃)		
渗透率(cm/h)		
平均值		

3.15.6　实验作业

根据人数分组进行测定，计算渗透率，撰写并提交实验报告。

实验 3.16　草坪场地坪床平整度测定

3.16.1　实验目的

掌握草坪场地坪床平整度的测定方法，评价草坪坪床的施工质量与场地使用质量。

3.16.2 实验原理

草坪场地坪床平整度通过使用直尺纵向和横向拉过草坪场地的表面来测定。直尺下的偏差使用校准的带刻度的楔形量规(称为滑尺)进行测量。

目前除了3 m直尺测定方法,还有连续式平整度仪、车载式颠簸累积仪和激光平整度仪,其中用3 m直尺进行平整度测量时,人为误差大、工作强度大且无法获得不平整度曲线,连续式平整度仪不适用于有较多坑槽和破损的坪床面的平整度测量,车载式颠簸累积仪由于测量时牵引车的激振引入测量误差,而激光平整度仪虽然克服了传统设备存在的很多缺陷,但它本身是一个离散的检测设备,并且造价非常高。

3.16.3 实验场地与器具

(1)实验场地

草坪坪床。

(2)实验器具

①3 m直尺测定　平整度测量由3 m直尺和楔形塞尺(滑动量规)完成。

a. 直尺规格　长3000 mm±10 mm,宽75 mm±5 mm,高40 mm±5 mm;最小质量6.6 kg(如果直尺质量不足会导致其不能嵌入坪床的顶部,需增加质量);直尺线性度:±2 mm;直尺硬度:至少2 mm;表面滑动面:75 mm×3000 mm。

利用绳索来拉动直尺。绳索可以直接系在直尺上或者穿过直尺中部空心。绳索的长度需满足技术员可以拉着直尺沿直线行走,并同时留意下方是否发生偏差。技术员需要距离装置最近为3 m最远为5 m。

图3-7　连续式平整度仪

(主要技术参数:平整度仪的检测基准长度:3 m,误差:±1%,工作环境温度:-10 ℃~40 ℃,外型尺寸:4061 mm×800 mm×600 mm 可伸长4061 mm 缩短2450 mm,质量:235kg,控制器重:6kg)

b. 楔形量规(滑尺)规格　长250 mm±5 mm(可以根据实际情况调整);宽度:15 mm±2 mm;高度:2~18 mm;楔形角度:5°±1°;楔形塞尺需要带有刻度,间隔刻度为1.0 mm。

②平整度仪测定(图3-7)

3.16.4 实验方法与步骤

(1)3 m直尺测定

①测定前准备

a. 标记喷头位置,清理杂物。

b. 检查仪器设备各部分完好、灵敏,接好连接线,安装记录设备。

②测定步骤　a. 利用直尺中心边线的中央位置,从坪床的一个边角出发进行测量,直尺在坪床上的拖动方向需要与坪床纵向的线平行。

b. 直尺在坪床上的拖动需要连续并保持一定速度,不能突然停止。

c. 为了保证坪床表面都能检测到,连续拖动的直尺链接需要有0.5 m的重叠。

d. 所有≥10 mm 偏差需要记录在规划图中,并且明确标注偏差是过高还是过低。

e. 当完成整个坪床表面纵向检测之后,需要横向重复一次检测。

f. 附加备注:除了上述外,一些其他情况也需要记录,如喷头位置、特殊的凹陷或突起等。

(2)连续式平整度仪测定

①测定前准备

a. 标记喷头位置,清理杂物。

b. 检查仪器设备各部分应完好、灵敏,并将各个连接线接好,安装记录设备。

②测定步骤

通常根据型号按照操作说明书进行操作。

a. 将连续式平整度测定仪置于测试坪床表面的起点上。

b. 将牵引架挂在牵引车的后部,放下测定轮,启动检测器及记录仪,随即启动牵引车,沿纵向行驶,横向位置保持稳定,并检查平整度检测仪表上测定数字显示、打印、记录的情况。如遇检测中某项仪表发生故障,即需停止检测。牵引平整仪的速度宜为 5 km/h,最大不得超过 12 km/h,并且匀速行驶。在测试草坪时,也可用人力匀速拖拉平整仪测定草坪平整度。可以每 10 cm 自动采集草坪坪床表面凹凸偏差值,用 3 m 直尺中间位置的间隙值。然后用此间隙值按每 100 m 计算,得到的标准差作为坪床表面平整度指标。

3.16.5 实验相关记录与参考表格

将实验数据填于表 3-25 中。

表 3-25 草坪场地坪床平整度测定

检测地点		检测方法			
特点		检测条件			
检测需求		检测人			
样点			≥10 mm 偏差		
	重复 1	重复 2	重复 3	…	

3.16.6 实验作业

根据人数分组进行测定,评价坪床的平整质量,撰写并提交实验报告。

实验 3.17 草坪垂直反弹率测定

3.17.1 实验目的

了解草坪垂直反弹的原理,掌握草坪垂直反弹率的测定方法,为草坪质量评价奠定基础。

3.17.2 实验原则

将球从 2 m 高度处释放,测定其从接触面反弹后的高度。在实验室中利用不同性质材料来模拟不同性质的坪床产生的接触面的效果,并对这个效果进行评估。此方法既适用于天然草坪也适用于人造草坪。

3.17.3 实验材料与器具

(1)实验材料

运动场草坪场地(场地测定),最小 1 m×1 m 草皮送样样品。

(2)实验器具

①电磁或者真空释放装置:消除外界(力/旋转)的影响,使球垂直释放;

②声控计时装置(精度 1 ms);

③检测用球(标准赛球);

④风速测定装置(精度 0.1 m/s)(仅室外);

⑤空气温湿度表(温度范围大于-5 ℃~50 ℃)。

3.17.4 实验步骤

①实验用球的检测 实验前应先在混凝土硬表面上检测足球垂直反弹性。室内检测要求室内温度 23 ℃±2 ℃,湿度 50%±5%,室外温度为-5 ℃~50 ℃,风速≤2 m/s,混凝土硬表面大小≥1 m×1 m,厚 0.05 m,表面水平并平稳。实验用球实验室检测时放置检测室内至少 1 h 才能测定,保障实验用球是在检测温度下进行,球的压力应在 0.6~0.9 bar 的范围。放置好释放装置,保证释放时球应落在表面中央位置,不能落在离表面边缘 100 mm 内,以防影响检测结果的准确性。根据球种类(表 3-26)确定所选择的标准释放高度,如足球释放高度为 2.00 m±0.01 m,其在混凝土上反弹高度应为 1.35 m±0.03 m(至球的底部)才为合格。为了不影响检测结果,防止损坏检测用球的外皮,不得将用于检测"球滚动距离"的球用于任何其他检测。

表 3-26 球释放高度与反弹高度测试需求标准(EN 12235—2013)

球类型	释放高度(m)	混凝土上反弹高度(m)	校正因子 Δt (s)
足球	2.0±0.01	1.350±0.05	0.025
网球	2.54±0.01	1.400±0.025	0.005
曲棍球	2.0±0.01	0.640±0.025	0.038

注:释放高度与反弹高度的测量均从球底部算起。

②场地气候环境条件测定 测量场地的温湿度,风速等,记录天气状况。

③场地代表性测定位点的选择 根据运动场类型,选择代表性的样点。如图 3-8、图 3-9 所示。

④检测 在运动场上,首先测定待测地点的风速。把检测装置放置在检测代表性位点,

将标准赛球放置在释放装置上释放球到待测草坪上，记录下几秒钟内两次碰撞的时间。每个样点重复5次，每重复测定点之间相距至少300 mm（场地检测）/100 mm（室内检测），距离边缘至少100 mm。

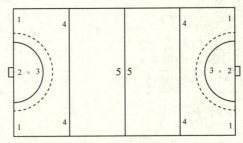

图3-8　曲棍球场场地代表样点图（International Hockey Federation，2013）

（测定位点1：此位点在比赛场地范围内，且离角旗不超过3 m，标记4个"1"位点中可选择其中任何一个。检测位点2：此位点在点球罚球点和球门中心的中间，标记的2个"2"位点中可选择其中任何一个。检测位点3：此位点是从球门线中心穿过点球罚球点的延长线圆圈内最多1 m，检测位点2和3不得位于同一圈。检测位点4：此位点在比赛场地范围内，距离边线不超过6 m，23 m线不到4 m。标记的4个"4"位点中可选择其中任何一个。检测位点5：此位点在中心线中心3 m以内。标记2个"5"位点中可选择其中任何一个。检测位点6：在场地径流区域至少应设置一个检测位点。"球滚动距离"检测实验不需要附加此位点。根据特殊需要，也可增加额外检测位点。）

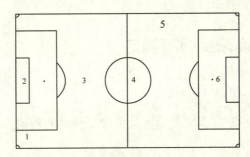

图3-9　足球场场地代表样点图（FIFA，2015）

⑤结果计算

球垂直反弹高度计算公式：

$$H = 1.23(T - \Delta t)^2 \times 100 \tag{3-9}$$

式中　H——反弹高度（cm）；

　　　T——两次球碰撞时间（s）；

　　　Δt——0.025s。

取5次重复的平均值，反弹高度最终的报告值为数值的绝对值，结果保留两位小数，并最终单位换算为m。例如，0.08 m。测量的不确定度为±0.03 m。

3.17.5　实验相关记录与参考表格

将实验数据填于表3-27中。

表 3-27 球反弹高度检测记录表

球类型			检测地点				
检测时间			最大风速(m/s)			温度(℃)	
释放高度(m)			混凝土反弹高度(cm)			校正因子数值	
球垂直反弹跳高度的计算根据公式：$H = 1.23\,(T - \Delta t)^2 \times 100$							
检测样点	两次碰撞时间 T (s)					球反弹高度5次平均值 H	
1	重复1	重复2	重复3	重复4	重复5	cm	m
2							
3							
4							
5							
6							
备注							

3.17.6 实验作业

分组实验，计算每一个代表样点的球反弹高度的平均值，通过计算结果进行分析，评价草坪的质量，撰写并提交实验报告。

实验 3.18 草坪角度球反弹率测定

3.18.1 实验目的

了解草坪角度球反弹的原理，掌握草坪角度球反弹率的测定方法，为草坪质量评价奠定基础。

3.18.2 实验原则

当球以指定的速度和角度投射到草坪表面上，草坪就会有反弹的力，球从发射到草坪被反弹出草坪的过程体现了球与草坪面之间的交互作用，这个作用比较复杂，既包括球与草坪间的冲击摩擦、水平速度，又包括草坪对球的垂直反弹性。利用球以指定的速度和角度投射到草坪表面上，得到撞击后的速度与撞击前的速度的比值，计算角度球的反弹率。合格范围45%~60%，理想范围45%~70%。此方法既适用于天然草坪也适用于人造草坪。

3.18.3 实验器具

①气动发射器(枪)。
②雷达测速仪(读数0.1 km/h以上)。
③检测用球(标准赛球)1个。
④风速测定装置(精度0.1 m/s)(仅室外)。
⑤空气温湿度表(温度范围大于-5~50 ℃)。

3.18.4 实验方法与步骤

①实验用球的检测　在测试前先验证球在混凝土上是否垂直反弹，方法详见"3.17.4"。

②场地气候环境条件测定　测量场地的温湿度、风速等，记录天气状况。

③场地代表性测定位点的选择　根据运动场类型，选择代表性的样点。如图 3-8、图 3-9 所示。

④检测　首先测定待测地点的风速。把测定装置放置于待测草坪表面，调整好，调整气动发射器，使发射器发射口直径最低点的水平高度在待测草坪上部顶部 0.90 m±0.02 m，使得球以 15°±2° 的角度离开发射器到草坪水平表面，在撞击表面之前速度为 50 km/h±5 km/h。定位雷达，使其与发射器相邻并平行于待测表面，并朝着发射球的方向对齐，并且距检测面的垂直高度为 450~500 mm。将球投射到待测表面上，紧接记录反弹前与反弹后球的速度。重复此过程 5 次，确保球不会两次击中相同位置。实验室检测还需将试样旋转 90° 并重复以上步骤测定。

⑤结果计算

计算角度球反弹率公式：

$$\text{角度球反弹率}(\%) = \frac{S_2}{S_1} \times 100 \tag{3-10}$$

式中　S_1——反弹前速度(km/h)；

　　　S_2——反弹后速度(km/h)。

结果以整数百分比形式表示(如 55%)。

测量的不确定度为 ±5% 绝对值。

3.18.5 实验相关记录与参考表格

实验记录每一个代表位点每一个方向均 5 次重复测定，将测定结果填于表 3-28 中，计算每一个方向 5 次重复测定的平均值，同时计算每一个样点两个垂直方向的平均值。

表 3-28　角度球反弹高度检测记录表

检测地点				检测时间			
球场类型				建植草种			
最大风速(m/s)				温度(℃)			
混凝土反弹高度(cm)				天气情况			
角度球反弹率(%)=(S_2/S_1)×100，式中，S_1=反弹前速度(km/h)；S_2=反弹后速度(km/h)							
检测样点	反弹前/后速度(km/h)	重复1	反弹率(%)	重复2	反弹率(%)	重复3	反弹率(%)	重复4	反弹率(%)	重复5	反弹率(%)	反弹率均值(%)
1	S_1											
	S_2											
2	S_1											
	S_2											
3	S_1											
	S_2											

(续)

检测样点	反弹前/后速度(km/h)	重复1	反弹率(%)	重复2	反弹率(%)	重复3	反弹率(%)	重复4	反弹率(%)	重复5	反弹率(%)	反弹率均值(%)
4	S_1											
	S_2											
5	S_1											
	S_2											
6	S_1											
	S_2											
90°方向重复测定												
检测样点	反弹前/后速度(km/h)	重复1	反弹率(%)	重复2	反弹率(%)	重复3	反弹率(%)	重复4	反弹率(%)	重复5	反弹率(%)	反弹率均值(%)
1	S_1											
	S_2											
2	S_1											
	S_2											
3	S_1											
	S_2											
4	S_1											
	S_2											
5	S_1											
	S_2											
6	S_1											
两个垂直方向反弹率平均值(%)												
	1		2		3		4		5		6	
备注												

3.18.6 实验作业

分组实验，通过计算结果进行分析、评价草坪的质量，撰写并提交实验报告。

实验 3.19 草坪果岭速度的测定

3.19.1 实验的目的

果岭是高尔夫球场的灵魂所在，果岭速度则是衡量果岭质量的重要标准。任何球场没有两个完全相同的果岭，设计建造水平、草坪生长状况、养护管理技术的不同都会影响到果岭的速度。高尔夫是一种体育竞技运动，不同的赛事对果岭速度的要求不同。通过果岭测速，可以把球场内所有果岭的速度调整到一个可接受的范围，在维护健康的草坪草前提下，保持最佳的果岭速度，让高尔夫在公平原则下更具有乐趣。通过本实验，学生可以熟悉掌握果岭测速仪的使用，进一步测量并记录标准球场 18 洞的果岭速度，结合球场修剪、滚压、施肥等养护管理措施进行果岭速度调整，以达到最佳果岭速度，提升球场的果岭草坪质量。

3.19.2 实验原理

果岭速度反映球在果岭上的滚动情况，该速度并不是物理意义上的速度，而是一定情况下球在果岭上滚动的距离。目前最常用的果岭测速仪是斯蒂姆果岭测速仪(stimpmeter)，这是一个长 91.44 cm(即 3 英尺)，压成 V 型槽的铝合金体。测速时，将测速仪置于果岭较平坦的部分，然后以恒定的速度抬升带凹槽的一端，直到球滚落停止，然后以球滚动的距离来测试果岭速度。此方法既适用于天然草坪也适用于人造草坪。

3.19.3 实验材料与器具

(1) 实验材料

高尔夫球场果岭 1~9 个。

(2) 仪器设备

① 1 个果岭测速仪。

② 3 个高尔夫球。

③ 3 个球 Tee 或用于标记的小钉。

④ 1 个记录本和 1 个 3~3.7 m 长的测量尺。

⑤ 风速测定装置(精度 0.1 m/s)。

⑥ 空气温湿度表(温度范围大于-5 ℃~50 ℃)。

3.19.4 实验方法与步骤

(1) 场地气候环境条件测定

测量场地的温湿度，风速等，记录天气状况。

(2) 果岭代表性测定位点的选择

根据运动场类型，选择代表性的样点。

(3) 测定步骤

① 在果岭选择一块约 3 m×3 m 的平坦区域(若要测试选中的区域是否平坦，可将斯蒂姆果岭测速仪平放在果岭上，将高尔夫球放在 V 型槽上，球不滚动则说明该区域平坦)。

② 在选择区域的近边缘处插入一根球 Tee(T_1)/标记的小钉，以作为一个起点。托住斯蒂姆果岭测速仪，底端放置于球座旁，并瞄准球要滚动的方向。

③ 将第一个球放于测速仪上端的 V 形槽口上，底端固定不动，上端慢慢抬升，直至球开始从 V 形槽中滚落。一旦球开始滚落，保持测速仪不动，直至球滚到果岭表面上停止。剩下 2 个测试球均重复上述过程，注意不能移动测速仪的位置。

④ 如果 3 个球滚动距离相差不超过 20 cm，则测量 3 次距离取平均值，在球平均停点插入第二个球 Tee(T_2)作为标记，T_1 和 T_2 之间的距离就是第一次球滚动的平均距离。

⑤ 重复步骤 3，以 T_2 为起点，T_1 为终点，再让球沿着与原来路线相反的方向滚动，测

量并计算后在球平均停点插入第三个球 Tee(T_3)，T_2 和 T_3 之间的距离就是第二次球滚动的平均距离。

⑥将这两次距离取平均值，换算成英尺，换算值即为该果岭的速度。

⑦如果 3 个球的滚动距离相差超过 20 cm，则说明测试不准确，测速仪本身有障碍、所选样地不平坦或其他异常情况，都有可能导致误差。无论哪种情况，都应重新进行测试；如果很难选定平坦的区域或要测定有一定坡度的果岭速度时，可采用数学公式进行果岭滚动距离计算：果岭滚动距离的计算公式为：

$$DR = 2S\uparrow \cdot S\downarrow / (S\uparrow + S\downarrow) \tag{3-11}$$

式中　　DR——滚动距离(cm)；

　　　　$S\uparrow$——迎坡滚动距离(cm)；

　　　　$S\downarrow$——顺坡滚动距离(cm)。

3.19.5　实验相关记录与参考表格

①2 人一组，一人负责放球，一个负责固定距离和记录，两人配合量球滚动的距离长度。

②3 个球从 T_1 点向 T_2 点正向滚动 3 次，取数据 1、数据 2 和数据 3，求平均值得出 $T_1 \sim T_2$ 距离；相反方向，3 个球从 T_2 点向 T_3 点反向滚动 3 次，取数据 4、数据 5 和数据 6，求平均值得出 $T_2 \sim T_3$ 距离；最后取平均值得出果岭速度，并参考表 3-29 对其进行快中慢评价并记录实验数据。

③取一张白纸或备一本子，按表 3-30 要求记录测量数据。由于果岭速度是动态变化值，受天气、风向、修剪、滚压等因素影响。所以，填表同时需在表下备注实验日期、时间、天气、风向、风力、果岭地点、球速、草种、剪草高度等信息以供实验数据参考。

表 3-29　美国高尔夫球协会制定的果岭草坪速度标准

球在果岭草坪滚动的速度	球滚动距离			
	一般比赛		锦标赛	
	英尺(feet)	米(m)	英尺(feet)	米(m)
快	8.5	2.6	10.5	3.2
较快	7.5	2.3	9.5	2.9
中	6.5	2.0	8.5	2.6
较慢	5.5	1.7	7.5	2.3
慢	4.5	1.4	6.5	2.0

3.19.6　实验作业

(1)完成所有需测试果岭球速后记录数据，据本次果岭球速测试结果，对果岭速度进行评价。

(2)综合果岭速度测量结果，对影响果岭速度的因素进行分析，并提出提高果岭速度的可行性方法。

表 3-30　果岭速度测量记录表

实验球场：_____　　测量时间：_____　　记录人：_____

测试数据	实验果岭								
	果岭1	果岭2	果岭3	果岭4	果岭5	果岭6	果岭7	果岭8	果岭9
数据1/ S↑									
数据2/ S↑									
数据3/ S↑									
$T_1 \sim T_2$ 距离(m)/ S↑均值									
数据4/ S↓									
数据5/ S↓									
数据6/ S↓									
$T_2 \sim T_3$ 距离(m)/ S↑均值									
平均距离(m) / DR									
果岭速度(Feet) / DR									
速度评价									
备注	写明天气、风向、风力、果岭地点、草种、剪草长度等信息以供参考								

实验 3.20　草坪球滚动距离测定

3.20.1　实验目的

了解草坪滚动距离测定的原理，掌握其测定方法，为草坪使用质量评价提供基础数据。

3.20.2　实验原理

球在没有外力作用下由于自重从一定高度滑道自由滚落下来，接触表面后继续滚动，由于表面存在摩擦阻力直至停下，球在草坪表面滚过的距离就记录了下来。草坪表面光滑滚动的距离就长，反之滚动距离就短，这一过程体现了球与草坪之间的一种摩擦性能，这一性能是与草坪草的种类、草坪密度、草坪质地等密切相关。足球场合格滚动距离范围为 4~10 m（理想范围为 4~8 m）。此方法既适用于天然草坪也适用于人造草坪。

3.20.3　实验材料与器具

（1）实验材料

运动场草坪(场地测定)，最小长 4 m、宽 1 m 的草皮样品。

（2）实验器具

①滚动距离测定装置(图 3-10)，由滑槽、滑槽架组成。滑槽由两根光滑平行的圆钢组成，最大直径与球的接触面积为 40 mm，滑槽宽度(两根光滑平行的圆钢内边距)根据球的类型而不同，足球为 100 mm±10 mm 码，而板球、曲棍球为 50 mm±2 mm。滑槽架垂直高度 1000 mm±5 mm，滑槽倾斜角 45°±2°斜面滑道。

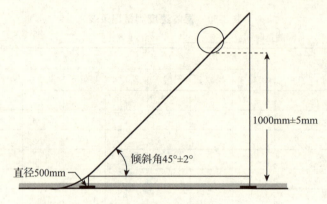

图 3-10　球滚动距离测定装置(引自 FIFA，2015)

②测量尺或测量仪(精度为±0.01 m)(如钢带、激光等)。
③标准赛球。
④风速仪(精度为 0.1 m/s，仅室外场地实测)。
⑤空气温湿度表。

3.20.4　实验方法与步骤

①实验用球的检测　在测试前先验证球在混凝土上是否垂直反弹，方法详见"3.17.4"。
②场地气候环境条件测定　测量场地的温湿度，风速等，记录天气状况。
③场地代表性测定位点的选择　根据运动场类型，选择代表性的样点。如图 3-8、图 3-9 所示。
④测定步骤　首先测定待测地点的风速。将球滚动距离测定装置放置在待测运动场场地的代表性位点上，调整好使其稳当，要求球从斜面滚到表面，不得跳起或弹起。将检测用球放在滑槽上，所放置的位置为球底面与待测表面垂直高度 1000 mm±5 mm，如图 3-10 所示，松开球，使其自由滚下滑道，接触待测草坪表面直至自行停下，测量从球最先与待测草坪接触的点到在草坪上静止位置中心点的距离。每一个代表性位点单独测定 3 次，每次测定点相距至少 100 mm。如果考虑场地或草坪方向的影响，至少每个代表性位点检测至少包括 4 个方向(0°、90°、180°、270°)，每个方向单独测定 3 次，每次测定点至少相距 100 mm。

3.20.5　实验相关记录与参考表格

按照测定步骤，测定记录滚球值，精确至 0.1 m，如 6.9 m。测量的不确定性为±0.05 m。将实验数据填于表 3-31 中。

结果计算：计算每个代表性测定位点/方向 3 个单独从测定结果计算平均值。计算每一个代表性位点的所有测定结果的平均值(表 3-31)。

3.20.6　实验作业

分组实验，通过计算结果进行分析，评价草坪的质量，如果草坪质量不理想，应提出草坪质量改良措施，撰写并提交实验报告。

表 3-31 球滚动距离测定记录表

检测地点															检测时间				
球场类型															建植的草种				
混凝土反弹高度(cm)															场地风速(m/s)				
天气情况															检测人				
代表性样点	滚动距离(m)																		总平均
	0°				90°				180°				270°						
	1	2	3	平均	1	2	3	平均	1	2	3	平均	1	2	3	平均			
1																			
2																			
3																			
4																			
5																			
6																			
备注																			

实验 3.21 草坪吸震性能测定

3.21.1 实验目的

了解草坪吸震性的原理以及在草坪中的作用,掌握草坪吸震性的测定方法,为草坪质量评价提供技术支撑。

3.21.2 实验原理

草坪的吸震性(shock absorption)是指草坪吸收外力作用时产生的冲击力的性能,就是将带弹簧的落锤从空中落到被测坪面上,并记录落锤从释放瞬间到作用于被测坪面时的加速度峰值。通过对比在被测坪面冲击过程中的最大冲击力和在混凝土表面参考值的冲击力,计算待测草坪的吸震性能,用吸震百分率表示。FIFA推荐天然/人造草坪吸震率合格的范围为55%~70%。此方法既适用于天然草坪也适用于人造草坪。

3.21.3 实验材料与器具

(1) 实验材料

运动场草坪(场地测定)或最小为 1.0 m×1.0 m 的草皮送样样品(实验室测定)。

(2) 实验器具

①震动吸收测定装置 主要部件构成如图 3-11 所示。其中电磁铁可以保证落锤的下落高度精确至±0.25 mm。落锤、加速度计、螺旋金属弹簧和钢测试脚的总质量应为 20 kg±0.1 kg。压阻式加速度计(50 g 满刻度)的特点如下:频率范围[带宽到 1000 Hz(−3 dB)];工作范围内 2%的线性度。g 型传感器应放置在落锤的垂直重力线上,并尽可能位于落锤下

方，还应牢固地安装在落锤上，以避免自动过滤。螺旋金属弹簧的倔强系数为2000 N/mm ± 100 N/mm，在 0.1~7.5 kN 范围内呈线性关系，弹簧的线性特征受最大增量 1000 N 的控制，弹簧应位于落锤重心正下方，其两端应有 3 个固定的同轴线圈。弹簧质量约为 800 g±50 g。测试脚的直径为 70 mm±1 mm，最小厚度为 10 mm，测试脚下半部为圆形，半径为 500 mm± 50 mm，边缘半径为 1 mm。测试脚的质量为 400 g±50 g。测试框架由 3 个可调节的支撑脚构成，支撑脚距离落锤在测试草坪的落地点的距离不少于 250 mm。测试框架是为了确保仪器的质量均匀地分布在它的 3 个支撑脚上。带落锤的仪器，每只脚承受的压力须小于 0.020 N/mm^2。不带落锤的仪器，每只脚承受的压力须大于 0.003 N/mm^2。调试和记录加速度计信号的平均值（图 3-12）。信号采集的采样率最小为 9600 Hz；电子 A/D 转换器的最小分辨率为 16 位；信号过滤采用二阶低通，巴特沃斯滤波器的截止频率为 600 Hz。

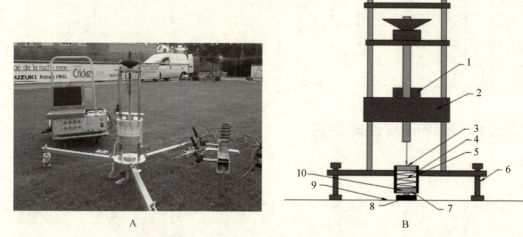

图 3-11 震动吸收测定装置（A、B 分别引自 FIFA，2006；FIFA，2009）
1. 提升与释放装置（电磁铁） 2. 落锤 3. 上盘（加速计） 4. 螺旋弹簧 5. 金属导向管
6. 调整脚 7. 力传送装置 8. T 型测脚 9. 检测表面 10. 钢底盘

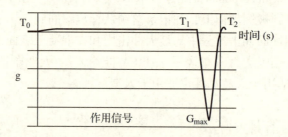

传感器信号

图 3-12 表示落锤加速度随时间变化的曲线实例（引自 FIFA，2015）
T_0：落锤开始降落的时间
T_1：测试脚第一次接触地表的时间（落锤速度的最大绝对值，即 V_{max}）
T_2：落锤撞击地面后反弹时的最大绝对速度（V_{min}）的时间

②在-5 ℃条件下检测所需的辅助设备 可将温度维持在-12~-8 ℃的温控柜；装检测草坪样本的盘内部尺寸至少是 450 mm × 450 mm，深度比试样草坪厚度至少高 10 mm，底座

是可自由排水的硬质网格；一个温度探头。

③在 50 ℃ 条件下检测所需的辅助设备 一个符合 ISO 188 标准的空气循环烤箱；一个温度探头。最后通过加速度计信号的积分和二重积分来计算落锤速度和位移的平均值（图 3-13）。

④风速仪（精度为 0.1 m/s，仅室外场地实测）。

⑤空气温湿度表。

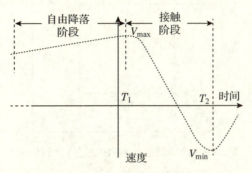

图 3-13　落锤速度随时间变化的曲线实例（引自 FIFA，2015）

3.21.4　实验步骤

（1）测定前仪器设备的校验

主要包含 3 个方面的内容：坠落物总质量、撞击速度和提升高度。仪器检测对于确保仪器的正常运行必不可少，必须执行。在实验室检测中：根据仪器的使用强度每隔一段时间进行检测，建议是每天进行一次检测。在现场场地测定中每次现场测定之前均需检测。检测过程有 4 步，必须在稳定而坚硬的混凝土地板上进行（地板在 5 kg/cm² 的压力下无明显歪曲）。

第 1 步：设置垂直自由降落装置。垂直度公差最大 1°。设定测试脚底部表面距离坚硬的地板高度约为 55.00 mm ±0.25 mm。将落锤落到混凝土地板上，记录落锤的加速度。

第 2 步：将第一步重复 2 次，共撞击 3 次。

第 3 步：对于每次冲击，将 $T_0 \sim T_1$ 时间内的加速度值积分可得初始冲击速度。计算 3 次冲击速度的平均值，应为 1.02~1.04 m/s。

第 4 步：冲击速度验证后，将落锤置于坚硬的地板上，测量仪器上的静态参照点（如磁铁的底部）与落锤顶部之间的高度。在随后的测定中，将参考这个高度，并将其定义为"提升高度"。

（2）场地气候环境条件测定

测量场地的温湿度，风速等，记录天气状况。

（3）场地代表性测定位点的选择

场地测定代表性的位点选择如图 3-14 所示的 19 个不同的测试位置上进行，其中除 F、R、N、B 和其他未标注的位点可由测试机构酌情选择外，其余 15 个测试位点均是固定必需选的。如果是人造草坪，其选择的测定位点应避开草毯的连接处。

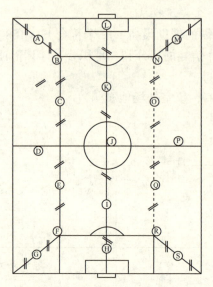

图 3-14　足球场场地实测位点图(19 个点)(引自 FIFA, 2015)

(4)测定步骤

将设备垂直(90°±1°)置于待测草坪上,将测试脚平滑地降到待测坪面,10 s 内根据上述第 4 步设好"提升高度",并将落锤悬挂在磁铁上。注意在冲击过程中,不要清扫或调整测试坪面。

第一次冲击:30 s±5 s 后(使测定样品在撤掉重物后彻底归位),落下落锤并记录加速度峰值。撞击 10 s 内,检查"提升高度"并重新将落锤附着于磁铁上。

第二次冲击:30 s±5 s 后,放下落锤并记录加速度峰值。撞击后 10 s 内,检查"提升高度"并重新将落锤附着于磁铁上。

第三次冲击:30 s±5 s 后,放下落锤并记录加速度峰值。

(5)实验室测定

在 23 ℃±2 ℃ 实验室条件下测定,送样样品的大小最小为 1.0 m×1.0 m,待测样品必须在 23 ℃±2 ℃ 实验室放置 1 h 后才能进行实验。实验室地板必须是混凝土的,而且符合国际或国家相关规定,具有最少 10 cm 厚并且硬度至少 40 MPa 的特征,要求混凝土地面必须是平的。在试验过程中,不要清扫或调整测试坪面。

按照上面的"(4)测定步骤"进行测定,选择 3 个位点进行吸震性的测定,每个位点之间至少间隔 100 mm,距离测试坪面的边界不少于 100 mm。对每个位点至少冲击 3 次,最后计算每个位点第 2 和第 3 次冲击加速度的平均值。

在−5 ℃ 的条件下进行测定时,将测试草皮样品放在样品托盘中,浸入水中,水面距测试样品面至少 10 mm。至少 1 h 后,将测试样品从水中取出,放在一个可自由排水的基座上,让其在重力作用下排水 30 min ±2 min。再将测试样品和样品盘置于−8~−12 ℃ 的温控室内,240 min±5 min 后,取出测试样品和金属托盘。小心地将测试样品从金属托盘中移出,并确保不扰动任何填料,除非测试样品包括未固定的矿物座。把测试草皮样品放在测试地板上,使其慢慢升温。用温度探头监测其温度,对于有填料的草皮是将探头插入填充材料内,对于没有填料的草皮则是将探头置于基础背衬上。当温度计读数为−5 ℃ 时开始测定吸震系数,每个位置只冲击一次。选择3个不同的位点进行测定,位点的选择要求同上。在整个过程中,测试样本的温度不可以超出-3 ℃。注意:在冰箱中冷却混凝土板,并以此作为测试地板,可延长测试时间。

在50 ℃的条件下进行测定时,先将烤箱温度预热到50 ℃±2 ℃,再将测试草皮置于烤箱内。在烤箱内,测定草皮应稳定、无扭曲、无暴露于空气中。240 min ±5 min 后,将测试草皮从烤箱取出,并置于测试地板上。在测试过程中,测试样本的温度不可以低于48 ℃。选择3个不同的位点进行测定,位点的选择要求同上。对每个位点至少冲击3次,最后计算每个位点第2和第3次冲击加速度的平均值。注意:在烤箱中加热混凝土板,并以此作为测试地板,可延长测试时间。

在使用 Lisport XL 机器模拟机械磨损后进行的吸震性的测定试验中,须选择5个不同的位点进行测定,每个位点之间至少间隔150 mm。其余位点要求同上。对每个位点至少冲击3次,最后计算每个位点第2和第3次冲击加速度的平均值。尽量在干燥和潮湿条件下分别都进行测试。

(6)结果计算

检测样品/样点最大冲击峰值公式:

$$F_{max} = mgG_{max} + mg \tag{3-12}$$

式中　F_{max}——检测样品/样点最大冲击峰值(N);

　　　m——落锤总质量(包括弹簧、测脚、加速计)(kg);

　　　g——重力加速度(9.81 m/s^2);

　　　G_{max}——冲击时的加速度峰值(g)。

相对吸震率公式:

$$SA(\%) = \left(1 - \frac{F_{max}}{F_{ref}}\right) \times 100 \tag{3-13}$$

式中　SA——相对吸震率(%);

　　　F_{ref}——表面参考峰值,固定为6760 N(混凝土地板计算的理论值)。

3.21.5　实验相关记录与参考表格

首先通过仪器设备的校验,确定提升高度(表3-32)。场地测定时,记录每个位点(15~19个)3次冲击数值,计算每个位点第2和第3次冲击力的平均值。实验室测定,在23 ℃±2 ℃、-5 ℃、50 ℃条件下以及用 Lisport XL 模拟机械磨损后的条件下,记录3~5个位点3次冲击力的数值,除-5 ℃计算3个位点初次冲击时的平均值,其余均计算3个位点第2和第3次冲击的平均值(表3-33、表3-34)。最后分别计算坪面的最大冲击峰值 F_{max} 和相对吸震率,相对吸震率需精确到0.1%。

表3-32　测定前仪器设备校验数据记录表

	测定次数	加速度峰值	速度	速度均值	位移均值
仪器检测(混凝土地板)	1	√	加速度值积分可得	均值应在1.02~1.04 m/s之间	加速度值二重积分可得(提升高度)
	2	√			
	3	√			

表 3-33　实验室测定草坪吸震性能数据记录表

样品编号：　　　　　　　　　测定时间：　　　　　　　　　测定人：

	位点	冲击次数			加速度峰值 G_{max} 均值(g)	最大冲击峰值 F_{max} (N)	相对吸震率 (%)
		1	2	3			
23℃±2℃条件下	位点1		√	√			
	位点2		√	√			
	位点3		√	√			
					3个位点第2和第3次冲击的平均值		
-5℃条件下	位点1	√					
	位点2	√					
	位点3	√					
					3个位点初次冲击时的平均值		
50℃条件下	位点1		√	√			
	位点2		√	√			
	位点3		√	√			
					3个位点第2和第3次冲击的平均值		
模拟机械磨损后的条件下	位点1		√	√			
	位点2		√	√			
	位点3		√	√			
	位点4		√	√			
	位点5		√	√			
					5个位点第2和第3次冲击的平均值		

表 3-34　场地测定草坪吸震性能数据记录表

场地名称				球场类型			
场地地址							
建植草种				天气情况		测定人	
位点	冲击次数			加速度峰值 G_{max} 均值(g)	最大冲击峰值 F_{max} (N)	相对吸震率 (%)	
	1	2	3				
1							
2							
3							
4							
5							
6							
7							
8							
9							

(续)

位点	冲击次数			加速度峰值 G_{max} 均值(g)	最大冲击峰值 F_{max} (N)	相对吸震率(%)
	1	2	3			
10						
11						
12						
13						
14						
15						
16						
					第 2 和第 3 次冲击的平均值	
备注						

3.21.6 实验作业

分组实验,将实验测量数据与计算结果填报于表 3-32 至表 3-34 中,通过计算结果进行分析、评价草坪的质量,如果草坪质量不理想,应提出草坪质量改良措施,撰写并提交实验报告。

实验 3.22 草坪标准垂直变形测定

3.22.1 实验目的

标准垂直变形(standard vertical deformation)是指当垂直向下的外力作用于草坪后,草坪垂直方向的变形程度。变形过大不稳定,会缩短运动员的步幅造成速度下降;草坪过硬不变形,运动员会感觉不适。FIFA 推荐的天然/人造草坪垂直变形的合格范围为 4~9 mm。

3.22.2 实验原理

将带弹簧的落锤从空中落到测试坪面上,并记录落锤从释放瞬间到作用于测试坪面的加速度峰值。通过计算落锤作用于测试坪面之前和之后的位移深度得到测试坪面的垂直变形。此方法既适用于天然草坪也适用于人造草坪。

3.22.3 实验材料与器具

同"草坪吸震性能测定的 3.21.3"。

3.22.4 实验步骤

(1)实验前仪器设备的校验
参见"草坪吸震性能测定的 3.21.4"。

(2) 场地气候环境条件测定

测量场地的温湿度，风速等，记录天气状况。

(3) 场地测定代表性测定位点的选择

参见"草坪吸震性能测定的 3.21.4"。

(4) 测定步骤

参见"草坪吸震性能测定的 3.21.4"。

(5) 实验室测定

参见"草坪吸震性能测定的 3.21.4"。

(6) 结果计算

FIFA 规定草坪的垂直变形以一定质量带弹簧的落锤从释放前到释放后对草坪试样冲击后，进入测试草坪的位移深度表示。落锤位移 D_{mass} 是通过在 $T_1 \sim T_2$ 时间间隔上的瞬时最大速度 $V(t)$ 积分可得，即为草坪测试样的垂直变形值(图 3-13)。

垂直变形值计算公式：

$$VD = D_{mass} - D_{spring} \quad (3\text{-}14)$$

$$D_{mass} = \iint_{T_1}^{T_2} gG dt \ (T_1 \text{ 时}, D_{mass} \text{ 为 0 mm}) \quad (3\text{-}15)$$

$$D_{spring} = \frac{mgG_{max}}{C_{spring}} \quad (3\text{-}16)$$

式中　VD——垂直变形值(mm)；

　　　D_{mass}——落锤位移值(mm)；

　　　D_{spring}——弹簧位移值(mm)；

$$F_{max} = mgG_{max} + mg \quad (3\text{-}17)$$

式中　F_{max}——冲击时的最大峰值(N)；

　　　m——落锤总质量(包括弹簧、基板和加速计)(kg)；

　　　G_{max}——冲击时的加速度峰值(g)；

　　　g——重力加速度($9.81\ m/s^2$)；

　　　C_{spring}——弹簧常数(校准证书给定值)。

垂直变形值的结果精确到 0.5 mm。

3.22.5　实验的相关记录与参考表格

首先通过仪器设备的校验，确定提升高度(表 3-35)。场地测定时，记录每个位点(15~19 个)3 次冲击力数值，计算每个位点第 2 和第 3 次冲击的平均值。实验室测定，在 23 ℃±2 ℃、-5 ℃、50 ℃条件下以及用 Lisport XL 模拟机械磨损后的条件下，记录 3~5 个位点 3 次冲击的数值，除-5 ℃计算 3 个位点初次冲击时的平均值，其余均计算 3 个位点第 2 和第 3 次冲击的平均值(表 3-36、表 3-37)。分别计算坪面的最大冲击峰值 F_{max}，落锤位移值 D_{mass} (mm)，弹簧位移值 D_{spring} (mm)，最终计算垂直变形 VD (mm)。

表 3-35　测定前仪器设备校验数据记录表

	测定次数	加速度峰值	速度	速度均值	位移均值
仪器检测（混凝土地板）	1	√	加速度值积分可得	均值应在 1.02~1.04 m/s 之间	加速度值二重积分可得（提升高度）
	2	√			
	3	√			

表 3-36　实验室测定草坪标准垂直变形数据记录表

样品编号：　　　　　　　　　　测定时间：　　　　　　　　　　测定人：

	位点	冲击次数 1	冲击次数 2	冲击次数 3	加速度峰值 G_{max}(g)	最大冲击峰值 F_{max}(N)	落锤位移值 D_{mass}(mm)	弹簧位移值 D_{spring}(mm)	垂直变形 VD (mm)
23 ℃±2 ℃ 条件下	位点 1		√	√					
	位点 2		√	√					
	位点 3		√	√					
	3 个位点第 2 和第 3 次冲击的平均值								
-5 ℃ 条件下	位点 1	√							
	位点 2	√							
	位点 3	√							
	3 个位点初次冲击时的平均值								
50 ℃ 条件下	位点 1		√	√					
	位点 2		√	√					
	位点 3		√	√					
	3 个位点第 2 和第 3 次冲击的平均值								
模拟机械磨损后的条件下	位点 1		√	√					
	位点 2		√	√					
	位点 3		√	√					
	位点 4		√	√					
	位点 5		√	√					
	5 个位点第 2 和第 3 次冲击的平均值								

表 3-37 场地测定草坪标准垂直变形数据记录表

场地名称					球场类型			
场地地址								
建植草种				天气情况			测定人	
位点	冲击次数			加速度峰值 G_{max} 均值(g)	最大冲击峰值 F_{max} (N)	落锤位移值 D_{mass} (mm)	弹簧位移值 D_{spring} (mm)	垂直变形 VD (mm)
	1	2	3					
1								
2								
3								
4								
5								
6								
7								
8								
9								
10								
11								
12								
13								
14								
15								
16								
				第 2 和第 3 次冲击时的平均值				
备注								

3.22.6 实验作业

分组实验，将实验测量数据与计算结果填于表 3-35 至表 3-37 中，通过计算结果进行分析，评价草坪的质量，如果草坪质量不理想，应提出草坪质量改良措施，撰写并提交实验报告。

实验 3.23 草坪转动阻力测定

3.23.1 实验目的

运动员在草坪上运动或转动时，草坪的抓附能力称为转动阻力(rotational resistance)，也称为阻碍相对运动的摩擦力。FIFA 推荐天然/人造草坪合格的转动阻力值为 25~50 Nm。通过了解草坪转动阻力的原理，掌握草坪转动阻力测定的基本方法，为草坪质量评价提供技术支撑。

3.23.2 实验原理

测定与表面接触的受载测试脚旋转所需的扭矩,并计算旋转阻力。实验室测试是为了评估使用过程中这一性能对表面机械磨损的影响。具体原理如图 3-15 所示。此方法既适用于天然草坪也适用于人造草坪。

3.23.3 实验材料与器具

(1) 实验材料

运动场草坪(场地测定),最小 1 m×1 m 送样样品(实验室测定)。

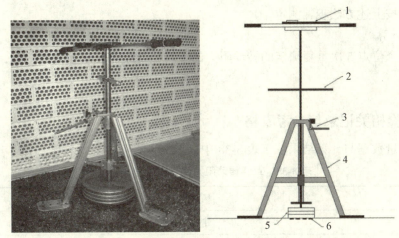

图 3-15 转动阻力测定装置与带鞋钉底盘的构造(引自 FIFA, 2006)
1. 扭力扳手 2. 升降柄 3. 释放装置 4. 三角支架 5. 落锤 6. 带鞋钉的测试脚

(2) 实验器具

①转动阻力测试仪的主要构成如图 3-15 所示。包括:一个测试脚,底部是一个直径为 150 mm±2 mm 的金属底盘,6 个鞋钉平均位于底盘底部,每个距底盘中心 46 mm ±1 mm。一个带有提升柄的导杆连接带鞋钉底盘的中心。导杆的顶部是一个带两个把手的扭力扳手,刻度为 0~60 Nm,最大增量为 2 Nm。一组环形的落锤位于带鞋钉底盘的上部中央位置,并能自由旋转。带鞋钉的测试脚、落锤和导杆的总质量为 46 kg±2 kg。三脚支架和导杆是为减少测试脚在测试过程中的侧向移动。三脚支架不应限制导杆的自由旋转,而导杆则是引导将加了落锤的测试脚从 60 mm±5 mm 的高度落到测试坪面上。

②风速仪(精度为 0.1 m/s,仅室外场地实测)。

③空气温湿度表。

3.23.4 实验步骤

(1) 场地气候环境条件测定

测量场地的温湿度,风速等,记录天气状况。场地温度要求在 −5 ℃ ~ 50 ℃。

(2)场地代表性测定位点的选择

根据运动场类型,选择代表性的样点。如图 3-8、图 3-9 所示。

(3)测定步骤

①在进行每次测定前,确保清除底盘和测试脚上的填充物/碎屑、正确组装仪器以确保测试脚能够自由运动。把装置稳定放置在测定位点上。

②移开扭力扳手,将加了落锤的测试脚从 60 mm±5 mm 的高度自由降落到坪面。

③再装上扭力扳手。不要对扭矩扳手施加任何垂直压力,使扭力扳手的指示针归零。

④对扭矩扳手施加最小转动扭矩,以 12 转/min 的额定转速平稳地转动扳手和测试脚,直到测试脚开始转动,并至少旋转 45°。记录显示在扭力扳手上的最大值,精确到 Nm。

⑤每个测定位点,测定 5 次,每次间距至少 100 mm(两次位置的测试脚外缘之间)。所有测定位点均按上述方法步骤测定。

(4)结果计算

计算每一个位点 5 次重复测定的转动阻力的平均值。结果精确至 0.01 Nm,测量不确定度为±2 Nm。

3.23.5 实验相关记录与参考表格

将实验测量数据与计算结果填于表 3-38 中。

表 3-38 草坪转动阻力测定时的数据记录

场地名称:						
场地环境条件:			建植草坪草种:			
测定时间:			测定人:			
测定位点	转动阻力(Nm) 测定次数					均值
	1	2	3	4	5	
1						
2						
3						
4						
5						
6						
...						
备注						

3.23.6 实验作业

分组实验,通过计算结果进行分析,评价草坪的质量,如果草坪质量不理想,应提出草坪质量改良措施,撰写并提交实验报告。

实验 3.24　草坪线性摩擦滑动值与减速值测定

3.24.1　实验目的

运动员在赛场需要迅速起动并加速,当草坪的抓附力不够时,运动员会失去平衡而滑倒;而如果草坪的抓附力太大,运动员在急停时则会造成扭伤,因此草坪草良好的抓附力是保证运动员安全运动的基础,这种性能称为抗滑性,体现了运动员脚底与草坪表面的摩擦性能,用线性滑动摩擦值(linear friction stud slide value)和减速值(deceleration value)表示。良好的天然草坪滑动摩擦值的合格范围为 120~220 g,减速值的合格范围为 3.0~6.0 g。通过实验,学生了解草坪线性摩擦滑动值与减速值测定原理,掌握其测定方法,为草坪质量评价提供技术支撑。

3.24.2　实验原理

用带鞋钉的测试脚连接摆臂以半圆运动撞击被检测表面。测试脚与检测表面相互作用(摩擦)后使摆臂摆动到峰值后减速。此方法既适用于天然草坪也适用于人造草坪。

3.24.3　实验材料与器具

(1)实验材料

运动场草坪(场地测定)或最小为 1 m×1 m 的草皮送样样品(实验室测定)。

(2)实验器具

①改良的线性摩擦滑动值的测定装置的主要部件构成如图 3-16 所示　在施压时,施加于测试脚前 10 mm 的压力应为 32 N±2 N。测试脚的长度为 114 mm±2 mm,摆臂长 525 mm±2 mm(鞋钉托的轴向)(图 3-17)。摆臂上弹簧的 K 值须为 2.0 N/mm±0.2 N/mm。无鞋钉的测试脚的质量为 210 g±10 g,摆臂和测试脚的总质量为 2000 g±50 g,摆臂(包括测试脚)重心距振荡中心的距离为 410 mm±10 mm。重心须位于摆臂的轴上。

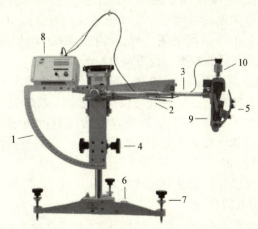

图 3-16　线性滑动摩擦测定装置(引自 FIFA,2012)

1. 改进的刻度　2. 指针　3. 摆臂　4. 垂直调节螺钉　5. 钉鞋侧面　6. 水平气泡
7. 调平螺钉　8. 记录减速的电子原件　9. 测试脚　10. 加速度计

②改进的刻度还可反映 TRRL 刻度　TRRL 刻度上的 150 相当于修正刻度上的 250(图 3-18)。加速度传感器的测试范围是 0~50 g，是能够测定摆臂减速度的记录装置(也是在静态状态下)，可精确到±1%。传感器应安装在测试脚后端平衡器的中心位置。

③风速仪(精度为 0.1 m/s，仅室外场地实测)。

④空气温湿度表。

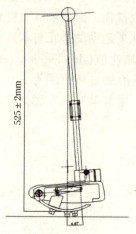

图 3-17　摆臂和归位零点的测试脚(引自 FIFA，2012)　　图 3-18　改进的刻度盘(引自 FIFA，2012)

3.24.4　实验步骤

(1)测定前仪器设备的校准

①将仪器放置在坚硬的表面上，调整调平螺钉使装置处于水平位置，调整垂直调整螺钉提高摆臂的轴线，使摆臂能自由摆动。归零时通过调整测试脚的位置，使中间的鞋钉水平地放置在坚硬的表面上(图 3-19)，并将此点设置为 A 位置。调整加速度传感器，使钟摆处于水平时其读数为零。此时测试脚应与仪器平行。使摆臂处于 A 位置，调整改进的刻度盘的指针使其指向 250 的位置。调整指针机械装置中的摩擦片，以便当摆臂从水平位置释放时，刚好在 TRRL 刻度的零位置处可以停止。在坚硬的表面上将摆臂置于 A 位置，这样在没有任何垂直力的情况下它可以准确地接触地表。在 A 位置将摆臂降低 10 mm。确保每次测量其设置都是相同的，或使用一个 10 mm 的间隔，标记鞋托与测试脚的相对位置。

②在 23 ℃±2 ℃条件下摆臂的校准　校准应在一台可拉伸的试验装置上进行，精度须为 0.5N。对摆臂进行校准时，其速度应为 30 mm/min，预负荷 2.5 N。在可拉伸的试验装置上，给摆臂安装一个柔性适配器，这样摆臂可以自由运动。将带钉的鞋廓置于中心点上。中心应位于两个中间鞋钉之间，且垂直于拉伸装置的传感器的位置(图 3-19)。测试脚前 10 mm 施加的压力应为 32 N±2 N。如果压力不在此范围内，应调整弹簧张力并重复此步骤。

(2)场地气候环境条件测定

测量场地的温湿度，风速等，记录天气状况。

(3)场地代表性测定位点的选择

根据运动场类型，选择代表性的样点。如图 3-8、图 3-9 所示。

(4)测定步骤

①将带有基盘的设备放置于待测坪面上。使用调平螺钉将仪器调水平。握住臂摆，这样

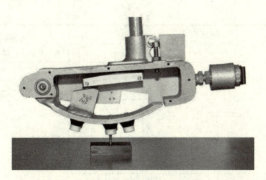

图 3-19　位于中心点的带鞋钉的测试脚鞋廓（引自 FIFA，2012）

测试脚上位置 A 的标记处与仪器框架位置 A 的标记处刚好相对。用垂直校准螺钉将摆臂的高度降低 10 mm，直到鞋廓压入地表。

②将测试脚从地表抬起，提升摆臂和指针的高度直到其与支撑装置接触为止，然后再放下摆臂。

③记录测试过程中指针最大移动时所对应的刻度值，即滑动值 SSV。记录测试期间的最大减速度。减速值 SDV 是最大减速度与撞击发生前的减速度的差值。

④在每个位点重复测量 7 次，保证仪器是移动的，保证每一个测定点不会被重复测定 2 次，且测定点距草坪测定样品边界至少 100 mm。

（5）结果计算

每一个位点在 7 次重复测定数值中，去掉最大和最小值，计算余下 5 次测定的 SSV 和 SDV 的平均值。滑动值 SSV 直接在刻度盘上读数，整位数，无单位数值。减速值 SDV 单位为 g，保留 1 位小数。

3.24.5　实验的相关记录与参考表格

将实验数据填于表 3-39 中，并记录场地天气情况。

表 3-39　场地测定草坪线性摩擦滑动值与减速值数据记录表

球场名称				场地类型				建植草种		
球场地址				风速				温度		
天气情况				测定时间				测定人		
位点		测定次数							均值（去掉最大值和最小值，5 次测定的平均值）	
		1	2	3	4	5	6	7		
1	滑动值 SSV									
	减速值 SDV（g）									
2	滑动值 SSV									
	减速值 SDV（g）									

(续)

位点		测定次数							均值(去掉最大值和最小值，5次测定的平均值)
		1	2	3	4	5	6	7	
3	滑动值 SSV								
	减速值 SDV（g）								
4	滑动值 SSV								
	减速值 SDV（g）								
5	滑动值 SSV								
	减速值 SDV（g）								
6	滑动值 SSV								
	减速值 SDV（g）								
备注：									

表 3-40　实验室测定草坪线性摩擦滑动值与减速值数据记录表

样品编号		样品大小				材料			
测定时间		测定人							
	测定次数								均值(去掉最大值和最小值，5次测定的平均值)
	1	2	3	4	5	6	7		
滑动值 SSV									
减速值 SDV(g)									
备注									

3.24.6　实验作业

分组实验，通过计算结果进行分析，评价草坪的质量，如果草坪质量不理想，应提出草坪质量改良措施，撰写并提交实验报告。

实验 3.25　草坪表面摩擦力或皮肤磨损力测定

3.25.1　实验目的

天然草坪表面与运动员的鞋底之间要有一定的摩擦力,才能防止运动员滑倒。草坪表面与运动员之间的相互摩擦性能称为表面摩擦力(skin/surface friction)或皮肤磨损力(skin abrasion),分别用表面摩擦系数或表面磨损率表示。人造草坪由于产品问题可能有摩擦烧伤的可能,因此评估草坪表面的摩擦力可减少皮肤的灼伤和磨损。人造草坪表面摩擦力理想的范围为 0.35~0.75,皮肤表面磨损率最佳为±30%。

3.25.2　实验原理

使用 Securisport 运动表面测试仪测定草坪表面摩擦力或皮肤破损力(图 3-20、图 3-21)。将安装有硅表皮的旋转测试脚以圆周运动穿过测试坪面,并计算硅表层和测试坪面之间的摩擦系数。此方法用于测定人造草坪。

3.25.3　实验材料与器具

(1)实验材料

运动场草坪(场地测定)。

(2)实验仪器

Securisport 运动表面测定仪(图 3-20),Securisport 运动表面测定仪主要包括:①测脚;②硅表面;③水准仪;④抛光钢测定板($0.2\mu m < R_a < 0.4\mu m$)。

图 3-20　Securisport 运动表面测定仪
(引自 FIFA,2006)

图 3-21　测定平台(在抛光钢测定板上测定滑动距离力,注意在测试脚上增加额外的质量)(引自 FIFA,2015)

3.25.4　实验步骤

注意:测定期间请勿触摸硅表皮。

(1)使用新的硅表皮测定新表层的表面摩擦力 $F_{新表层}$

①在水中清洗 3 个硅表皮,每个样本 15 cm×8 cm。将其置于空气中干燥 24 h。

②使用双面胶带和夹紧螺钉将测试皮肤黏贴到测试脚的光滑面上。确保硅胶光滑的一侧

图 3-22　被夹紧螺钉固定的测试脚（引自 FIFA，2015）

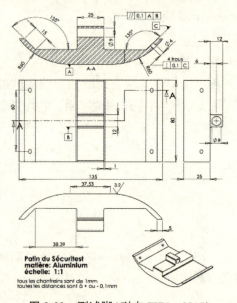

图 3-23　测试脚（引自 FIFA，2015）

是试验面，有槽的一侧黏贴在测试脚上（图 3-22、图 3-23）。

③用丙酮清洗抛光钢测定板，并蒸发至少 5 min。

④将带硅表皮的测试脚置于洁净的金属测定板上，并将拉丝绳连接到测试脚的夹紧螺钉上，添加额外质量使其总质量达到 1700 g±50 g。确保测试脚在测试板上保持稳定（图 3-21）。

⑤测定将带硅表皮的测试脚沿金属板以 500 mm/min±10 mm/min 的速度滑动 100 mm 所需要的力，即为新表层的表面摩擦力 $F_{新表层}$。重复测定至少 10 次。确定在 40 mm 和 80 mm 滑动距离上的平均力。确保标准偏差小于 0.3，平均力为 6 N±1.5 N。

⑥在另外 2 个硅表皮上重复以上试验。在室温 23 ℃±2 ℃的试验条件下进行，在试验过程中不要触碰测试脚的硅表面。

（2）皮肤摩擦系数（草坪表面摩擦力）的确定

①在室温 23 ℃±2 ℃的试验条件下进行。将待测草坪面固定在地板上，以防止草坪面在测定过程中来回移动（图 3-20）。用双面胶胶带将硅表皮黏贴在 Securisport 运动表面测定仪的测试脚上，并安装在仪器上。将测定仪置于待测草坪面之上，调整到水平。调整测试脚的位置，使其刚好位于待测草坪面的上方。

②向测试脚施加一个 100 N±10 N 的垂直力。旋转测试脚。使测试脚以 40 r/min±

1 r/min 的速度完成 5 次完全旋转，采集频率最小为 40 Hz。忽略测试脚开始旋转时出现的任何峰值，计算显示在 Securisport 测试仪上的平均摩擦系数。

③更换硅表皮（人造草皮在两次测定之间要更换所有填充物）。重复测定 3 次，计算 3 次测定的平均摩擦系数。

(3) 皮肤磨损力的确定

①小心地将测试脚从测定仪移除，不要接触测试皮肤。

②用压缩空气吹去硅表皮上的所有碎屑。

③将带硅表皮的测试脚置于洁净的金属测试板上，并将拉丝绳连接到测试脚的夹紧螺钉上，添加额外质量使其总质量达到 1700 g±50 g。确保测试脚在测试板上保持稳定（图3-21）。

④测定将带硅表皮的测试脚沿金属板以 500 mm/min±10 mm/min 的速度滑动 100 mm 所需要的力，即为磨损表层的表面摩擦力 $F_{磨损表层}$。重复测定至少 10 次。

⑤在另外 2 个硅表皮上重复以上试验。在室温 23 ℃±2 ℃ 的试验条件下进行，在测定过程中不要触碰测试脚的硅表面。

对于每次测定，测定将带硅表皮的测试脚沿金属板滑动 40 mm 和 80 mm 所需的平均力和标准差，确保标准差小于 0.3，平均力为 6 N±1.5 N。如果超出这个范围，则数据无法采纳。

(4) 计算结果

并按下列公式计算草坪表面磨损率，将结果精确至 1%。

$$草坪表面磨损率(\%) = (F_{新表层} - F_{磨损表层})/F_{新表层} \times 100 \qquad (3\text{-}18)$$

式中　$F_{新表层}$——摩擦系数测定前从第 2 次到第 4 次测定的平均值；

$F_{磨损表层}$——摩擦系数测定后从第 2 次到第 4 次测定的平均值。

3.25.5　实验相关记录与参考表格

在实验室条件下，将试验数据填于表 3-41 中。

表 3-41　草坪表面摩擦力或皮肤磨损力测定数据记录表

测定指标	硅表皮	测定次数										
		1	2	3	4	5	6	7	8	9	10	
$F_{新表层}$	硅表皮 1 号		√	√	√							3 个硅表皮第 2~4 次测定的平均值
	硅表皮 2 号		√	√	√							
	硅表皮 3 号		√	√	√							
摩擦系数（草坪表面摩擦力）测定	硅表皮 1 号	√	—	—	—	—	—	—	—	—	—	3 个硅表皮测定的平均摩擦系数
	硅表皮 2 号	√	—	—	—	—	—	—	—	—	—	
	硅表皮 3 号	√	—	—	—	—	—	—	—	—	—	
$F_{磨损表层}$	硅表皮 1 号		√	√	√							3 个硅表皮第 2~4 次测定的平均值
	硅表皮 2 号		√	√	√							
	硅表皮 3 号		√	√	√							

(续)

测定指标		硅表皮	测定次数										
			1	2	3	4	5	6	7	8	9	10	
草坪表面磨损率（%）	1 2 3												3次平均值
备注：草坪表面磨损率(%)=($F_{新表层}-F_{磨损表层}$)/$F_{新表层}$×100													

实验 3.26 草坪质量的综合评价

3.26.1 实验目的

草坪具有不同的利用目的，对应其质量评价就侧重有不同的评价指标，品种的比较试验通常采用外观质量评价，运动场草坪一般更侧重于使用质量的评价，如草坪弹性、球滚动距离等，而观赏草则注重草坪草本身叶片、株型的特点，评价指标有质地、色泽、抗逆性等。但有的功能不是简单的几个指标就能体现出来的，是一个综合表现，所确定的指标既要符合总体目标，也要与实用功能相结合。通过本实验了解和掌握草坪质量的综合评价原理及方法，为综合评价草坪质量提供技术支撑。

对草坪质量内涵的理解直接影响到质量评价的内容、方法和评价结果。草坪质量评价的数量化方法以及采用统计学和数学方法消除人为因素的影响是草坪质量评价研究的发展方向。与此同时，还应注意到目的与结果的统一性。草坪使用质量的评价结果应当与运动员的感受相符合。此外测定方法的标准化是比较测定结果的基础。

3.26.2 实验原理

质是一事物区别于他事物的一种内部规律性，由事物内部的特殊矛盾规定。量是事物存在的规模和发展的程度，是一种可以用数量来表示的规定性。事物的质以一定的量为存在的条件，事物的量又受到质的制约。质量是事物内部特性与外部表现的统一体，是事物优劣程度的综合体现。草坪质量同样由其内在特性和外部特征所组成，目前草坪质量评价的数理统计方法主要有模糊数学隶属函数法和灰关联度法，采用统计学和数学方法消除了人为因素的影响。

3.26.2.1 模糊数学隶属函数法

在模糊数学中，一个评价因素指标实测值属于某一级别的程度称为隶属度，取值范围[0，1]，越接近于1，隶属于这一级别的程度越大。每一个评价因素指标的实测值，对应一个隶属度，这种对应关系称为隶属函数。如果测定指标与评价特性呈正相关时，隶属函数值的计算公式为：

$$U(x_{ij}) = \begin{cases} 0 & x_{ij} \leqslant x_{j\min} \\ (x_{ij}-x_{j\min})/(x_{j\max}-x_{j\min}) & x_{j\min} < x_{ij} < x_{j\max} \\ 1 & x_{ij} \geqslant x_{j\max} \end{cases} \quad (3\text{-}19)$$

如果待测指标与评价特性呈负相关时，则运用反隶属函数值计算公式：

$$U(x_{ij}) = \begin{cases} 1 & x_{ij} \leqslant x_{j\min} \\ 1-(x_{ij}-x_{j\min})/(x_{j\max}-x_{j\min}) & x_{j\min} < x_{ij} < x_{j\max} \\ 0 & x_{ij} \geqslant x_{j\max} \end{cases} \quad (3\text{-}20)$$

式中　$U(x_{ij})$——i 物种 j 指标的隶属函数值；

x_{ij}——i 物种 j 指标的测定值；

$x_{j\max}$ 和 $x_{j\min}$ 的值多根据实测值和经验值进行确定，可以为所有物种 j 指标评语集划分中的上限和下限，也可以是所有物种 j 指标的最大值和最小值。

【例题 1】供试草种为 2 个高羊茅（*Festuca arundinacea*）品种、2 个多年生黑麦草（*Lolium perenne*）品种、2 个草地早熟禾（*Poa pratensis*）品种，共 6 个草坪草品种。其密度、质地、颜色、盖度和均一性等各项指标的测定结果见表 3-42，试从这 5 个评价指标对其观赏性进行评价。

表 3-42　6 个草坪草品种的观赏性测定结果（引自赵有益等，2006）

品　种	x_1 密度（枝/cm²）	x_2 质地（mm）	x_3 颜色（mg/dm²）	x_4 盖度（%）	x_5 均一性（%）
Milennium 高羊茅	3	4.327	4.34	92.84	90.26
Vegas 高羊茅	2.08	5.155	2.71	100	96.72
Sonata 多年生黑麦草	4.85	1.925	5.44	81.96	92.99
Linn 多年生黑麦草	3.56	2.292	5.12	80.42	83.84
Abbey 草地早熟禾	2.6	2.824	4.51	83.33	85.93
Cache 草地早熟禾	4.31	2.394	4.71	93.67	93.94

根据式（3-18）、式（3-19），可得各指标的线性隶属函数（表 3-43）。将表 3-42 中测定的指标数据用其对应的隶属函数进行模糊化计算，得到其模糊关系矩阵。在各评价指标同等重要的情况下，采取等权关联度法，用 6 个草坪草品种各项指标隶属值的平均值作为观赏性的综合鉴定标准进行比较，可得 6 个草坪草品种的质量综合评价值由大到小的顺序依次是：Cache 草地早熟禾 > Sonata 多年生黑麦草 > Milennium 高羊茅 > Linn 多年生黑麦草 > Abbey 草地早熟禾 > Vegas 高羊茅（表 3-44）。

表 3-43　各评价指标的线性隶属函数（引自赵有益等，2006）

评价值	x_1 密度	x_2 质地	x_3 颜色	x_4 盖度	x_5 均一性
1	$x \geqslant 4$	$x \leqslant 2$	$x \geqslant 5.5$	$x \geqslant 95$	$x \geqslant 90$
[0, 1]	$\dfrac{x-1}{3}$	$\dfrac{5-x}{3}$	$\dfrac{2x-6}{5}$	$\dfrac{x-80}{15}$	$\dfrac{x-80}{10}$
0	$x \leqslant 1$	$x \geqslant 5$	$x \leqslant 3$	$x \leqslant 80$	$x \leqslant 80$

表 3-44 6 个草坪草品种观赏性的综合评定

品　种	密度	质地	颜色	盖度	均一性	平均隶属函数值	排名
Milennium 高羊茅	0.667	0.224	0.536	0.856	1.000	0.657	3
Vegas 高羊茅	0.360	0.000	0.000	1.000	1.000	0.472	6
Sonata 多年生黑麦草	1.000	1.000	0.976	0.131	1.000	0.821	2
Linn 多年生黑麦草	0.853	0.903	0.848	0.028	0.384	0.603	4
Abbey 草地早熟禾	0.533	0.725	0.604	0.222	0.593	0.536	5
Cache 草地早熟禾	1.000	0.869	0.684	0.911	1.000	0.893	1

3.26.2.2 灰关联度法

灰色关联度是根据因素之间的发展态势的相似或相异程度，来衡量因素之间的关联程度的一种系统的分析方法(杨霏云等，2017)。关联度的大小是因子之间的相互作用，关联度越大则相似程度越高(张鹤山等，2007)。而关联度的排序体现了众多因子对参考因子的相对影响程度。灰关联度法的计算步骤如下：

第一步：构造参考数列，设有 m 个评价指标，n 个评价对象，构造初始矩阵，并对所有参数进行无量纲化处理。

$$X = \begin{pmatrix} x_{11} & x_{12} & \cdots & x_{1m} \\ x_{21} & x_{22} & \cdots & x_{2m} \\ \vdots & \vdots & \vdots & \vdots \\ x_{n1} & x_{n2} & \cdots & x_{nm} \end{pmatrix}$$

无量纲化处理的方法很多，例如：①阈值法：从每个评价指标中挑选一个最大值作为分母，将原始数列的数值压缩到[0，1]区间；或同模糊数学隶属函数法无量纲化的处理方法相似，如果测定指标同评价特性呈正相关，即为效益型指标时：$X_{ij} = (X_{ij} - X_{j\min})/(X_{j\max} - X_{j\min})$；反之，如果测定指标同评价特性呈负相关，即为成本型指标时：$X_{ij} = (X_{j\max} - X_{ij})/(X_{j\max} - X_{j\min})$。②标准化法：$X_{ij} = \dfrac{(X_{ij} - \bar{X})}{S}$，其中 $\bar{X}$ 和 S 分别为评价指标 X_i 的平均值和标准差。

第二步：将参考数列与几个待测指标看作一个灰色系统。可以令参考数列 $X_0 = (1, 1, 1, \cdots, 1)$。

第三步：计算第 i 物种第 j 个指标与参考数列相比较的关联系数

$$\varepsilon_{ij}(k) = \frac{\min\limits_{i}\min\limits_{k}\Delta i(k) + \rho \cdot \max\limits_{i}\max\limits_{k}\Delta i(k)}{\Delta i(k) + \rho \cdot \max\limits_{i}\max\limits_{k}\Delta i(k)}$$

$\varepsilon_{ij}(k)$ 为比较数列 X_i 与参考数列 X_0 第 k 个待测指标的关联系数。$\Delta i(k) = |X_i(k) - X_0(k)|$ 为比较数列 X_i 与参考数列 X_0 第 k 个待测指标的绝对差值。$\max\limits_{i}\max\limits_{k}\Delta i(k)$ 为绝对差值的最大值，$\min\limits_{i}\min\limits_{k}\Delta i(k)$ 为绝对差值的最小值。ρ 为分辨系数，取值范围为[0，1]，一般取值 0.5。

第四步：等权关联度的计算

每个物种的等权关联度：

$$r_i = \frac{1}{N}\sum_{i=1}^{n}\varepsilon_{ij} \quad (j = 1, 2, \cdots, m)$$

【例题 2】 依旧以例题 1 的表 3-42 为例，试对 6 个草坪草品种的密度、质地、颜色、盖度和均一性指标进行灰色关联度分析。

①采取同模糊数学隶属函数法相似的方法对所有参数进行无量纲化处理，并选择参考数列 $X_0 = (1, 1, 1, 1, 1)$（表 3-45）。密度、颜色、盖度和均一性为效益型指标，值越大越好；而质地为成本型指标，值越小越好。

②根据式(3-20)计算各指标与参考数列的关联系数，各草种所有评价指标关联系数的均值即为其等权关联度（表 3-46）。可见 6 个草坪草品种的质量综合评价值通过灰关联度法比较，由大到小的顺序依次是：Sonata 多年生黑麦草＞Cache 草地早熟禾＞Milennium 高羊茅＞Linn 多年生黑麦草＞Vegas 高羊茅＞Abbey 草地早熟禾（表 3-46）。

表 3-45　选择参考数列建立灰色系统

品　种	密度	质地	颜色	盖度	均一性
X_0	1.000	1.000	1.000	1.000	1.000
Milennium 高羊茅	0.667	0.224	0.536	0.856	1.000
Vegas 高羊茅	0.360	0.000	0.000	1.000	1.000
Sonata 多年生黑麦草	1.000	1.000	0.976	0.131	1.000
Linn 多年生黑麦草	0.853	0.903	0.848	0.028	0.384
Abbey 草地早熟禾	0.533	0.725	0.604	0.222	0.593
Cache 草地早熟禾	1.000	0.869	0.684	0.911	1.000

表 3-46　评价指标的灰色关联系数、等权关联度及排序

品　种	密度	质地	颜色	盖度	均一性	均值	排名
Milennium 高羊茅	0.600	0.392	0.519	0.776	1.000	0.657	3
Vegas 高羊茅	0.439	0.333	0.333	1.000	1.000	0.621	5
Sonata 多年生黑麦草	1.000	1.000	0.954	0.365	1.000	0.864	1
Linn 多年生黑麦草	0.773	0.837	0.767	0.340	0.448	0.633	4
Abbey 草地早熟禾	0.517	0.645	0.558	0.391	0.551	0.533	6
Cache 草地早熟禾	1.000	0.792	0.613	0.849	1.000	0.851	2

3.26.3　权重值的赋值方法

在综合评价过程中，传统的等权关联度法缺乏科学性，而通过权重分配，可依据草坪不同的利用目的对各评价指标赋予不同的权重值。如观赏草坪的密度、质地、色泽等；运动场草坪的强度、弹性/反弹性和光滑程度等，给予不同的权重分配，可大大提高评价的科学性，实现评价由定性向定量转化。权重值 $W = (w_1, w_2, \cdots, w_n)$。其中 $w_1, w_2, \cdots$ 分别为 $a_1, a_2,$

…各指标因子的权重分配值。一般同一水平的权重之和为 1，$\sum_{i=1}^{n} W(a_i) = 1$。

权重系数的赋值可分为主观赋权法和客观赋权法。草坪研究者曾分别对观赏草坪、游憩草坪、运动场草坪和水土保持草坪的常见坪用指标进行主观赋权，并量化了坪用性状的评级标准。主观赋权法虽然反映了决策者的主观判断或经验，实施过程也相对简单，但主观随意性较大，也易受决策者知识局限的影响。针对主观赋权随意性较大的问题，科学家们提出了主客观集成的方法。借鉴灰色关联度的思想求解指标权重，结合 AHP 层次分析法。但后来发现在灰关联模型中，分辨系数对的取值也有一定的主观性，因此，科学家们又提出了一种基于灰色关联度求解指标权重的改进方法，即以最大专家经验值为参考序列，进行归一化处理的方法。目前常用的还有客观赋权法，建立相关系数矩阵，通过主成分分析法测算每个指标在所有指标中的重要程度。虽然客观赋权法基于完善的数学理论，但忽略了决策者的主观信息，会造成一定程度的信息损失。下面我们将对这 3 种方法分别进行举例解释。

3.26.3.1　借鉴灰色关联度的思想求解指标权重

聘请数个专家对各指标进行权重的经验判断，借鉴灰关联度的思想求解权重的计算步骤如下：

①设有 n 个评价指标，有 m 个专家同时对各指标的权重进行经验判断，可得矩阵

$$X = \begin{pmatrix} x_{11} & x_{12} & \cdots & x_{1m} \\ x_{21} & x_{22} & \cdots & x_{2m} \\ \vdots & \vdots & \vdots & \vdots \\ x_{n1} & x_{n2} & \cdots & x_{nm} \end{pmatrix}$$

②从 X 中挑选最大权重作为参考数列 X_0，求比较数列 X_i 与参考数列之间的距离

$$D_{0i} = \sum_{i=1}^{m} (X_0 - X_i)^2 \tag{3-21}$$

③求各指标的权重

$$W_i = \frac{1}{1 + D_{0i}} \tag{3-22}$$

④求各指标的归一化权重

$$W_i^* = \frac{W_i}{\sum_{i=1}^{n} W_i} \tag{3-23}$$

【例题 3】如请 10 位有经验的草坪专家从 4 个方面对草坪质量进行评价，评价指标分别为密度 X_1、质地 X_2、叶色 X_3 和均一性 X_4（表 3-47）。试计算各评价指标的归一化权重。

首先构建判断矩阵，并将判断值代入式（3-22）可得比较数列 X_1、X_2、X_3 和 X_4 与参考数列 X_0 的距离，而后根据式（3-23）和式（3-24）可分别计算各评价指标的权重和归一化权重（表 3-47）。可见密度、质地、叶色和均一性的归一化权重分别为（0.293，0.294，0.200，0.213）。

表 3-47 各草坪坪用性状指标权重的经验判断值

	专家										比较数列与参考数列的距离	各指标的权重	各指标的归一化权重
	1	2	3	4	5	6	7	8	9	10			
参考数列 X_0	0.6	0.6	0.6	0.6	0.6	0.6	0.6	0.6	0.6	0.6			
密度 X_1	0.4	0.2	0.4	0.2	0.6	0.2	0.3	0.1	0.6	0.3	0.990	0.503	0.293
质地 X_2	0.3	0.3	0.4	0.3	0.2	0.5	0.2	0.3	0.2	0.3	0.980	0.505	0.294
叶色 X_3	0.2	0.3	0.1	0.1	0.1	0.1	0.1	0.2	0.1	0.1	1.910	0.344	0.200
均一性 X_4	0.1	0.2	0.1	0.4	0.1	0.1	0.4	0.3	0.1	0.2	1.740	0.365	0.213

3.26.3.2 AHP 层次分析法

层次分析法(analytical hierarchy process)是结合定性与定量的决策分析方法，将人的主观判断用数量形式表达和处理的方法，可减少指标权重分配的主观性。首先分析问题中所包含的各种因素及因素之间的关系。将这些因素归类到模型各级不同的层次中。在各个层次中按规定准则对该层要素进行逐个比较，建立判断矩阵。例如，在中国足球场场地的质量评价体系中(A)，划分了 4 类，草坪草质量(B_1)、坪床质量(B_2)、外观质量(B_3)和运动质量(B_4)。4 类中又包含了 24 个评价指标(C)(图 3-24)。在这个层次分析系统中，共包含 3 层，目标层(A)，制约层(B)和因素层(C)。AHP 层次分析法的计算步骤如下：

①首先把同一层的各项元素，在矩阵中两两比较，并根据表 3-48，将其对应的重要性用数值量化，形成判断矩阵 A-B，B_1-C，B_2-C 和 B_3-C。

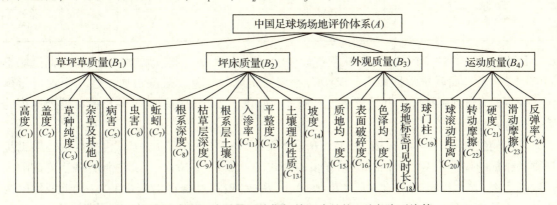

图 3-24 中国足球场场地质量评价指标的层次结构(引自陈雨峰等，2017)

表 3-48 评价因子评分标准

标度	定义
1	评价因子 i 与评价因子 j 重要性相同
3	评价因子 i 的重要性比评价因子 j 稍强
5	评价因子 i 的重要性比评价因子 j 强
7	评价因子 i 的重要性比评价因子 j 明显强
9	评价因子 i 的重要性比评价因子 j 绝对强
2, 4, 6, 8	上述相邻判断之间的中间值
倒数	评价因子 j 与评价因子 i 的影响之比 $a_{ji} = \dfrac{1}{a_{ij}}$

②然后计算每层的权重值，权重值的计算步骤为将矩阵的各行相乘后，对乘积开 n（矩阵的阶数）次方；对方根向量进行归一化处理，得排序权重值 W_i。

③判断矩阵是否合理，还需计算最大特征根，进行一致性检验；否则需修正判断矩阵 A，直到矩阵的一致性结果令人满意。最大特征根的计算公式为：

$$\lambda_{\max} = \frac{1}{n}\sum_{i=1}^{n}\left[\frac{(AW)_i}{W_i}\right] \quad (3\text{-}24)$$

随机一致性比例：

$$CR = \frac{CI}{RI} \quad (3\text{-}25)$$

其中一致性指标：

$$CI = \frac{\lambda_{\max} - n}{n - 1} \quad (3\text{-}26)$$

RI 为随机一致性指标，其取值与矩阵的阶数有很大关系，具体见表3-49所列。当 $CR<0.1$，表示矩阵 A 具有令人满意的一致性。

上述矩阵归一化权重值的计算和随机一致性比例的计算可以通过 Yaahp（yet another AHP）软件完成。

表3-49 平均随机一致性指标（引自常建娥等，2007）

阶数	1	2	3	4	5	6	7	8	9
RI	0.00	0.00	0.58	0.90	1.12	1.24	1.32	1.41	1.45

【例题4】对草坪的评价（A）可从观赏性（B_1）、生态性（B_2）和应用性（B_3）3个方面选取不同的因素进行。而就观赏性而言，又包含密度、质地、颜色、盖度、均一性几个评价指标（C）……试构建判断矩阵，并计算密度、质地、颜色、盖度和均一性等各指标在整个草坪的综合指标评价中的权重值。

首先构造判断矩阵 A-B（表3-50），B_1-C（表3-51），B_2-C 和 B_3-C。再根据上述第二步计算各指标的权重值 W。最后根据第三步的公式（3-25）、（3-26）、（3-27）计算各矩阵的随机一致性比例 CR 值，可见 A-B 矩阵 $CR=0<0.1$；B_1-C 矩阵 $CR=0.074<0.1$；…因此我们所构造的矩阵 A-B、B_1-C、…可以通过一致性检验是合理的。矩阵 A-B 的权重值 $W_{A\text{-}B}=(0.429, 0.429, 0.143)$；矩阵 B_1-C 的权重值 $W_{B_1\text{-}C}=(0.432, 0.227, 0.235, 0.068, 0.038)$作为草坪评价指标的权重是可以接受的。

表3-50 判断矩阵 A-B 及归一化权重值的计算

A	B_1	B_2	B_3	各指标的乘积之和	乘积开 n 次方	归一化处理的权重值 W
观赏性 B_1	1	1	3	3	1.442	0.429
生态性 B_2	1	1	3	3	1.442	0.429
应用性 B_3	1/3	1/3	1	1/9	0.481	0.143

$$AW = \begin{bmatrix} 1 & 1 & 3 \\ 1 & 1 & 3 \\ 1/3 & 1/3 & 1 \end{bmatrix} \times \begin{bmatrix} 0.429 \\ 0.429 \\ 0.143 \end{bmatrix} = \begin{bmatrix} 1.286 \\ 1.286 \\ 0.429 \end{bmatrix}$$

$$\lambda_{max} = \frac{1}{n}\sum_{i=1}^{n}\left(\frac{(AW)_i}{W_i}\right) = 9 \div 3 = 3$$

$$CR = \frac{CI}{RI} = \frac{\lambda_{max} - n}{(n-1) \times RI} = \frac{3-3}{2 \times 0.58} = 0 < 0.1$$

表 3-51　判断矩阵 B_1-C 及归一化权重值的计算

观赏性 B_1	C_1	C_2	C_3	C_4	C_5	各指标的乘积	乘积开 n 次方	归一化处理的权重值 W
密度 C_1	1	3	3	4	7	252	3.022	0.432
质地 C_2	1/3	1	1	5	6	10	1.585	0.227
颜色 C_3	1/3	1	1	6	6	12	1.644	0.235
盖度 C_4	1/4	1/5	1/6	1	3	0.025	0.478	0.068
均一性 C_5	1/7	1/6	1/6	1/3	1	0.001	0.266	0.038

$$AW = \begin{bmatrix} 1 & 3 & 3 & 4 & 7 \\ 1/3 & 1 & 1 & 5 & 6 \\ 1/3 & 1 & 1 & 6 & 6 \\ 1/4 & 1/5 & 1/6 & 1 & 3 \\ 1/7 & 1/6 & 1/6 & 1/3 & 1 \end{bmatrix} \times \begin{bmatrix} 0.432 \\ 0.227 \\ 0.235 \\ 0.068 \\ 0.038 \end{bmatrix} = \begin{bmatrix} 2.356 \\ 1.175 \\ 1.244 \\ 0.375 \\ 0.199 \end{bmatrix}$$

$$\lambda_{max} = \frac{1}{n}\sum_{i=1}^{n}\left[\frac{(AW)_i}{W_i}\right] = 26.67 \div 5 = 5.33$$

$$CR = \frac{CI}{RI} = \frac{\lambda_{max} - n}{(n-1) \times RI} = \frac{5.33 - 5}{4 \times 1.12} = 0.074 < 0.1$$

最后，我们需要对各评价指标进行权重的汇总，因素层 C 各评价指标的总权重值=A-B 层权重值× B-C 层权重值（表 3-52）。即密度、质地、颜色、盖度、均一性……在整个草坪的综合指标评价中的权重值分别为（0.185，0.097，0.101，0.029，0.016，…）。

表 3-52　各级评价指标权重值汇总表

目标层 A	制约层 B	A-B 层权重	因素层 C	B-C 层权重	C 层总权重值
草坪指标综合评价 A	观赏性 B_1	0.429	密度 C_1	0.432	0.185
			质地 C_2	0.227	0.097
			颜色 C_3	0.235	0.101
			盖度 C_4	0.068	0.029
			均一性 C_5	0.038	0.016
	生态性 B_2	0.429	C_6	…	…
			C_7	…	…
			C_8	…	…

(续)

目标层 A	制约层 B	A-B层权重	因素层 C	B-C层权重	C层总权重值
草坪指标综合评价 A	应用性 B_3	0.143	C_9	…	…
			C_{10}	…	…
			C_{11}	…	…

3.26.3.3 主成分分析法测算权重系数

由于层次分析法和专家评判法存在主观性较强的特点。因子分析是一种数据简化的技术,可实现用若干假想变量(主成分)来代替原来众多变量的主要信息。因子分析通过计算数据间的相关性,对变量进行分组,使组间变量间的相关性较高,从而认定它们共同反映某一特性。因子分析法中的主成分分析法,可以在较少损失原有信息的前提下,将原来个数较多且彼此相关的指标转换成新的个数较少且彼此独立的综合指标,加强了指标之间相关性的计算,克服了权重主观性的问题(莫可等,2015)。因子分析法的步骤:

①进行 KMO(Kaiser-Meyer-Olkin 度量)和 Bartlett 球形度检验,验证数据是否适合作因子分析。

②查看主成分结果表及其解释的总方差。

③查看旋转成分矩阵,观察变量分组的结果。

【例题 5】 依旧以例题 1 为例。通过主成分分析法分析表 3-42 中密度、质地、颜色、盖度和均一性 5 个评价指标各自的权重。

首先在 IBM SPSS Statistics 19.0 的因子分析模块中,以主成分分析法进行因子抽取,通过最大方差法进行因子旋转。

表 3-53 *KMO* 和 *Bartlett* 检验

名 称	数值	名 称	数值
取样足够度的 Kaiser-Meyer-Olkin 度量	0.577	Bartlett 的球形度检验的自由度	10
Bartlett 的球形度检验的 χ^2	19.841	Bartlett 的球形度检验的 P 值	0.031

可见 KMO 系数=0.577>0.5,Bartlett 球形度检验的 χ^2 值显著性概率 P=0.031<0.05(表 3-53),说明各指标之间存在相关性,试验数据可用于因子分析。

表 3-54 各成分的特征值

主成分	初始特征值			旋转后的特征值		
	合计	占方差的百分比(%)	累积百分比(%)	合计	占方差的百分比(%)	累积百分比(%)
1 草坪草	3.612	72.250	72.250	2.756	55.114	55.114
2 草坪群落	1.188	23.751	96.001	2.044	40.887	96.001

按特征值大于 1 的原则,参与分析的 4 项指标,共提取了两个主成分(表 3-54),结合旋转成分矩阵(表 3-55),可见分别是草坪草水平和草坪群落水平。在旋转矩阵中,各因素 X_{ij} 称为因子载荷,代表第 i 行指标第 j 列主成分的相关系数,其绝对值越大,相关程度越高。可见草坪草密度、颜色、质地与第一主成分(草坪草水平)的相关度更高,可视为一组;而草坪盖度和均一性与第二主成分(草坪群落水平)的相关性更高,可视为另一组。

指标体系中的准则层的权重是主成分的特征值占方差的百分比；而由旋转成分矩阵的因子载荷值归一化处理之后可得其在指标体系中指标层的权重，两者的乘积即为各评价指标的全局权重（表 3-56）。因此例题 1 中，密度、质地、颜色、盖度和均一性 5 个评价指标经由主成分分析法可得其权重值分别为 0.275，0.242，0.236，0.111，0.136。

表 3-55 旋转成分矩阵

指标项	主成分	
	1 草坪草	2 草坪群落
密度	0.990	0.083
质地	−0.871	0.423
颜色	0.852	−0.490
盖度	−0.538	0.804
均一性	−0.023	0.985

表 3-56 草坪质量评价指标体系

指标体系	准则层	准则权重	指标层	指标权重	全局权重
草坪评价指标	1 草坪草	0.753	密度	0.365	0.275
			质地	0.321	0.242
			颜色	0.314	0.236
	2 草坪群落	0.247	盖度	0.449	0.111
			均一性	0.551	0.136

3.26.4 实验作业

8~10 人为一组，通过查阅资料或自己测定，对已有的草坪质量相关数据通过掌握的任一种适合的综合分析方法进行分析，综合评价草坪质量。并阐述草坪质量综合评价的数理统计方法有哪些？方法之间有何区别？草坪评价指标权重值的赋值方法常用有哪几种？有何区别？权重值赋值过程中，为什么主客观集成的方法会更准确？撰写并提交实验报告。

第二篇　草坪管理篇

第 4 章
草坪建植

实验 4.1 普通绿地草坪坪床的准备技术

4.1.1 实验目的

熟悉普通绿地草坪坪床准备的流程、注意事项以及相关关键技术,掌握建造技术,为草坪建植提供基础。

4.1.2 实验原理

坪床是指用于建植草坪的土壤表层,一般包括 0~30 cm 的土壤表层。是草坪草获得营养最重要的源泉。坪床质量好坏直接影响草坪建植的成败以及后期养护管理的难易。而土壤结构及其营养成分决定坪床的质量。本着以人为本、经济、适用、科学的原则,在现有资金投入条件下,达到最佳水平。

4.1.3 实验材料与器具

(1)实验材料

待建植草坪的场地、复合有机肥、石灰和硫酸钙(如果需要改良)、除草剂(百草枯等)、杀虫剂(45%乙基对硫磷等)、杀菌剂(三唑酮、多菌灵等)、水等。

(2)实验器具

土壤翻耕机、土壤旋耕机、滚压机和手推辊、平地机或耙、筛子(20目)、喷灌设备、pH计或pH试纸、天平、卷尺等。

4.1.4 实验方法与步骤

坪床准备通常包括:土壤检验、清理坪床、防除杂草、初略的平整和造型、草坪面积测量与材料用量计算、旋耕并加土壤改良剂、安装地下排灌系统(可选择)、固定边界(可选择)、精细平整、滚压和浇水。在普通绿化中,安装地下排灌系统与固定边界这两项是可选择的,有条件的地方可以安装地下排水和喷灌系统,没有条件的地方会省略此项,但在南方降水量大的地方建议安装排水系统,北方干旱地方最好有灌溉设施。固定边界通常在整体园林绿化设计中已经完成的,在草坪建植坪床准备阶段就可以省略。

(1) 土壤检验

首先在所建植地块取代表性土样(参考"实验 2.1 土壤取样方法与样品制备"),土样用于土壤检验,可以送专门机构或自己测定,测定土壤的养分以及理化性质。了解土壤的营养状况,最基本的也要了解土壤的酸碱性,用 pH 计或试纸测定土壤 pH 值,为土壤是否改良做参考。如果土壤过酸过碱需要改良,就用石灰和硫酸钙调节土壤 pH 值在 5.5~7.5 之间,最佳 pH 值为 5.5~6.5。如果土壤贫瘠可以根据需要使用磷钾肥。

(2) 坪床清理

清理是根除和减少影响草坪建植和以后草坪养护管理的障碍物,例如,树枝、树桩、树根、石块、玻璃片、塑料等。木本植物包括树木与灌丛、树桩及埋藏的树根。乔木和灌木数量太多,树木的遮阴及其对养分、水分的竞争对草坪草生长与管理都不利。残留的树桩必须要挖掉。一方面树桩裸露,在修剪草坪时可严重损坏剪草机的刀片或曲轴;另一方面,残留树桩会发生腐烂塌陷,对地形造成影响。在 35 cm 以内表层土壤中,不应当有大的石块。在 10 cm 表层土壤中,小岩石或石块可影响以后草坪的耕作管理(如打孔等),会损伤养护管理机械。通常在种植前,大部分石块要清除,石块的量不太多时,等幼苗根系扎牢后可人工捡出,若石块太多,种植前应用网筛筛出。

(3) 杂草与病虫害的防除

如果预先知道建植地块的病虫害比较严重,可以用 45% 乙基对硫磷的 1000 倍稀释液喷洒坪床表面,防除虫害。春季播种还需进行杂草预防的处理。采用可土壤处理的除草剂,如氨氟乐灵。氨氟乐灵可以在播种后进行土壤封闭的方法防止杂草。用钉耙耙平地表。当杂草长到 7~8 cm 高时施用非选择性、内吸型除草剂。为了使除草剂吸收和向地下器官运输,使用除草剂 3~7 d 后再开始耕作。除草剂施用后休闲一段时间,有利于控制杂草数量。通过耕作措施让植物地下器官暴露在表层,使这些器官干燥脱水,也是消灭杂草的好办法。对病虫害和杂草也可采用熏蒸的办法。熏蒸是应用强蒸发型化学药剂来控制土壤中的杂草、根基繁殖器官、致病微生物、线虫和其他潜在有害生物的一种方法。有时表层覆土用的土壤也用熏蒸的办法防止杂草传播。为使熏蒸剂的气体在土壤中充分扩散,在熏蒸前要深翻土壤。熏蒸时要求土壤潮润,但不要太湿。土壤温度应在 15 ℃ 以上,否则熏蒸效果会大大降低。用于草坪土壤的熏蒸剂主要是溴甲烷、三氯硝基甲烷等。溴甲烷的使用面积大时,可用带有自动铺布仪器的地面熏蒸设备;面积小时,可进行手工操作。

(4) 初略的平整和造型

为了使人工建植的园林绿地更接近自然条件,在规划设计中一般加有模仿天然的起伏元素。整地造型是按规划设计的地形对坪床进行平整的过程。通过犁、挖掘机或人工等措施进行坪床粗造型,平整时对坪床面进行等高处理,抛高填低整平床面。为了确保整出的地面平滑,每相隔一定距离设置木桩标记,填土的高度要高出所设计的高度,用细质地土壤充填时,大约要高出 15%;用粗质土时可低些。在填土量大的地方,每填 30 cm 就要镇压,以加速沉实。坡度设计方向应背向房屋,平面地表应具有 2% 排水坡度。表土重新填上后,地基面必须符合最终设计地形。因此,一定要有地形高度和需土量的木桩标记。如果有激光平地机就更加快捷省事,减少工作量。

(5) 草坪面积测量与材料用量计算

初略平整造型完后，对坪床草坪面积进行测量，面积的测定是利于估计所需草坪草种子/草皮、肥料和改良剂等材料的数量。避免盲目购料，造成材料的缺乏或浪费。

(6) 旋耕与加土壤改良剂

土壤渗透性和持水性都好的情况下，直接采用旋耕机进行旋耕，如果土壤板结严重等，旋耕机无法进行情况下，就应犁地，通过犁耕翻动土壤，使之松散成颗粒状。在底土中具有硬盘层(如犁底层、黏盘层等)的地方，要用深耕犁把它们破碎，以提高土壤通透性，并有利于草坪草根系的伸展。在犁过的或松散的土壤上，再用圆盘犁把土块和表层结壳破碎，能够改善土壤结构，平整表土。

根据土壤测定结果计算土壤改良剂的用量。使用最广泛的改良剂是草炭，其质量轻、施用方便，但施用量大时，投资较高。覆盖 5 cm 厚需要草炭 500 m^3/hm^2。普通绿地有时也可用有机肥进行改良，但需注意一定是品质好而且腐熟后的有机肥料。

普通绿地最适宜土壤为壤土，根据土壤检验结果，若土质为砂土或黏重土壤可以向沙土中掺黏，黏土中掺砂。土壤营养成分过于缺乏，应计算养分需要量，如氮磷钾肥料的用量，复合有机肥作为基肥。一般要用耙、旋耕和其他方法把肥料和改良剂翻入 15~20 cm 土壤中。

(7) 排灌系统的安装(可选择)

安装排灌系统一般是在场地粗平整之后进行。此步在普通绿化上根据实际情况而选择性地进行，在降水量非常大的地方建议排水设计不可缺少。地下排水系统安装程序通常包括：按照图纸测量、划线、放样；挖排水沟；铺设排水管；回填土壤。排水管安放通常呈鱼骨刺或平行状。主管低于支管，主管汇集排水后排入下水道、湖泊、河流等。但排水方向一定是远离房屋建筑。为了达到排水，支管方向一定与坪床等高线方向是平行的，不能与等高线方向垂直。排水管多为带孔的塑料管，质量轻、安装方便，有硬质管和成卷的软管两种。一般在排水管的周围还要放置砾石来防止细土粒阻塞渗水孔，在某些需要的地方砾石可达土壤表层。还可以用水泥修建从表层到排水管的圆柱型集水道。为了在集水道上种植草坪，圆柱型集水道上面可盖上带孔的金属盖或塑料盖，其上覆上土壤，种植草坪。排水管间距根据当地的降水量来计算。

在覆土之后镇压或灌水，使其充分沉实，但填上表土后再安装会引起较大麻烦。在土壤内部排水不良的情况下，要把排水管安置在 45~90 cm 的深度，管间距为 4.5~18 m。在半干旱气候区，如有地下水上升引起表层土壤盐化时，排水管埋藏深度可达 1.8 m。如果在填表土之前安装，埋置深度要把表土深度计算在内。

在填入表土和细整地之前安装灌溉系统时，如果在整地时不小心就会损坏喷灌设备，所以要时刻小心并保证不会破坏灌溉系统的任何部件。为了保险起见，可先安装部分地下输水管道，其他部分可等到填完表土，最终地形整地完成之后再安装全部系统。

(8) 固定边界(可选择)

对普通绿化而言，在园林整体设计或庭院设计中，基础边界已经很明显或已经建好，不需要再固定，但如果没有就应固定好边界，以利于景观美感。

(9) 精细平整

精细平整是为了达到精细播种而进一步整平地面坪床的作业，同时也可把底肥均匀地施入表层土壤中。为了提高效率，整平可用人工拖耙耙平，如种植面积大，则应用专用机械来完成。在细整之前，要让土壤充分沉实，以免机械破坏土壤表面。大量灌水、镇压可以帮助获得较紧实的土壤表面。

(10) 滚压与浇水

精细平整用滚压机滚压使坪床平整，然后喷灌。喷灌设施一定是雾状喷头，不能有大水流，以免坪床由于浇水冲出凹坑。灌溉浇透地表土层 30 cm 以下。普通绿地草坪坪床经过以上几项工序之后，待土壤潮而不湿时即可进行草坪建植工作。

4.1.5 实验相关记录与参考表格

将实验数据填于表 4-1 中。

表 4-1 场地所用原材料统计表

地点			建植面积(m^2)		建植草种	
场地材料用量						
类型	规格/品种	占比例	数量	单价	金额	备注
种子/草皮						
沙/改良剂						
排水管						
喷灌管道						
喷头						
肥料						
其他						
……						
总计						

4.1.6 实验作业

按本实验操作要求完成实验。简要阐述普通绿地建造步骤，并结合实验体会陈述所掌握的普通绿地建造的关键技术，撰写并提交实验报告。

实验 4.2　高尔夫球场果岭/运动场坪床建造技术

4.2.1　实验目的

熟悉掌握高尔夫球场果岭/运动场坪床的建造标准，了解全人工球场坪床结构与技术要求，掌握坪床建造的步骤，为高质量坪床建造打下基础。

4.2.2　实验原理

果岭是高尔夫运动的核心区域，也是高尔夫球场中最重要和养护最细致的区域，其建造与养护管理代表了草坪领域的最高水平，这也是获得高品质运动场地必不可少的两个方面。目前，国际上应用最为广泛的是美国 USGA（United State Golf Association）果岭建造推荐方法（USGA Recommendations for a Method of Putting Green Construction，2004 版），也是高端运动场地建造的重要依据。美国（USGA Recommendation-2004）USGA 果岭的结构示意如图 4-1A，B 所示，有两种结构。图 4-1A 为 3 层结构，地基之上依次铺设砾石层、粗砂过渡层和根层。图 4-1B 为两层结构，地基之上依次铺设砾石层和根层。此结构是广泛应用的坪床结构。根据建植当地环境条件以及资金投入情况，坪床在整体改良与建造上略有变化。

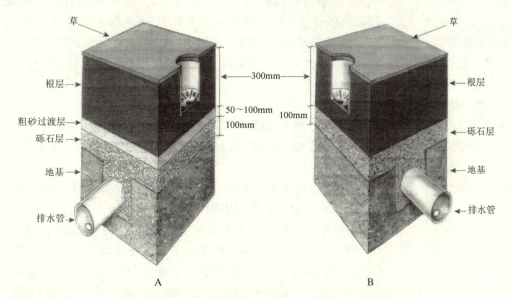

图 4-1　美国高尔夫球协会推荐的 USGA 果岭结构示意
A. USGA 果岭（粗砂层存在时）　B. USGA 果岭（当使用适宜的砾石时，粗砂层可省略）

4.2.3　实验材料与器具

（1）实验材料

预建果岭或运动场场地，所有符合建造标准材料如：果岭用草坪草种子（匍匐翦股颖/狗牙根/海滨雀稗）、沙、砾石、营养土壤、肥料、改良物质、排水管等。

(2)仪器设备

挖土机、旋耕机、滚压机、平地机、耙地机、播种机、施肥机、喷灌设备、定桩材料、测量尺等。

(3)文档材料

果岭/运动场平面设计图、地形图、地下管线图、土壤及肥料分析报告等。

4.2.4 实验方法与步骤

4.2.4.1 建造前准备

建造前需要先进行现场勘察，按照设计图纸核对现场情况，准备相应的建造材料(种子、沙、肥料、改良物质、排水管等)与建造用的机械设备。建造材料要符合要求，提前应对建造材料进行第三方检测，以达到标准。

4.2.4.2 建造过程与步骤

(1)测定与定桩

根据设计图纸，进行场地测量、划线、定桩，固定边界。

(2)地基和周边的建造

地基造型应当与最终果岭/运动场坪床造型面的形状尽量一致。按照设计图纸，选择设定标高，按照标高进行造型，地基最终定型后的高度要低于果岭/运动场造型面大约40 cm(图4-1B)，当建造时需要铺设粗砂过渡层时，地基应低于果岭/运动场造型面45~50 cm(图4-1A)。地基应当完全夯实，以防止将来地表凹陷。应当避免地基积水沉降的现象发生。体育场草坪应设计成中间高、四周低的地形。高尔夫球场的果岭、发球区以及球道也应多个方向倾斜于障碍区。

(3)地下排水系统的安装

地下排水系统安装程序通常包括①按照图纸测量、划线、放样；②挖排水沟；③铺设排水管；④回填砾石和粗砂，4个基本步骤。其中"④回填砾石和粗砂"是结合下面的"(5)砾石层与粗砂过渡层的铺设"完成。

USGA果岭的建造中需要安装一个地下排水系统，目的是在果岭的地基下形成一个有效的、快速的、完善的排水网络。排水管道的布置可采用平行形或鱼脊形，目前以鱼脊形应用较多，是以主管道沿着最大落差线铺设为原则，支管道以一定角度贯穿地基斜面，其与主管道之间存在一个自然的落差。支管道的铺设间距不能超过5 m，并且应该延伸到果岭的边缘。如果必要，在低洼积水易引起沉降的区域可适当增加支管道的铺设。在倾斜面的最底端，即主管道将水排出果岭的地方，应当沿果岭边缘铺设一排水管道，并一直延伸到第一组支管道的末端。这将有利于那些可能聚积在排水区域最末端的水更容易被排走。排水系统的设计务必考虑水分从击球区域快速排走的方式及规律。排水管应该是有孔的塑料管，其最小直径应达到10 cm，主管直径可达20 cm。

在USGA果岭建造中建议最好不要使用瓦氏排水管或任何用加筋材料套管包裹的管道。排水沟应当在完全紧实的地基上开挖，至少应15 cm宽、20 cm深，要使排水管始终保持一定的坡度，从其最远端到出水口之间至少应保持0.5%的坡度。挖沟时的废物应当从地基中移走，排水沟的底部应当平坦、干净。如果需要在不稳定性地基与砾石排水层之间铺设"土壤加筋材料"作为屏障，就应当在此时进行铺设。决不能让这些材料覆盖住排水管或排水沟。

在排水沟中应当放置一层砾石，其大小同上面铺设的砾石相同，厚度至少应保证2.5 cm。如果需要，这层砾石可以更厚些，只要能够满足最小的坡度要求即可。所有的排水管道都应当铺设在排水沟中的砾石床上。如果使用PVC管道，就应使管道上的孔洞面朝下铺设在排水沟中。铺好排水管后，要继续用砾石回填排水沟，但应注意不能使排水管的位置发生任何移动。

(4) 灌溉系统的安装

喷灌系统的安装程序通常包括10个步骤：①规划、布局；②准备材料；③接入供水；④安装防虹阀、安装主截止阀；⑤挖沟；⑥将截止阀安装到管道上；⑦安装管道；⑧安装立管和喷头；⑨安装计时器；⑩测试系统。根据设计图纸及等高线的要求，灌溉部件安装的其中步骤是结合下面"(5)砾石层与粗砂过渡层的铺设和(6)根层混合物的准备与铺设"的步骤完成的。

(5) 砾石层与粗砂过渡层的铺设

在地基上间隔一定距离设置标桩，在桩上标记好砾石层、粗砂过渡层(如果需要铺设)、根层各个层次的记号线。然后在整个地基上铺设一层冲洗过的、干净的碎石或豆石，这一层的铺设厚度最小为10 cm，要求其形状与最后造型面相一致，允许的误差范围为±2.5 cm。石灰石、砂岩或页岩是不能使用的。

是否需要铺设粗砂过渡层是根据根层混合物与砾石层的颗粒大小而确定的。如果砾石的大小合适，则可以省略掉粗砂过渡层，采用两层结构的建造方法。如果寻找不到合适的砾石，就必须在砾石层上先铺设粗砂过渡层，然后再在上面铺设根层混合物。

①必须铺设粗砂过渡层时，砾石材料的选择与铺设　当果岭建造中需要铺设粗砂过渡层时，对下层砾石的大小以及过渡层使用的粗砂大小均有要求(表4-2)。

在砾石排水层之上，应当均匀地铺设一层厚度为5~10 cm的粗砂层(如选择7.5 cm的铺设厚度时，应当保证铺设后在整个果岭区域的厚度均匀一致，都为7.5 cm)。铺设完粗砂过渡层的表面形状应当与果岭最后造型面相一致。

表4-2　粗砂过渡层存在时对砾石层与粗砂层的粒径要求

材　料	要　求
砾石层	粒径大于12 mm的不能超过总量(以质量计)的10% 粒径分布在6~9 mm之间的至少要达到65%以上 粒径小于2 mm的不能超过总量的10%
粗砂过渡层	粒径在1~4 mm间的要达到90%以上

②可以省略粗砂过渡层时，砾石材料的选择　如果能够寻找到大小合适的砾石材料(表4-3)，就可以在果岭建造中省略掉粗砂过渡层的铺设。砾石大小的选择是依据根层材料的粒径分布而确定的，通常这项工作是由专业的土壤实验室来完成的。在送检根层混合物的原料样品去实验室检测时，要把不同的砾石样品一起送去。一般地，砾石的大小应在2~9.5 mm范围内。根据实验室检测结果可以判断两者之间是否符合表4-3中的各项指标要求。

表 4-3 粗砂层省略时砾石大小的推荐标准

考虑因素	推荐标准	要 求
桥梁作用	$D_{15(砾石)} \leq 8 \times D_{85(根层)}$	粒径不能有大于 12 mm 的
渗透能力	$D_{15(砾石)} \geq 5 \times D_{15(根层)}$	小于 2 mm 的不能超过总量(以质量计)的 10%
均匀系数	$D_{90(砾石)} / D_{15(砾石)} \leq 3.0$	小于 1 mm 的不能超过 5%

注：$D_{15(砾石)}$ 指砾石总质量中最小的 15% 部分所对应的粒径大小；$D_{85(根层)}$ 指根层总质量中最小的 85% 部分所对应的粒径大小；$D_{15(根层)}$ 指根层总质量中最小的 15% 部分所对应的粒径大小；$D_{90(砾石)}$ 指砾石总质量中最小的 90% 部分所对应的粒径大小。

如果实验室测试结果表明砾石完全符合表 4-2 中的各项指标，则说明在果岭建造中可以省略过渡层的铺设，采用两层结构的果岭建造方法。通过专业实验室的帮助，严格按照这些标准来选择建造材料是非常重要的，不遵守这些推荐指标很可能导致果岭建造失败。

首先，要判断砾石与根层砂性材料之间是否能够建立"桥梁"作用，如果满足 $D_{15(砾石)} \leq 8 \times D_{85(根层)}$，则说明两者具有桥梁作用。其次，为了保证根层与砾石层之间具有足够的渗透能力，应当满足 $D_{15(砾石)} \geq 5 \times D_{15(根层)}$。第三，砾石的均匀系数应满足 $D_{90(砾石)} / D_{15(砾石)} \leq 3.0$。此外，选用的砾石应当全部通过 12 mm 孔径的筛，而且样品中通过 2 mm 筛的砾石数量不能超过总量的 10%，其中通过 1 mm 筛的砾石不应超过总量的 5%。

(6) 根层混合物的准备与铺设

① 根层建造材料的准备 美国 USGA 果岭建造过程中，在砾石层或者粗砂过渡层之上需要铺设 30 cm 厚度的根层混合物，其中的砂性材料与改良物质也需要经过筛选，最终选用的砂性材料的粒径分布要求见表 4-4。

表 4-4 USGA 推荐的果岭根层混合物的粒径分布要求

名称	粒径大小(mm)	推荐量(以质量计)
小砾石	2.0~3.4	不能超过总量的 10%
很粗的砂	1.0~2.0	其中小砾石的最大量不能超过 3%，最好没有
粗砂	0.5~1.0	至少要达到总量的 60% 以上
中砂	0.25~0.5	
细砂	0.15~0.25	不能超过总量的 20%
很细的砂	0.05~0.15	不能超过总量的 5% ⎫
粉粒	0.002~0.05	不能超过总量的 5% ⎬ 三者之和不能超过总量的 10%
黏粒	<0.002	不能超过总量的 3% ⎭

大量的矿质改良剂，例如，珍珠岩和蛭石被广泛应用于盆栽植物基质中，但它们对草坪土壤不太适宜，因为承受不了践踏产生的压力。使用最广泛的改良剂是草炭，其质量轻、施用方便，但施用量大时，投资较高。其有机质含量(以质量计)最好达到 85% 以上；也可选用无机改良物质，如煅烧黏土、煅烧硅藻土和沸石等。无论使用哪种改良物质，都需要预先在场地外与 30 cm 厚度的砂性材料完全混合均匀后再铺设，不允许在建造现场进行各种材料的混合，这是成功建造高质量果岭的重要保障。而且这些混合物的粒径大小和物理性质都要求满足 USGA 标准中的各项指标(表 4-4，表 4-5)。聚丙烯酰胺和其他强化材料是不被推荐使用的。

表 4-5　USGA 果岭根层混合物的其他物理特性指标

物理特性	推荐范围	物理特性	推荐范围
饱和导水率(渗透率)	至少达到 15 cm/h	总孔隙度	35%~55%
通气孔隙度	15%~30%	毛管孔隙度	15%~25%

②根层混合物的覆盖与铺设　将完全混合均匀的根层混合物覆盖在果岭区域,压实后要保证整个根层厚度一致,为 30 cm,允许误差范围为±2.5 cm。铺设时,根层混合物应当是湿润的,一方面可以阻止向下移动到砾石层,另一方面也有助于压实。

(7)终平整(细平整)和清场

铺设完的坪床,最终进行精细平整,有条件的采用激光平地机,用一定质量的滚压机压实,符合并达到设计要求。全部清除杂物,进行场地清理,准备播种或铺设草皮建植草坪。

(8)草坪建植前坪床处理

果岭坪床铺设好后,可根据现场情况判断是否需要采用熏蒸的方法对根层混合物进行消毒灭菌。通常在线虫、杂草或莎草非常严重的地方,或者根层混合物中含有未灭菌的土壤时需要进行熏蒸处理。坪床处理完后,进行草坪建植。

(9)草种选择

运动场草坪建植可以是种子直播,也可以是铺植草皮。运动场草坪如足球场,暖季型草坪草如结缕草、狗牙根、海滨雀稗通常单播;而冷季型草坪草如草地早熟禾、多年生黑麦草、高羊茅通常采用混播。匍匐翦股颖在高尔夫球场果岭上通常采用混合播种,即匍匐翦股颖 3~4 个品种混合使用。具体建植方法参见实验 4.3 和实验 4.4。

4.2.5　实验相关记录与参考表格

将实验数据填于表 4-6 中。

表 4-6　场地所用原材料统计表

地点		建植面积(m²)		建植草种		
场地材料用量						
类型	规格/品种	占比例	数量	单价	金额	备注
种子/草皮						
砾石						
沙						
排水管						
喷灌管道						
喷头						
肥料						

(续)

场地材料用量						
类型	规格/品种	占比例	数量	单价	金额	备注
无纺布						
其他						
…						
总计						

4.2.6 实验作业

按本实验操作要求完成实验。简要阐述果岭坪床的建造步骤，并结合实验体会陈述所掌握的果岭坪床建造的关键技术，撰写并提交实验报告。

实验4.3 草坪种子直播建植技术

4.3.1 实验目的

学习和了解草坪种子直播建植技术的原理，掌握草坪草种子单播、混合或混播的操作流程和方法。

4.3.2 实验原理

草坪种子直播建植是用草坪草种子直接播种建植草坪的方法。草坪草种子直播有3种类型：单播、混合和混播。单播（single seeding）是用同一草坪草种的单一品种播种建植草坪的方法；混合播种（blend seeding）是将同一草坪草种的不同品种混合在一起播种的方法，也称为种内混播；混播（mixture seeding）是将两种及两种以上草坪草种混合播种的方法，也称为种间混播。通常冷季型草坪草多采用种子直播，而暖季型草坪草多采用营养体繁殖。

单播草坪的纯度高、外观均一，但抗病虫害和抗逆性弱；混合或混播草坪建植成坪快、抗病虫害和抗逆性强、绿期延长、适应性强，但是草坪纯度不高、外观均一性差。不同播种材料的播种时间根据当地自然气候条件和变化规律确定。通常冷季型草坪草种的发芽气温是10～30℃，最适发芽气温是20～25℃，适宜播种期为春季、夏末、秋季。夏末或秋初是最佳时期，该时期气候适宜，杂草相对少，容易防除，对种子发芽和幼苗生长有利。仲夏气温高，不适宜冷季型草坪草生长，易感病虫害。北方冬季一般在0℃以下不能播种。暖季型草坪草发芽温度相对较高，一般在20～35℃，最适气温在25～30℃。适宜播种期是春末或夏初，播种后经过一定时间（一般为1～3周）即可完成发芽过程。种子出苗后通过根、茎分蘖的作用，扩大株丛，增加茎枝数量，提高覆盖度，最终形成具有一定外貌和功能的草坪。直播建坪的成坪速度、成坪质量受诸多因素的综合影响，如草坪地块选择、坪床准备情况、草种选择和搭配、播种量、播种时间及播种后的管理等。

播种方法有撒播（将种子均匀地撒播在准备好的草坪坪床上）、条播（按一定的行距开沟播种)、点/穴播(采用人工挖穴进行播种)。撒播是草坪建植中最常用的方法,高尔夫等运动场草坪均选择此方法。种子直播类型应根据所建草坪用途、土壤状况、自然环境等情况科学选择。因此,建植高质量的草坪,需要了解草坪草的特性以及草坪对土壤的需求,科学地进行草坪建植,处理好影响草坪质量的各个因素。

4.3.3　实验材料与器具

(1)种子材料

草地早熟禾种子、多年生黑麦草种子。

(2)实验试剂

复合有机肥、石灰和硫酸钙(如果土壤需要改良)、除草剂(百草枯、草甘膦等)、杀虫剂(45%乙基对硫磷等)、杀菌剂(三唑酮、多菌灵等)、水、无纺布等。

(3)实验器具

小型手推或手摇式草坪播种机、滚压器/铁辊子、铁耙、铁锹、筛子(20目)、喷灌设备、pH计或pH试纸、天平、卷尺、细绳、无纺布($10 \sim 20 \text{ g/m}^2$)、竹签或塑料园艺地布钉($10 \sim 15 \text{ cm}$)等。

4.3.4　实验设计与方法步骤

4.3.4.1　实验设计

(1)实验材料

单播:草地早熟禾;混播:草地早熟禾(80%)+多年生黑麦草(20%)。

(2)实验区面积

至少需要 $20 \sim 50 \text{ m}^2$ 两块地(一块用于机械播种,一块用于手工播种)。

(3)播种方式

机械撒播和人工撒播两种。

4.3.4.2　实验方法与步骤

(1)坪床准备

普通绿地坪床参见"实验4.1"。高尔夫与运动场草坪的坪床参见"实验4.2"。

(2)种子用量计算

计算种子用量首先知道种子的净度与发芽率。如果种子检验报告或种子标签标识的净度与发芽率在有效期内,可以根据其上标识的净度与发芽率数据计算种子的实际播种量。若检验报告和标签过期,可以送专门的检验机构测定,也可以参照"1.3.1净度分析"和"1.3.2种子发芽率测定"两个方法测定。

根据草坪面积和种子质量计算草地早熟禾和多年生黑麦草的实际播种量。

单播播种量计算公式为:

$$实际播种量 = 理论播种量 / (种子净度 \times 种子发芽率) \tag{4-1}$$

理论播种量取决于种子的千粒重,其计算公式为:

$$理论播量(\text{g/m}^2) = 10 \times 千粒重/\text{m}^2 \tag{4-2}$$

理论上每平方厘米有1株成活苗就可满足成坪需求,考虑到幼苗死亡情况,实际每平方米的播种量在 10 000~20 000 粒(株)。

在混播(混合或混播)组合中,每个草种播种量的计算公式:
$$\text{混播中每个草种的播种量} = \text{实际单播量} \times \text{混播百分率} \tag{4-3}$$

混播百分率是指混播(混合或混播)组合中每个草种播种质量占总质量的百分比。例如,草地早熟禾:多年生黑麦草=4:1(草地早熟禾种子质量占80%,多年生黑麦草种子质量占20%)。

草地早熟禾的千粒重在 0.20~0.26 g,单播理论播种量在 2.0~5.2 g/m²;当纯净度为90%,发芽率为80%,幼苗死亡率为50%以上时,一般单播实际播种量在 10~15 g/m²。多年生黑麦草的千粒重在 1.5~2.0 g,单播理论播种量在 15~20 g/m²,单播实际播种量在 30~40 g/m²。根据草种的发芽率与净度以及混播比例,计算实际播种量。

(3)播种

人工播种应提前进行小面积的标记,应用细绳和卷尺将面积大的坪床分成若干个大小一样的网格,将总面积的播种量按照分成的网格数量平均分配成等量分数,用手工将等量的每份种子均匀撒在坪床上;如果是机械播种则把总播量分2份,分别进行平行和垂直方向交叉播种(图 4-2)。播种时操作机械一定行走匀速,保证不漏播,不重播。

(4)滚压

播种后用小耙将均匀撒播的草籽轻轻耙匀,然后用重 100~200 kg 的滚压器镇压坪床,使土壤和草种结合紧密,滚压的方向采用平行和垂直方向交叉的方式进行(图 4-2)。

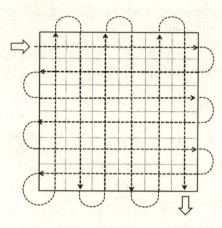

图 4-2 播种方向

(5)覆盖

播种后,用 15~20 g/m² 左右的无纺布覆盖坪床,覆盖膜之间要有重叠,无纺布衔接处与四周需要固定,可以用竹签或塑料园艺地布钉固定,如果春季风大,选择的地布钉则需要长些,以免由于灌溉/降水或大风将无纺布掀开,并经常检查。防止土壤表层 3~5 cm 干燥致发芽种子或幼苗脱水死亡。

(6)浇水

在草坪草种子出苗前保持土壤湿润至关重要,用雾化程度高的喷灌浇水,浇水要根据当地的自然气候条件适当调整。浇水遵循"少量多次"原则,第一次喷灌浇水应浇透,使地表以下 15 cm 土壤湿润,以后根据天气状况和土壤干湿程度适当进行喷灌浇水,每次浇水使得地表以下 3~5 cm 湿润为宜。随着幼苗的长大,逐渐增加浇灌时间,增加地表土壤湿润深度,延长浇灌的间隔,种子发芽整齐后揭去覆盖的无纺布。草地早熟禾一般在 2~3 周后出苗,多年生黑麦草一般在 1 周后出苗。

(7)幼坪养护管理

①浇水 种子发芽出苗后幼坪浇水的原则是少量多次,保证土表以下 3~5 cm 湿润即可,防止积水过涝,幼苗生长后期适当减少浇水次数,利于根系向土壤深层的发育。

②修剪 幼坪的修剪以草坪草种类和培育的强度不同而异。通常新枝高达 5 cm 以上,

有两片完全叶时就可以初次修剪。苗期的草坪修剪要遵循1/3修剪原则，避免早晚露水和雨天修剪，病害发生时停止修剪，修剪刀具要消毒，防治病害传播。

③施肥　新播草坪在种植前如已按需求施肥，一般在2个月之内不用追肥。如果肥力不足幼苗出现不健康的淡绿色、黄绿色，甚至老叶出现褐色时，这是缺肥的表现，主要是氮肥缺失的征兆。此时可施以氮肥为主(占50%)的复合肥，一般施肥量在$5\sim10\ g/m^2$，为了防止叶片灼烧和烧苗现象，采用均匀、少量、多次的施肥原则，施肥后需要浇水。降水量大的天气不要施肥，以免肥料流失。

④幼坪保护　主要是病虫草害的防治。苗期杂草防除方面有人工拔除和化学防除等方式。在播种前可以通过化学除草剂(如草甘膦、2,4-D类等)进行处理，在播种后可以施用选择性的除草剂如使用2,4-D-丁酯防除阔叶杂草，使用除草剂时要注意除草剂对幼苗的安全性；播种后如果出现杂草，小面积采用人工拔除的方法。在病虫害防治方面主要采取"以防为主，防治结合"的措施，在播种前进行的坪床杀虫和药剂拌种能够有效的防除病虫害的发生；在幼苗期若发生虫害和病害可以通过化学药剂的方法防治。此外，要注意天气状况和草坪立地条件等因素可能引起的一些草坪病害，如积水引起的真菌或细菌性病害、干旱或土壤贫瘠引起的病害等，平时要注意观察草坪草生长状况，发现病害要及时确诊病症进行处理。

4.3.5　实验相关记录与参考表格

将实验数据填于表4-7中。

表4-7　草坪草种直播建植记录表

学生姓名：　　　学号：　　　班级：

建植草坪地点					播种面积					种子质量		净度：发芽率：				
草种直播方式	草种与品种名称	播前杂草防除		播前土壤消毒		种子处理		播种类型及比例	播种量	播种时间	播种方法	肥料		浇水时间	第一次修剪		成坪时间
		药剂名称	用量配比	药剂名称	用量配比	物理处理	化学处理					名称	用量		时间	高度	
单播																	
混播																	

4.3.6　实验作业

按本实验操作要求完成实验。分组观察比较单播和混播在草坪建植中的优缺点，简要说明种子直播建植过程中单播和混播的技术流程和要点，撰写并提交实验报告。

实验 4.4　草皮铺植技术

4.4.1　实验目的

学习和了解草皮铺植技术的原理，熟悉草皮的等级标准、选择要求及起挖、运输和铺植等全部技术流程，掌握草坪铺植的技术要点。

4.4.2　实验原理

草皮铺植技术是草坪草营养体建植成坪的方法之一。草皮铺植建坪虽然成本比较高，但铺植建坪时间没有种子建植要求严格，在春末至秋末均可建植。草皮铺植能够快速成坪，满足人们短期内草坪投入使用的要求。在一些特殊地域，由于地形和自然环境条件的限制，草皮铺植能够解决草坪草种子建植成坪的困难，例如，在陡坡地带，由于土壤受雨水侵蚀，种子建植难以成坪，利用草皮铺植能够解决此类困难。

草皮铺植建坪是将已成坪的草坪通过草皮选择、切割起挖、运输和铺植等过程建植成新的草坪。草皮铺植的方式有密铺式、间铺式和条铺式等。密铺式是指用草皮机将草坪草皮切割成厚 2~3 cm、宽 25~30 cm、长不宜超过 2 m 的长方形或 30 cm×30 cm 的正方形草皮块，移至新的坪床，将草皮块按 1~2 cm 间距平铺成坪的方式。间铺法是指将长方形或正方形草皮块按一定间距铺植，有铺块式和梅花式两种。铺块式铺植时各块间距 3~6 cm，铺设面积为总面积的 2/3；梅花式在铺设时各块相间排列，铺设面积占总面积的 1/2。条铺法是指把草皮切成宽 6~12 cm 的长条，以 20~30 cm 的距离平行铺植。草皮间隙用沙壤土拉平，新铺植草坪经过镇压、覆沙、浇水等技术环节，使其草皮在新的坪床上生根、分蘖、分枝和匍匐生长成坪(表 4-8、表 4-9)。

表 4-8　草皮质量等级

等级	一级	二级	三级
1. 适应性	所有草皮应当适应当地条件，并能达到所要求的功能		
2. 草种名称或混合组成	清楚	清楚	草种清楚，某些品种名不清
3. 标签	清楚地标明要求的所有项目		
4. 盖度(%)	100	99~95	94~90
5. 草皮土层厚度(mm)	15±3	18~23	24~30
6. 草皮的强度	可以拎起草皮的一端到 150 cm 的高度而不断裂		
7. 杂草率(%)(杂草或目标外草种的面积)	无杂草	<2，不含农业部门或当地权威机构所规定的恶性杂草	<5，不含农业部门或当地权威机构所规定的恶性杂草
8. 病虫侵害率(%)	≤1.0	1.0~3.0	3.0~5.0
9. 草皮切面性状	宽度误差<10 mm，长度误差<3%。破碎的草皮或有一端参差不齐的草皮都是不合格的	宽度误差<12 mm，长度误差<5%。破碎的草皮或有一端参差不齐的草皮都是不合格的	宽度误差<15 mm，长度误差<8%。破碎的草皮或一端参差不齐的草皮都是不合格的
10. 枯草层厚度(mm)	≤8	≤10	≤13
11. 新鲜度	叶片鲜嫩、尖挺	叶片不够尖挺	叶微卷

表 4-9 草皮生产标签

生产者	地址	时间	批次	品种	等级	质量检验人
生产该草皮产品的农场、公司或个人名称	草皮生产者的地址及联系方式	该草皮产品切取的日期和时间，以小时计	该批草皮产品的编号	该批草皮产品的草种或品种名称，如为混播草种，应该看清最初混播时每种草种的名称及占的比例	草皮产品种类和等级	该批草皮产品的质量检验人

4.4.3 实验材料与器具

（1）实验材料

已经起好的草皮卷/草皮块。

（2）实验器具

长条平木板、刮板、镇压器/耙、铁锹、筛子（20目）、喷灌设备、pH 计或 pH 试纸、剪刀/裁刀、细绳、卷尺等。

4.4.4 实验方法与步骤

（1）坪床准备

草皮铺植的坪床准备主要取决于所建的草坪类型，普通绿地坪床参见"实验 4.1"。高尔夫与运动场坪床参见"实验 4.2"。需要注意的是最后精细平整高度要比所需高度低 1.3 cm，因为草皮有一定厚度，铺植后草坪坪面能和喷灌系统在适宜的等水平面。

（2）草皮选择与准备

草皮铺植前根据坪床的用途、立地条件、环境和气候特点选择草皮。所选草皮要适宜当地环境、土壤和气候，草种与品种组合符合建植地使用目的，草皮的质量（均一性、密度、病虫害及杂草等）高为宜。坪床准备工作完成后即可铺植草坪。从起草皮到铺植完成最好在 48 h 内完成。草皮运输和卸车堆放过程防止破损，注意草皮堆的通气散热和水分补充，卸车堆放选择阴凉区域，以免对草皮造成损害；铺植前坪床需提前浇水湿透，待坪床潮而不湿时铺植，干燥坪床不宜铺植。

（3）铺植

开始铺设草皮，最好沿笔直的边缘，端对端紧密对接，这样既节省草皮材料，还加快铺植速度。在铺植时，小心拿取草皮，保持草皮完整形状，用刮板刮平地表土，将草皮顺次平铺，行间错开接缝。长条的平木板应放在新铺设的草皮上，以便人可以沿着其行走和工作。切忌人不要站在未铺设草皮的坪床上工作，防止坪床出现不平而影响草坪后期根系下扎生长。不整齐的草皮可以使用合适的刀或半月形的铲子在边缘和周围简单地切割草皮，直至铺齐整。在拐角处留下空白。

（4）覆土和镇压

用耙头或镇压器垂直固定并向下压（夯实），以确保草皮与土壤之间的良好接触。铺植时留下的接缝空白用细土填塞后刮平，在大面积铺植时可以将细土均匀撒在草坪上，用刮板刮平、均一，以不遮盖草皮为宜。切忌在新铺设的草皮上使用重的滚压机。

(5) 浇水

铺植镇压后应立即浇水，浇水时尽可能使用雾化程度较高的喷头，确保新草坪不缺水，浇至水已渗透到草皮下土壤中，草皮没有完全扎根前一直保持坪床表层土壤湿润，抬起草皮角，检查草皮下土壤扎根情况，直到草皮扎根牢固后减少浇水次数，进入后期正常浇水养护。

(6) 修剪

铺植草坪的修剪视情况而定，再生快的草坪草种，通常铺设后 2~3 d 需要修剪。通常在草皮扎根牢固后进行修剪。修剪时使用锋利的剪草机刀片否则剪草机会破坏即将扎根好的根系。修剪高度遵循"1/3"原则。剪下的草屑视条件决定是否留存在草坪上，在易生病条件或草屑阻止阳光直射草坪或高质量运动场上要求移除草屑。

(7) 后期养护

草坪铺植后的养护管理是获得高质量草坪的关键。后期养护浇水根据草坪实际情况而定，在草坪表层土壤见干时一次浇透。浇水后局部地域出现长时间积水现象应及时排水，防止病害发生。当草坪出现黄绿色症状时应该追施 N 含量偏高些的 N、P、K 复合肥。根据草坪需求，制定适宜的修剪高度，修剪遵循"1/3"原则。杂草防除采用人工拔除或安全的化学防除。

4.4.5　实验相关记录与参考表格

将实验数据填于表 4-10 中。

表 4-10　草皮铺植与养护记录表

草皮草种		来源		等级	
起挖时间		草皮大小(长×宽×厚)(cm)			
铺植地点				铺植日期	
铺植方法				铺植面积(m²)	
草皮交工前养护记录											
项目	第1次作业日期	使用的材料	使用用量	第2次作业日期	使用的材料	使用用量	第3次作业日期	使用的材料	使用用量
修剪									
浇水									
施肥									
杂草									
病虫害									

学生姓名：　　　　　　学号：　　　　　　班级：

4.4.6　实验作业

简述草皮铺植建坪的技术要点、铺植方法及其铺植过程存在的问题及解决方法。建植过程分阶段拍照记录，撰写并提交实验报告。

实验 4.5　匍匐茎建植技术

4.5.1　实验目的

学习和了解匍匐茎建植技术的原理，熟悉匍匐茎切割、播种、覆土、镇压等全部技术流程，掌握匍匐茎建植技术要点。

4.5.2　实验原理

匍匐茎建植是草坪营养体繁殖建坪的一种方法，相比较于种子建植技术，匍匐茎建植成坪快，建植时间短，养护管理相对粗放。这种方法常见于气候温暖、雨水丰沛的地区。多用于匍匐茎繁殖的草坪草如：狗牙根、结缕草、假俭草、地毯草、匍匐翦股颖等。

匍匐茎建植是基于草坪草发达根和茎的再生性，将草坪草匍匐茎剪成小的茎段，每个茎段上留有 2~4 个节，节上有生长点，生长点可以生长成新的植株。将茎段均匀撒播在湿润的坪床上，覆上一层薄的细土层盖住茎段，通过轻耙、镇压后浇水，养护管理 1~2 个月后形成较好盖度的草坪。铺植的关键在于匍匐茎的选择和留节。选择健康、再生性好的成、幼苗株茎节有利于茎节产生新生枝和根系，成坪时间相对于老（木质化程度高）的匍匐茎要短。坪床土壤状况对匍匐茎的再生性有直接影响，土壤 pH 值过高或过低都对茎段的再生有胁迫作用。因此，坪床的准备要注意土壤状况改良。

匍匐茎建植的方法有穴播、沟植和撒播。穴播法是挖适当间距的小坑，将匍匐茎段埋入坑中建植成坪。沟植是按照设计间距开沟，将匍匐茎段撒入沟内，平沟覆土后匍匐茎段再生新枝。撒播是将匍匐茎段均匀撒播在坪床表面，用细沙或沙壤细土覆盖，茎段再生的方法。穴播和沟植全覆盖地表的用时较长，且成坪表面不平整。撒播使得茎段分布较为均匀，再生茎枝生长状况基本一致，覆盖地表较快，成坪表面平整、美观，是常用的匍匐茎建植方法。

4.5.3　实验材料与器具

（1）实验场地与材料

待建的场地、匍匐翦股颖草皮。

（2）实验器具

铲子、切刀、剪刀、铁耙、刮板、镇压器、筛子、喷灌设备、pH 计或 pH 试纸、卷尺等。

4.5.4　实验方法与步骤

（1）实验设计

选择一块健康的匍匐翦股颖草坪，用人工的方法起挖草皮，将草坪的匍匐茎用剪刀剪切成茎段，准备 3 块 2 m×3 m 小区坪床，分别采用穴播、沟植和撒播的方法种植匍匐茎段。

（2）坪床准备

普通绿地坪床参见"实验 4.1"。高尔夫与运动场的坪床参见"实验 4.2"。

(3) 建植时间

暖季型草坪草建植时间一般春末夏初效果最好，茎段生根快，而冷季型草坪草在夏末秋初最佳，也很好地避开杂草期。具体时间根据当地的气候条件和草坪草生物学特性决定，暖季型草坪草一般选择平均气温在 25~35 ℃，冷季型草坪草在 15~25 ℃、阴雨湿润的天气进行建植较好。

(4) 匍匐茎节制备

选择一块健康、旺盛的生长 1 年以上的匍匐翦股颖草坪，用铲和切刀挖起草皮，将草皮撕开，洗去泥土，用剪刀将匍匐茎切成 3~5 cm 的小茎段，每茎段保留 2~4 个节。适当喷洒水分在匍匐茎段表面，保持湿润，避免高温和太阳光直射，以免茎段蒸发脱水受损。

(5) 建植

在待建场准备好坪床，利用尺子与绳索进行划线标明建植区域和边界，大面积建植时分成面积大小相等的小区，计算总的播种量，将准备好的茎段按照小区数分成等量份，每个小区一份，均匀建植。采用穴播法时需提前标记好等距离均匀的穴位，采用沟植法时需提前划好等距的勾线，采用撒播法时分小区进行建植。

穴播法用穴径口 10 cm、穴间距 15 cm、穴深 4~5 cm 的规格设计小区坪床，茎段播量为 20 g/m²。茎段播完后，用平耙平整地表，土壤覆盖坑穴，滚筒镇压。

沟植法用沟间距 15 cm，沟深 4~5 cm，茎段播种相互搭接为宜，茎段播量为 40 g/m²。茎段播完后，用平耙将沟耙平，使茎段埋入土壤，滚筒镇压。

撒播法用均匀撒播方法，茎段相互搭接为宜，基本覆盖坪床，茎段播量为 50 g/m²。茎段撒播完后，用筛将细沙或沙壤土均匀覆盖到坪床，厚度在 1~1.5 cm，完全覆盖茎段，滚筒镇压。高尔夫及运动场草坪采用匍匐茎建植时，应用均匀撒播的方法。

在覆土镇压结束后，及时喷洒浇水，保持地表以下 15 cm 土壤湿润。

(6) 养护管理

① 浇水　新坪建植后浇水管理是关键。浇水管理要结合当地的实际降水情况进行，在匍匐茎建植草坪初期，一定要保持土壤表层（土表以下 10~15 cm）湿润，但不能积水。若下雨积水要及时排涝，防止病害发生。待 2~3 周后茎段茎节再生新的根和枝条时，减少浇水次数，每次灌透水，浇水时间一般在上午进行。

② 镇压　在新的枝叶长到 3~4 cm 时进行适度镇压（50~100kg 滚筒），使根茎与土壤结合紧密，镇压前检查草坪是否有凹凸不平整，在凹陷处覆沙壤细土，凸起严重位置应该扒开草皮修整，使得草坪平整。

③ 修剪　当新的枝叶 5 cm 以上时可以进行修剪，通常在 7~10 cm 时修剪。修剪时遵循"1/3"原则，即每次修剪掉叶片部分不超过叶片总量的 1/3，使用刀片锋利的剪草器械。

④ 施肥　通常新建草坪由于坪床已经施加基肥不存在缺肥的问题，若新坪叶片出现淡绿或黄褐色时，适当施加以氮肥为主（占 50%）的复合肥，施量为 5~7 g/m²。也可以通过叶面喷洒的方式施加水溶性氮肥，利于幼苗吸收，防止烧苗。施肥原则是少量多次。

⑤ 杂草及病虫害防治　对于小面积的建植草坪，杂草防除采用人工拔除的方法，面积较大时采用选择性的除草剂，在幼苗期不建议用化学药剂防除，以免伤害幼苗生长。杂草防除以防为主，在建坪前期进行杂草防除，茎段来源选择携带杂草率低的草皮。保持草坪的透气性，防治积水涝害发生，病虫害"综合防治、以防为主"。

4.5.5 实验相关记录与参考表格

将相关结果记录于表 4-11 中。

表 4-11 匍匐茎建植记录表

草坪草种		来源		等级		
起挖时间		匍匐茎长度(mm)		建植地点		
建植方法		建植面积(m^2)		建植时间		
行间距(cm)		播量		成坪时间		
匍匐茎建植交工前养护记录						
	第1次作业日期	使用的材料	使用用量	第2次作业日期	使用的材料	使用用量	第3次作业日期	使用的材料	使用用量
修剪									
浇水									
施肥									
杂草									
病虫害									

学生姓名：　　　　学号：　　　　班级：

4.5.6 实验作业

按本实验操作要求完成实验，简述匍匐茎建植的方法及其特点。记录匍匐茎建植技术过程。比较撒播、穴播和沟植的优缺点。完成实验报告。

实验 4.6 有土草皮的生产技术

4.6.1 实验目的

了解有土草皮生产材料及设备，熟悉和掌握有土草皮生产基本技术环节，为今后草坪生产奠定基础。

4.6.2 实验原理

草皮生产在草坪业中占有重要地位。草坪可以通过有性和无性繁殖两种方式进行扩繁。有性繁殖是用种子直接播种繁殖的方法，而无性繁殖是利用草坪草的营养器官进行繁殖的形式，也称营养繁殖。草皮是草坪的营养体的一种形式。草坪植物通过根系、根茎或匍匐茎使草坪植株间紧密相连，或通过额外加网的措施使植株间紧密相连，这样使草坪可以以草皮块等形式离开坪床而被应用于其他建植草坪的地方。目前草坪可以生产成各种形状的产品，如草皮块、草皮卷、条状草皮等。草皮生产主要涉及普通草皮的生产和地毯式草皮的生产。普通草皮生产的操作规程同种子繁殖建坪；其生产方式便于形成草皮生产基地，但存在需要占用较好立地条件的生产地和起草皮时需要带走一定厚度的表土等缺陷。地毯式草皮是目前世界上较为先进的草皮产品，它运用一定的科技工艺流程，以机械设备为依托，所生产草皮商品具有规格化、草块完整、使用率高、见效快、品种纯、运输铺装方便的优点。草皮产品广泛应用于运动场、普通绿化等地方。

4.6.3　实验材料与器具

（1）实验材料

种子或营养繁殖体、无纺布、尼龙网、复合肥料、土壤改良剂、竹签或塑料园艺地布钉等。

（2）实验器具

旋耕机、镇压器/滚压机、播种机、喷灌机/喷灌设备、排水设施（降水量大的湿润地区）、肥料撒播机、剪草机、喷药机等。

4.6.4　实验方法与步骤

（1）场地的选择

①生产草皮的地块地势要尽量平坦，坡度大时不利于生产草皮。

②场地无石块等坚硬东西，否则会损坏草皮生产机具。如果土壤中含较多的石块，可采用土壤过筛方法去除。

③土壤质地要求最好是壤质土，可以更好地提供草坪生产所需的营养环境条件；如果生产的草皮用于高尔夫果岭或运动场，最好选用沙培土壤，但水分供给需要充分。不建议采用采用黏质土壤。土壤 pH 值要求中性，过酸过碱都需要改良。

④降雨量大的地区应具有排水设施。通常在草皮生产地块一侧或两侧挖排水沟，防止降雨量过大造成草坪涝害。干旱地区需要配有灌溉设备，草皮生产最好采用喷灌，如可移动的喷灌设备等。

（2）草种的选择

具有根状茎或匍匐茎的草种或品种更适宜生产草皮，形成草皮的团聚力强，草皮强度高。冷季型草坪草：草地早熟禾、匍匐翦股颖等；暖季型草坪草：狗牙根（最广泛）、结缕草、钝叶草、假俭草、地毯草等。对于无根状茎和匍匐茎的草种，如多年生黑麦草、细羊茅、高羊茅等，生产草皮时需在土壤表面加铺隔离网，以增强草坪草的根系联结和提高草皮的抗撕拉强度。隔离网的种类有塑料、聚丙烯编织片、纱网等。春秋季宜选用聚丙烯编织片，但在高温季节，如果浇水不及时或浇水量不适，就很容易使土壤发生干燥而使小苗死亡或使土壤过湿而引发病害。高温季节宜选用纱网。有时为了缩短生产草皮时间，具有根状茎或匍匐茎的草种或品种也可采用加网措施，带网草皮 100 d 或更短时间内即可收获，也能提高草皮抗撕拉强度；若不加网草皮，一般形成高质量的成熟草皮约 18 个月。

（3）草皮生产步骤

①整地　采用旋耕机进行土壤旋耕作业，旋耕后用平地机（或激光平地机）对坪床进行平整。为了使坪床更平整，常采用拖拉机挂带拖平设备对平整后的土壤表面进一步拖平。拖平作业也会使许多杂物裸露在坪床表面，要及时清理干净。

②施入底肥　通常在生产草皮前进行土壤测试，按需平衡施肥。底肥通常是氮磷钾复合肥，如果磷肥缺乏还应补充施入磷肥，如磷酸氢二铵、过磷酸钙、重过磷酸钙等。底肥是提供草坪草生根、发芽以及健康生长所需的营养。底肥用量最好根据土壤测试结果合理施用，如北京地区目前草皮生产基地氮磷钾复合肥(15-15-15)通常用量为 30 g/m^2。施用时，应将底肥与表层 5 cm 土壤均匀混合，不宜混入深层土壤，以免造成浪费。

③播种　种子直播和匍匐茎建植方法可分别参见"实验 4.3"和"实验 4.5"。采用匍匐茎和根状茎繁殖时，单茎必须具有 2~3 个以上的健壮活节。大型草皮生产基地常采用机械播种，播种采用垂直交叉方式以保证播种均匀。播种机械的行走要匀速并有序，避免出现漏播或重复播种现象。

④喷灌设备的铺设与安装调试　播种后，进行喷灌管道的铺设与喷头的安装。喷灌管道间距根据水压以及喷头射程来定。如在水压满足需要情况下，直径 63 mm PVC 管道，管道之间间距为 15 m，射程 12 m 摇臂式喷头，喷头间距 12 m。设备安装好后需进行调试，调节喷头角度与方向以达到喷灌均匀。

⑤浇水　喷灌设备调试好后对场地进行浇水。刚建植的草坪，坪床土壤表面应保持湿润，以防止种子或匍匐茎发生干旱缺水，每次喷灌 3~6 min，使 5 cm 的土层湿润即可，直至出苗。单次浇水量不能过大，避免出现积水而发生种子漂浮或移动现象。

⑥铺网　如有必要，草坪播种后 3~5 d 内铺设隔离网，网边用竹签或园艺钉固定，待草坪草生长至隔离网能在草坪中稳定时再移除竹签或园艺钉。

⑦苗期管理　苗期管理同"实验 4.3"幼坪养护管理。种子出苗或茎生根后，随着草坪草根系生长，喷灌时间也适当延长(8~10 min 或更长)，确保 10 cm 土层湿润。成坪后，滚压一次，使坪床保持平整。草坪修剪遵循"1/3"原则，修剪机械的刀片一定要锋利，防止由于刀片钝而拔出幼苗。

⑧成坪后的日常管理　日常管理包括修剪、施肥、打药、浇水、防除杂草等措施。草坪修剪须遵循"1/3"原则，施肥多采用氮磷钾或硫酸钾型复合肥(15-15-15、12-18-15 等)。根据当地环境条件和经验，提前预防可能发生的病虫害。预防措施通常为喷施广谱杀菌剂，如甲基硫菌灵可湿性粉剂、霜霉威盐酸盐水剂等药剂。打药多采用喷药机械，按照药剂说明进行配制使用。草坪每次浇水一定要渗透草坪根系层，掌握"见干见湿"的原则，利于草坪草根系生长，增强抗逆性。草坪杂草不严重的情况下，可采用人工拔出或使用安全的除草剂进行防除。

⑨草皮收获　草坪草覆盖率达 100%时，可以收获草皮。收获时要注意以下问题：a. 土壤湿度要适宜，草坪土壤太干则需要浇水；b. 草坪高度要适宜，应通过修剪控制在合理的范围内，且起草皮前应修剪一次草坪；c. 起草皮前最好在土壤潮而不湿时对草坪滚压一次，然后再起草皮；d. 起出的草皮最佳厚度为 1.3~1.9 cm，这样既减少土壤损失，也满足草皮性能。大多数起草皮机的切割宽度与厚度均可调节，典型草皮宽 30~46 cm，长 1.2~1.8 cm，大型草皮宽度可达 61~122 cm，长 46 m 左右，大型草皮主要用于运动场和较大铺植地。对于步行式起草皮机和大型拖拉机牵引起草皮机，机械工作效率为 200~1000 m^2/h 不等。人工起草皮通常使用起草皮铲，草皮厚度往往无法保证均匀一致，工作效率低，不建议采用。

⑩草皮收获后的再生　如果生产草皮的草种具有根状茎，草皮收获后几小时内要对场地进行灌溉，确保被切断根状茎的存活，特别在炎热的夏天应及时浇水，必要时也要施肥。收

获后的草皮若只靠自身再生成为可利用的草皮，其速度很慢，为加快成坪速度可追播草坪草种子，播量为 11~22 kg/hm^2。若原有草皮是多个品种混合，则不能保证它们各自原来的比例。

(4)注意事项

为了避免草皮受热或脱水而造成损伤，收获的草皮应尽快铺植，一般要求在 24~48 h 内铺植好。草皮堆积在一起，由于植物和土壤微生物呼吸产出的热量不能排出，使内部温度升高，可导致草皮损伤或死亡。在草皮堆放期间，气温高、叶片较长、植株体内含氮量高、病害、通风不良等都可加重草皮发热产生的危害。长期暴露在外的草皮也容易发生干燥失水，特别是高温、较低的土壤或空气湿度、大风都可加重草皮脱水，影响草皮的外观和成活率。因此，如果不能立即铺植，购买的草皮应放置在凉爽处并保持湿润和通风。

4.6.5 实验相关记录与参考表格

将实验数据填于表 4-12 中。

表 4-12 草皮生产记录表格

场地地址		周边环境条件	
地势情况		场地面积(m^2)	
土壤质地		土壤 pH 值	
生产材料用量记录			
草坪草种		品种	播种量
覆盖名称		用量	
肥料		用量	
土壤改良剂		用量	
除草剂		用量	
其他			
养护管理记录			
播种时间		出苗时间	成坪时间
灌溉情况			
施用肥料情况			
土壤改良剂			
除草情况			
其他			
草皮生产及生产后管理			
起草皮时间		生产面积(m^2)	草皮厚度(cm)
养护管理情况			
其他			

4.6.6 实验作业

按本实验操作要求完成实验。简述有土草皮生产方法及技术要点。完成实验报告。

实验 4.7　无土草皮卷生产技术

4.7.1　实验目的
了解无土草皮生产材料及设备，掌握无土草皮生产基本技术环节，服务于草皮生产。

4.7.2　实验原理
无土栽培无须依赖土壤，它是将草坪草种植在非天然土壤基质材料做成的种植床上，如砂、砾石、蛭石、珍珠岩、稻壳、炉渣、岩棉、蔗渣等，因其不用土壤，故称无土草皮。

4.7.3　实验材料与器具
(1) 实验材料

种子或营养繁殖体、无纺布、隔离布(化纤产品、编织袋、塑料薄膜)、一定比例的基质(农作物秸秆、蘑菇废料、木屑、煤渣、珍珠岩)、肥料、土壤改良剂等。

(2) 实验器具

平地机、镇压器/滚压机、播种机、喷灌机/喷灌设备、肥料撒播机、剪草机、喷药机等。

4.7.4　实验方法与步骤
(1) 场地的选择

场地要求平整，不能坑洼不平，可以用平地机或人工进行整平。

(2) 隔离布的选择

隔离材料可以是化纤产品、编织袋、塑料薄膜等，但最好是空隙在 0.001~0.1 mm 之间的化纤材料，致密的废旧编织袋是一种经济有效的隔离材料，塑料薄膜在有喷灌条件下也可使用。

要求具有成本低、透气、渗水性能好、种子出苗后穿出性能好、形成草皮卷时间短的特点。目前生产中较为理想的隔离层材料主要有：

①无纺布　成本低，渗透性好，便于草坪草幼苗、胚根胚芽穿过，同时根系可缠绕其上以防脱落。

②聚丙烯编织片　草坪草的一部分根系穿过编织片纵横条之间的缝隙扎入土层中，另一部分根系在编织片上的覆土中生长，这些根系横向平展生长，牢固地缠结在一起。

③聚氯乙烯地膜　使草坪草根系与土壤很好地隔离开，阻止草根下扎，促其横向生长，盘根形成网状，呈现"草毯状"坪面。

(3) 草种的选择

无土草坪生产选择的草坪草种通常是应用根状茎和匍匐茎发达的草种偏多，例如，暖季型草坪草种冷狗牙根、百喜草、马蹄金等；冷季型草坪草种草地早熟禾、匍匐翦股颖等。丛生型的高羊茅在市场上需求也在增加，也有无土生产的草皮。草种选择也要根据当地的环境条件与生产季节。播种量参照有土草皮的播量方法。

（4）基质的配比

在隔离层材料上必须覆盖一定厚度的营养基质，一方面可起到固着草坪草根茎的作用；另一方面满足草坪草对于水分和养分的需求。为了促进草坪草根系发展，快速成坪，一般要求基质疏松而富含有机质。农作物秸秆、蘑菇废料、木屑、煤渣、珍珠岩等或其中几种按一定的体积配比而成的混合基质，可满足无土草坪生产的需要。基质材料要根据当地情况和经济有效的原则就地取材。例如，①取细碎的塘泥或心土1份，腐熟的木糠或蔗渣糠1份，再加入相当于塘泥体积1/3的腐熟的猪粪干，在以上每吨混合土中加尿素1kg、过磷酸钙5kg混合，然后根据草坪草品种所要求的pH值条件调节该营养土的酸碱度。②以木屑、珍珠岩、煤渣等作为基质与园田土混合。③用垃圾土加园田土作介质。④煤渣增施化肥。

（5）坪床的准备

将平整好的地块，铺上隔离布，然后在隔离布（无纺布或塑料地膜、聚丙烯编织片等隔离材料）上均匀覆施预先配置好的基质，通常厚度2.0~2.5 cm，用木耙平耙搂平以备播种。

（6）种植

①种子处理　播种前，采用50%多菌灵可湿性粉剂0.5%溶液，或70%百菌清可湿性粉剂0.3%溶液，对种子进行24 h浸泡消毒，沥水后播种。

②播种方法及播种量　参照"实验4.3 草坪种子直播建植技术"中有关种子质量、播量计算、播种方法，播后用耙将种子掺入到基质中，然后滚压（镇压）使其与基质紧密接触，有利于草皮的迅速生成。镇压后可以加盖无纺布、稻草、草帘、秸秆等覆盖材料。以及播后初期的养护管理。

（7）养护管理

①灌溉　灌溉时最好使用喷灌强度较小的喷灌系统，以雾状喷灌为好；灌水速度不应超过土壤的有效吸水速度，一般一次灌水持续到2.5~5.0 cm土层完全浸润为止；严格限制坪床面积小水坑的出现。灌水原则是前期少量多次，三叶期以后逐渐减少灌水次数，但灌水量需加大。

②揭除覆盖物　待幼苗基本出齐后，选择阴天或傍晚及时揭去覆盖物。

③追肥　在草坪草出苗后20~25 d，根据植株症状，因地制宜补施氮肥和氮磷复合肥。一般生长前期以追施氮肥为主，施肥量5~10 g/m^2，每10~15 d施肥一次；生长中期以施氮磷复合肥为主，施肥量10~15 g/m^2，每隔10~15 d施肥一次，也可喷施1.0%~1.5%加氮磷酸二氢钾溶液，加速不定根等次生根的再生，促使高质量草皮卷的形成。

④修剪　草坪修剪作业借助草坪修剪机进行，新种未完全成熟的草坪遵循"1/3"修剪原则。修剪留茬高度依草坪草种和品种而异，如多年生黑麦草为4~6 cm，草地早熟禾4.5~6.5 cm，高羊茅5.0~7.0 cm，紫羊茅2.5~6.5 cm，匍匐翦股颖0.6~1.8 cm，结缕草3.0~5.0 m，狗牙根2.0~3.8 cm。修剪频率因季节而异，一般在生长旺盛期，每周需修剪2~3次，并最好将修剪的草屑清理出草坪。

⑤其他　杂草、病虫害防除在草皮养护过程中是关键的技术环节，从某种程度上说对商品草皮的质量起决定作用。此外，草皮生产过程中进行适时打孔是必需的。

播种后，水分以保持基质层湿润不翻白为宜，一般早晚各浇水一次。施肥时间和用量视生长情况而定，肥料以速效肥为主。修剪在草高10 cm开始进行，按"1/3"原则执行。同时要注意少量杂草的拔除和病虫害防治。

(8) 草皮收获

当坪床上草坪草的覆盖率达 95% 以上，一般在播种后 40~50 d，待草坪草根茎形成网状，坪床表面呈毯状时，即可收获草皮。收获前做好一切准备工作，包括修剪、保持草皮适度湿润等。一般生产中用起草皮机进行草皮收获。

(9) 草皮运输

块状草皮一般堆叠起来运输，条状草皮则可由卷草机卷成草皮卷运送，通常长 50~150 cm，宽 30~150 cm 的草皮便于运输和铺装。运输时为保持草皮湿润，最好用帆布或遮阴网盖顶，同时还要防止草皮内部发热。

(10) 草皮收获后的工作

每隔 2 d 对已收获的草皮地进行一次旋耕和滚压，及时清理残留在地面上的隔离层材料。

4.7.5 实验相关记录与参考表格

将实验数据填于表 4-13 中。

表 4-13 草皮生产记录表格

场地地址		周边环境条件	
地势情况		场地面积(m^2)	
生产材料用量记录			
草坪草种		品种		播种量	
隔离布材料			用量		
基质材料		配比		用量	
拌种药剂			用量		
覆盖材料			用量		
养护管理记录			
播种时间		出苗时间		成坪时间	
灌溉情况					
施用肥料情况					
土壤改良剂					
除草情况					
其他					
草皮生产及生产后管理			
起草皮时间		生产面积(m^2)		草皮厚度(cm)	
养护管理情况					
其他					

4.7.6 实验作业

按本实验操作要求完成实验。掌握无土草皮生产各环节的技术要点,实地操作,查阅资料,试述目前无土草皮成功应用的材料有哪些。写出一份完整的实验报告。

第 5 章
草坪养护管理

实验 5.1　草坪修剪实验

5.1.1　实验目的

本实验通过设置不同的草坪修剪高度，使同学们更好地理解草坪草的修剪原则，掌握修剪对草坪草生长发育的影响和正确的修剪操作步骤及方法，了解不同草坪草的适宜修剪高度，进而能够提出某种草坪的合理修剪方案。

5.1.2　实验原理

草坪修剪是指为了维护草坪美观或者为了特定的使用目的，使草坪保持一定高度而进行的定期剪除多余枝条的措施。它是草坪基本的养护管理措施之一。在草坪草能忍受的修剪范围内，草坪修剪得越低，草坪显得越均一、平整而更加美观。反之，草坪若不修剪，草坪草容易出现生长参差不齐，会降低其观赏价值。

草坪草能忍耐修剪，主要是由于草坪草具有亚顶端分生组织和从茎基、横向茎节上发育新植株的能力。其再生部位主要有：剪掉上部叶片的老叶可以继续生长；未剪到的幼叶尚能长大；基部的分蘖节可产生新的枝条。又由于根茎储藏着一定的营养物质，因此草坪草具有很强的再生能力，可以忍耐较频繁的修剪。

草坪修剪的基本原则是"1/3"原则，即每次修剪量不能超过茎叶组织纵向总高度的1/3，也不能伤害根颈，否则会因地上茎叶生长与地下根系生长不平衡而影响草坪草的正常生长。适度、正确的修剪可以控制草坪高度，抑制草坪草生殖生长，增加草坪草分蘖，促进横向匍匐茎和根状茎的发育，提高草坪密度和质地，使草坪更加美观。此外，修剪还能够起到抑制杂草蔓延、减少杂草种源、改善草坪通风状况、降低病虫害发生几率等作用。但修剪对草坪草也是一种胁迫，会影响草坪草根系生长，使根系变浅和贮存性营养物质减少，降低了草坪草抗逆性。另外，频繁修剪增加了叶片切口与外界环境的接触时间，容易发生和传播病害。总之，适度、正确修剪对于维持一个健康、实用和令人心情愉悦的草坪具有非常重要的作用。不正确的修剪，如修剪次数太多或太少、留茬过低、剪草机刀片钝等，会严重降低草坪质量，甚至加速草坪草死亡和草坪退化。

5.1.3　实验材料与器具

（1）实验材料

待修剪的健康草坪 2 块（如匍匐剪股颖/狗牙根果岭草坪、草地早熟禾/多年生黑麦草/

高羊茅等草坪)。

(2)实验器具

滚刀剪草机、旋刀剪草机、直尺、钳子、根系取样器/土钻、样方框等。

5.1.4　实验方法与步骤

(1)剪草前的准备

①待剪草坪场地的清理　剪草前要清理待修剪草坪中的铁丝、石块、木棍等杂物,防止发生危险。

②检查剪草机的状况　检查剪草机整体状况如汽油、机油、火花塞、螺丝、空气滤清器、油门钢索、刀片、刀盘护罩、快速释放装置等;掌握如何启动和迅速停止发动机,认真学习相关操作规程和安全须知,做到正确使用剪草机,避免发生安全事故。

③将剪草机修剪高度调整到需要的高度　根据草坪草种、环境条件、当前草坪高度和使用功能的要求预先把剪草机的剪草高度设置好并固定。不同草种参考适宜修剪高度见表5-1,草坪剪草高度遵循"1/3"原则。

④对喷头等障碍物做标记,计划修剪行走路线　对修剪场地的障碍物如喷灌的喷头位置作标记,以免剪草机剪草过程中损坏喷头。对剪草质量要求高的草坪,剪草前事先观察或查阅上一次剪草模式,计划此次修剪路线。防止运动区域草坪出现纹理现象影响草坪滚动速度。

⑤做好个人防护　剪草操作人员剪草前穿戴好(保护鞋、长裤、护目眼镜),做好个人防护,以免修剪意外伤害到人。

(2)修剪草坪

①启动发动机　打开化油器上的燃油阀、阻风阀,调节油门。然后抓住手柄,拉起起动杆直到启动发动机,关小油门,急速运转3 min,发动机升温后再开大油门,开始作业。

②割草作业　根据草坪草生长高度掌握行走速度,手推剪草机以不是太费劲为宜,匀速行驶。转弯时,手推把向下按,前轮离地再转弯;自走式剪草机只需合上离合器,将油门控制手柄放在"工作"状态,以恒定速度前行。转弯时,先松开离合器手把,然后两手将推把向下按,前轮离地,再转弯。

高质量的草坪,修剪模式很重要,所以修剪前事先设计好修剪模式,计划好机械行走路线,尽量做到不重复不漏掉,也就是一个地方不出现重复修剪现象,也不出现没有修剪到的地方。

③停机　修剪作业结束,应将油门控制手柄推至慢速位置,转动2 min,再推至停止位置,让发动机自动熄火。

(3)修剪后的观察测定

按照"1/3"原则适时修剪,每次修剪前观测每个小区草坪草的生长状况:如生长速率、密度、根系生物量、根系深度、病害发生情况等,并根据NTEP 9分制评分标准评估草坪的外观质量。

5.1.5　实验相关记录与参考表格

主要草坪草的参考修剪高度见表5-1。观测数据可填于参考表5-2和表5-3中。

表 5-1　主要草坪草的参考修剪高度

草种	修剪高度(cm)	草种	修剪高度(cm)
海滨雀稗	0.4~1.3	匍匐翦股颖	0.3~1.3
普通狗牙根	1.3~5.0	细弱翦股颖	0.8~2.0
杂交狗牙根	0.3~1.5	草地早熟禾	1.9~6.4
结缕草	1.3~5.0	多年生黑麦草	1.3~5.0
假俭草	2.5~5.0	高羊茅	3.8~7.6
地毯草	2.5~5.0	紫羊茅	3.8~5.1
钝叶草	6.0~9.0	野牛草	2.5~7.5

表 5-2　修剪对草坪草生长状况的影响

草坪草种_____　原草坪高度_____　修剪日期_____　调查日期_____

修剪高度 (cm)	生长速率 (cm/d)	草坪密度 (株/m²)	根系深度 (cm)	根系生物量 (g/m²)	其他

表 5-3　修剪对草坪质量的影响

草坪草种_____　原草坪高度_____　修剪日期_____　调查日期_____

修剪高度(cm)	色泽	密度	质地	均一性	综合质量

5.1.6　实验作业

将上述观测记录和数据进行汇总分析，比较不同修剪高度对草坪草生长和草坪质量的影响，综合评定出供试草坪适宜的修剪高度，撰写并提交实验实习报告。

实验 5.2　草坪施肥实验

5.2.1　实验目的

通过不同养分配比的草坪施肥实验，使同学们了解不同养分对草坪草生长的影响和草坪草的营养需求特性，掌握草坪草对大量营养元素的反应状况，在实际中能够做到合理施肥。

5.2.2　实验原理

草坪施肥是草坪养护管理的重要环节。通过科学施肥，不但为草坪草生长提供所需的营养物质，还可增强草坪草的抗逆性，延长绿期，维持草坪应有的功能。

合理施肥应是在了解各种营养元素作用和肥料特性的基础上，综合考虑养分供求状况、草坪草养分需求特性、环境条件、草坪质量要求、肥料成本、草坪草生长速度、土壤理化性状和栽培管理措施等因素，科学制定施肥方案。科学合理的施肥方案应包括合理选择肥料种类、适宜的施肥量和施肥次数、正确的施肥时间和适合的施肥方法等。

(1) 适宜的施肥量

确定草坪肥料的适宜施用量主要应考虑下列因素：草种类型和所要求的质量水平；气候状况(温度、降水等)；生长季长短；土壤特性(质地、结构、紧实度、pH 值、有效养分等)；灌水量；草屑是否移出；草坪用途等。

氮是草坪施肥首要考虑的营养元素。氮肥施用量常根据草坪色泽、密度和草屑的积累量来定。颜色褪绿转黄且生长稀疏、缓慢，剪草量很少是草坪需要补氮的征兆。不同草种或不同品种以及不同用途，草坪对氮素的需求都存在较大差异(表 5-4 和表 5-5)。钾肥和磷肥的施用量通常根据土壤测定结果来确定。在一般情况下，推荐施肥中 $N:K_2O$ 之比选用 $2:1$ 的比例，除非测定结果表明土壤富含钾。对于多数成熟草坪来说，每年施入 $5\ g/m^2$ 磷即可满足需要。但是对于即将建植草坪的土壤来说，可根据土壤测定结果，适当提高磷肥用量，以满足草坪草苗期根系生长发育的需要，以利于快速成坪。冷季型草坪草与暖季型草坪草氮素需求见表 5-4 和表 5-5 所列。

(2) 正确的施肥时间

根据草坪管理者多年的实践经验，认为当温度和水分状况均适宜草坪草生长的初期或期间是最佳的施肥时间，而当有环境胁迫或病害胁迫时应减少或避免施肥。对于暖季型草坪草来说，在打破春季休眠之后，以晚春和仲夏时节施肥较为适宜。第一次施肥可选用速效肥，但夏末秋初施肥要小心，要防止草坪草受到冻害。对于冷季型草坪草而言，春、秋季施肥较为适宜，仲夏应少施肥或不施，或者进行叶面喷施和应用土壤湿润剂相结合。晚春施用速效肥应十分小心，这时速效氮肥虽促进了草坪草快速生长，但有时会导致草坪抗性下降而不利于越夏。这时如选用适宜释放速度的缓释肥，可能会帮助草坪草生长健壮，度过夏季高温高湿的胁迫。

(3) 适宜的施肥次数

根据草坪养护管理水平。实践应用中，草坪施肥次数的多少，取决于多种因素：草坪土壤供肥现状；用户对草坪质量的要求；草坪的用途；草坪草的生长现状；草坪管理强度等。

根据多年的施肥经验，在氮肥的施用上，建议采用少量多次的施肥方法。少量多次施肥的目的在于得到一个相对均匀而且适量的氮素供应水平，以避免过多施氮或不均衡施氮导致草坪草徒长、抗性下降和产生氮素淋洗。

（4）正确的施肥方法

由于单株草坪草的根系所占面积较小，所以施肥均匀才能达到草坪理想的施肥效果。目前，草坪施肥方法主要有颗粒撒施、叶面喷施和灌溉施肥3种方式。常根据草坪养护管理条件、肥料类型和性状以及草坪草养分需求、土壤养分状况等因素选择正确的施肥方法。

5.2.3　实验材料与器具

（1）实验材料

①已建植成坪的绿地草坪；

②尿素、过磷酸钙或重过磷酸钙、氯化钾或硫酸钾、复合肥等肥料适量。

（2）实验器具

电子秤、托盘、施肥机、直尺、胶卷盒或塑料袋等，适量过筛的细沙。

5.2.4　实验方法与步骤

（1）试验处理可参照表5-6进行设计，随机区组排列，小区面积不小于1 m×1 m，重复3次。为防止相互干扰，相邻小区应至少间隔0.5 m。

（2）选择合适的肥料，按照小区面积、各处理施肥量和肥料养分含量进行肥料计算和称取，做好编号和记录。

（3）施肥前对草坪进行修剪，记录修剪高度和修剪时间，并根据NTEP 9分制评分标准对草坪外观质量进行评价。

（4）按照对应编号进行施肥，小区面积较小时，采用人工撒施，人工撒施通常进行小面积标记，也就是将小区用线分划成等大小的小格，在每个小格中撒等量的肥；小区面积较大时，可采用下落式施肥机撒施。施肥时将每个小区所施肥料均分为两份交叉施用，以保证施肥尽可能均匀。如果肥料量太少，可将肥料混合适量细沙后再撒施。施肥过程中机械行走一定要匀速，施肥的机械行走路线事前应计划好，做到不重施不漏施，也就是施肥机械不要重复一个地方施肥，也不要漏掉没有施肥的地方。

（5）施肥完成后，各处理要及时进行适量浇水以使肥料溶解。浇水最好采用喷灌，绝不可以漫灌。

（6）各处理草坪应保持正常浇水和修剪，定期观察草坪草生长和草坪色泽、密度变化等，并记录。草坪需要修剪时，可使用剪草机收集一定面积的草屑，烘干后称重，计算单位面积草屑量。

5.2.5　实验相关记录与参考表格

填写草坪生长状况调查表5-7，包括生长速率（高度变化）、修剪频率、草屑量、密度（株/m^2）、根系状况等，采用NTEP 9分制评价标准定期（一般5~7 d）对草坪外观质量和病虫害发生程度进行评估（表5-8）。

表 5-4 常见暖季型草坪草对氮素的需求状况

暖季型草坪草品种		每个生长月的需氮量(kg/hm²)		
		一般绿地草坪	运动场草坪	需氮情况
狗牙根(Bermuda grass)	普通狗牙根	9.8~19.5	19.5~34.2	低—中
	杂交狗牙根	19.5~29.3	29.3~73.2	中—高
钝叶草(St. Augustinegrass)		14.6~24.2	19.5~29.3	低—中
野牛草(buffalograss)		0.0~14.6	9.8~19.5	很低
假俭草(centipedegrass)		0.0~14.6	14.6~19.5	很低
海滨雀稗(seashore paspalum)		9.8~19.5	19.5~39.0	低—中
美洲雀稗(bahiagrass)		0.0~9.8	4.9~24.4	低
结缕草(zoysia grass)	一般品种	4.9~14.6	14.6~24.4	低—中
	改良品种	9.8~14.6	14.6~29.3	低—中

表 5-5 常见冷季型草坪草对氮素的需求状况

冷季型草坪草	每个生长月的需氮量(kg/hm²)		
	一般绿地草坪	运动场草坪	需氮情况
草地早熟禾(Kentucky bluegrass)	14.6~19.5	19.5~39.0	中
加拿大早熟禾(Canada bluegrass)	0.0~9.8	9.8~19.5	很低
一年生早熟禾(annual bluegrass)	14.6~24.4	19.5~39.0	低—中
高羊茅(tall fescue)	9.8~19.5	14.6~34.2	低—中
紫羊茅(red fescue)	9.8~19.5	14.6~24.4	低
多年生黑麦草(perennial ryegrass)	9.8~19.5	19.5~34.2	低—中
匍匐翦股颖(creeping bentgrass)	14.6~29.3	14.6~48.8	低—中
细弱翦股颖(colonial bentgrass)	14.6~24.4	19.5~39.0	低—中

表 5-6 参考施肥处理

编号	处理	养分用量(g/m²)		
		N	P	K
0	对照(不施肥)	0	0	0
1	NPK1	8	6	4
2	NPK2	4	3	2
3	N1	8	0	0
4	N2	4	0	0
5	NP	4	3	0
6	NK	4	0	2
7	PK	0	3	2

表 5-7　不同施肥处理草坪草生长状况

草坪草种_____　施肥时间_____　调查日期_____　　　　修剪高度_____ cm

施肥处理	生长速率(cm/d)	修剪频率（次）	草屑量（g/m²）	草坪密度（株/m²）	根系深度(cm)	根系生物量（g/m²）

表 5-8　不同施肥处理草坪外观质量评估

草坪草种_____　施肥时间_____　评估日期_____　　　　修剪高度____ cm

施肥处理	色泽	密度	质地	均一性	病虫害	综合质量

5.2.6　实验作业

分析调查和评估结果，比较不同养分及氮素用量对草坪草生长和草坪质量的影响，撰写并提交实验实习报告，并针对该草坪提出合理的施肥建议。

实验 5.3　草坪灌溉与灌溉制度的制定

5.3.1　实习目的

掌握草坪灌溉的基本原理和方法，初步掌握制定草坪灌溉制度的方法。

5.3.2　灌溉制度设计原理

草坪草作为植物其组织含有 60%~85% 的水分。一般草坪草生长 1 g 干物质约需 500~700 g 水，但在草坪的实际管理中消耗的水量远远大于上述数值，其原因在于不同土壤的蒸发、渗漏等都会对草坪的实际用水量产生影响。因此，灌溉制度设计需要综合考虑草坪草种，养护管理要求，当地气候条件以及土壤条件等因素。

5.3.3 确定灌溉制度

(1) 确定灌水定额(M)

根据草坪水管理要求,当计划湿润层土壤储水量降到规定含水量下限(永久萎蔫点,W_{min})时开始灌水,灌水达到规定储水量上限(田间饱和持水量,W_{max})时停止灌水,其灌溉用水量即为灌水定额。因此,灌水定额可通过以下公式计算:

$$M = (W_{max} - W_{min})\eta = H \times (\beta_{max} - \beta_{min}) \times \eta \tag{5-1}$$

式中 M——灌水定额(单位面积灌水量,m^3/m^2);

H——土壤计划湿润层深度(m),草坪草是浅根系植物,一般来说根系密集于 $0\sim10$ cm 土层中,其中约 90% 根系分布在 $0\sim20$ cm。综合考虑根系分布、土壤微生物的活性及实施灌溉时便于操作等因素,一般可将 H 定为 0.25 m;

β_{max}, β_{min}——计划湿润层土壤含水率(%)的上、下限,根据土壤类型和草坪的管理水平要求,灌溉设计时可将土壤含水量上限定为田间持水量的 90%~100%,下限定为 50%~65%;比如一般砂土田间持水量 14%,永久萎蔫点 6%;壤土田间持水量 34%,永久萎蔫点 14%;黏土田间持水量 41%,永久萎蔫点 28%;

η——灌溉水利用系数(参考下列数值取值:风速<3.4 m/s,η 取 0.8~0.9;风速为 3.4~5.4 m/s,η 取 0.7~0.8,湿润地区取大值,干旱地区取小值)。

(2) 确定灌水周期

从前一次灌水使计划湿润土层储水量达到允许储水量上限时到储水量下降到下限时所经历的时间。计划湿润土层储水量变化主要是草坪的蒸腾,而对其储水量形成补充的因素主要为有效降水量。根据指导灌溉制度制定的田间水平衡原理可得简化的灌水周期计算公式如下:

$$T = (W_{max} - W_{min} + P_e) / ET \tag{5-2}$$

式中 T——灌水周期,d;

P_e——T 时段内有效降水量,m^3/m^2;而 $P_e = \sigma \cdot P$;

P——某次降水的降水总量;气象中心数据或者自有小型气象站数据;

σ——降水有效利用系数,其值与降水量、降水强度、降水延续时间、降水前土壤含水量、土壤性质、作物生长状况、地面坡度及覆盖情况以及计划土壤湿润层深度等因素有关。以下 σ 值仅供参考:一般当 $P<3\sim5$ mm 时,$\sigma=0$;$3\sim5$ mm$<P<50$ mm,$\sigma=1.0$;50 mm$<P<100$ mm,$\sigma=1.0\sim0.8$;100 mm$<P<150$ mm,$\sigma=0.8\sim0.7$;$P>150$ mm,$\sigma=0.7$;

ET——T 时段内草坪日均蒸发量,$m^3/m^2 \cdot d$;而 $ET = ET_0 \times K_c$;

K_c——作物系数,据报道冷季型草的生长季平均作物系数介于 0.98~1.09 之间,暖季型草的介于 0.70~0.96 之间。草坪灌溉设计应该使草坪需水量得到充分保证,草坪需水量可近似地根据相关气象资料用彭曼公式计算的参考作物蒸腾量(ET_0)来表示。ET_0 值可在当地灌溉实验站查得。

其余符号意义同前。

(3) 确定灌溉定额

灌溉定额等于一个灌溉季中各次灌水定额之和。

5.3.4 草坪灌溉实施

5.3.4.1 灌溉的需求

(1) 植物观察法

草坪植株在出现生理干旱缺水时，一般会出现缺水症状，如叶片下垂，萎蔫，叶面边缘卷曲，叶色变灰绿等。

(2) 土壤观察法

土壤水分含量较低时颜色呈灰白色或浅白色，当水分含量正常时颜色变深变暗。当土壤干至 10~15 cm 时需要灌水。

(3) 仪器检测法

利用张力计测量土壤的水势，或者常用基于时域反射原理（TDR）的土壤含水量测定仪来确定坪床土壤的水分含量是否正常。

5.3.4.2 灌溉的方法

(1) 喷灌

草坪一般以喷灌为主，是利用水管输送系统和其他压力控制设备将水传送到灌溉草坪，并形成喷射的水珠洒落到坪床表面的一种灌溉方法。喷灌的灌水方式具有节水、浇灌面大、洒水均匀、操作方便、效率高等特点。

(2) 微灌

微灌是利用出水孔口非常小的滴管带，打开水阀开关将水一滴一滴均匀缓慢地滴灌在草坪上。此方法对水压要求不高，较为节水。

5.3.4.3 灌溉注意事项

实施喷灌过程中，灌溉强度适当，要保证喷灌的水流全部渗入坪床土壤以下，不能在地表形成径流或大量积水。

在实施喷灌过程中，由于喷头射程有限，喷灌的喷头需要均匀地分布在坪床的各个位置，喷头之间要有较好的重叠，保障水量覆盖整个坪床，分布均匀。风力较大时应停止喷灌作业，避免浪费和浇灌的不均匀。

5.3.5 实验相关记录与参考表格

将实验数据填于表 5-9 中。

表 5-9 草坪灌溉与灌溉制度的制定表

场地地点		草坪类型	
建植草种		作物系数 K_c	
灌水定额		灌水周期	
灌溉定额		灌水量（mm）	
灌溉时间		灌水次数	

(续)

灌溉需求测定	
植物观察法	
土壤观察法	
仪器检测法(张力计)	
备注	

表 5-10 草坪喷灌均匀性测定

场地地点				
建植草种		草坪类型		
测定时间		喷头类型	喷头射程(m)	
喷灌均匀性测定				
样地/盛水杯编号	水量(L)	样地/盛水杯编号	水量(L)	
1		15		
2		16		
3		17		
4		18		
5		19		
6		20		
7		21		
8		22		
9		23		
10		24		
11		25		
12		26		
13		27		
14		28		
总变异				

5.3.6 实验作业

编写并提交一份实习报告，内容包括资料整理方法及结果、草坪灌溉制度(灌溉定额、灌水定额、灌水次数、灌水日期等)。

实验 5.4 草坪打孔实验

5.4.1 实验目的

通过草坪打孔实验实习，使同学们掌握草坪打孔的基本原理、操作步骤和注意事项，并能够针对不同草坪用途和目的提出合理的打孔建议和方案。

5.4.2 实验原理

打孔是指利用机械或人工的方法在草坪上打出许多的小孔,以调节草坪土壤的理化性状和草坪草的生长状态,从而达到改良草坪质量的目的。

草坪在使用一段时间后,由于养护管理设备(如剪草机、滚压机、施肥机等)的碾压和人为践踏等原因,草坪表层土壤容易变得紧实,从而限制水、空气和肥料渗入土壤,使得草坪草根系发育不良,有害气体积累以及草坪枯草层累积,进而造成草坪草生长受到抑制,抗性下降,草坪质量降低。针对上述问题,打孔可以改善土壤的透气性,促进表层土壤气体交换;有利于水分和养分进入草坪根系层,加速草坪表面水分下渗和排干;控制枯草层的积累;为新生草坪草根系和茎叶提供生长空间,促进草坪草更新。但打孔措施也有一定的副作用:短期内对草坪的平滑度产生一定的影响;由于土壤表面积和通气性增加,容易造成草坪草失水过快,受到干旱胁迫。但只要采取合理的综合管理措施,在打孔后及时补给水分、养分并结合其他措施进行精细管理,就可以消除打孔带来的不利影响,从而真正发挥打孔的作用。

5.4.3 实验材料与器具

(1)实验材料

修剪平整的健康草坪(最好是运动场草坪)、表层覆沙材料。

(2)实验器具

手工打孔器或打孔机、扫帚、铁锹、根系取样器、样方框等。

5.4.4 实验步骤

(1)打孔前的准备

①确定打孔时间 选择草坪草生长旺盛、无逆境胁迫时进行打孔实习,打孔后草坪草恢复生长快,对草坪质量的破坏时间短。冷季型草坪一般在春季或夏末秋初进行,暖季型草坪在春末夏初进行。

②确定打孔深度 打孔产生的空洞,直径一般在 0.5~2.5 cm 之间,深度一般 5~15 cm。打孔的密度和深度主要取决于草坪的状况和打孔的目的。根据是否取出土芯,打孔针分空心和实心两大类型。一般情况下,使用空心打孔针的打孔效果要比实心的打孔针好。实习时,可设置不同的打孔类型、深度、密度和孔洞直径处理,以观测不同打孔方法对草坪草生长和草坪质量的影响。

③检查并设置好打孔机械 检查打孔机的操作部件是否正常,检查打孔机的整体状况如汽油、机油、火花塞、螺丝、空气滤清器、打孔针等装置。设定好所需的打孔深度与孔距。

④清理场地 在打孔作业前,必须清除草坪内的杂物,如砖、石、树枝、树桩、钢筋、碎布、塑料瓶等,防止损伤机械或打孔针。

⑤标记喷头 场地清理完后要标记草坪喷头位置,以警示打孔时谨慎操作,以免损坏喷头。

(2)打孔作业

①打孔开始前设计好行走路线,机械作业时要匀速运动,基本上做到不重复不漏掉,即草坪表面打孔地方不出现重复打孔现象,也不出现漏掉没有打孔的地方。

②机械或人工收集打出的土芯。

③打完孔且土芯收集完毕的草坪,再用剪草机进行修剪,以清除所有残留的碎屑并平滑草坪表面。

④覆沙作业,以填充打出的孔。

⑤平整覆沙的草坪表面,以达到表面光滑、平整。

(3)打孔注意事项

打孔作业应在土壤湿度适宜时进行,土壤过干或过湿都有不利于打孔的正常进行,所以在过干情况下,要进行提前浇水,过湿情况下要等其到湿度适宜情况下进行。打孔后通常要伴随覆土或覆沙作业,或通过拖耙、垂直修剪等措施将打出的土芯原地破碎,使其部分回填到孔内。此外,打孔后要适时灌溉和施肥,以利于草坪草快速恢复。

5.4.5 实验相关记录与参考表格

定期(5~7 d)观测不同打孔方法对草坪草生长和草坪质量的影响,将观测数据填入表5-11和表5-12。

表 5-11 打孔对草坪草生长的影响

草坪草种_____ 打孔时间_____ 调查日期_____ (空心/实心)打孔针

打孔深度 (cm)	孔洞直径 (cm)	孔洞间距 (cm)	生长速率 (cm/d)	草坪密度 (株/m²)	根系深度 (cm)	根系生物量 (g/m²)

表 5-12 打孔对草坪质量的影响

草坪草种_____ 打孔时间_____ 评估日期_____ (空心/实心)打孔针

打孔深度 (cm)	孔洞直径 (cm)	孔洞间距 (cm)	色泽	密度	质地	均一性

5.4.6 实验作业

分析实验实习数据和结果，针对各自实验草坪种类和使用目的提出合理的打孔作业建议，每人提交一份草坪打孔实验实习报告，并相互交流实验实习结果与经验。

实验 5.5　草坪滚压实验

5.5.1 实验目的

通过草坪滚压实验实习，使同学们掌握草坪滚压的基本作用、操作步骤和注意事项，并能够针对不同草坪用途和目的提出合理的滚压方案。

5.5.2 实验原理

滚压是草坪管理中一项重要的管理措施，是用一定质量的滚压器对草坪进行镇压的作业。针对不同的情况，滚压有以下几个方面的作用：在草坪建植时，可以平整和压实坪床表层土壤；播种或撒茎后可使种子或种茎与土壤紧密接触，有利于种子发芽和匍匐茎生根；幼苗期适时适度滚压可以促进草坪草分蘖和根系生长，提高成坪速度；对于成坪期草坪，滚压可以提供一个结实、平整的表面，提高草坪的外观质量和稳定性，有利于运动场草坪草在使用后的恢复；通过不同方向的滚压可以产生各种形状的条纹，使草坪更加美观；在有土壤冻层的地区，滚压可以改善早春时节由于冻融交替造成草坪表面高低不平的现象，保护草坪草根系；在进行草皮生产时，滚压可以帮助获得厚度均匀一致的高质量草皮。

5.5.3 实验材料与设备

（1）实验材料

修剪平整、生长健康的草坪。

（2）仪器设备用具

不同质量的滚压器若干或可以调节质量的滚压器、直尺、根系取样器、样方框、测速相关设备与用具等。

5.5.4 实验步骤

（1）选择一片修剪平整、草种均一、生长健康的草坪，根据滚压器质量和滚压频率设置不同处理，将实验区域草坪划分为相应数量和合适面积的小区，随机区组排列，3 次重复。

（2）根据实验处理，使用不同质量的滚压器对小区草坪进行滚压。

（3）滚压要在土壤湿度适中时进行；每次滚压不能总在同一起点按同一方向、同一路线进行；避免过度滚压；滚压后草坪应正常养护管理。

5.5.5 实验相关记录与参考表格

根据滚压目的，滚压后定期对草坪草生长状况相关指标和草坪质量进行观测，运动场草坪滚压后还应使用相关设备对球滚动距离进行测定,记录数据(表 5-13、表 5-14)。

5.5.6 实验作业

分析观测数据和结果,根据草坪种类、使用目的、养护管理水平等提出合理的滚压方案,撰写并提交草坪滚压实验实习报告。

表 5-13 滚压对草坪草生长的影响

草坪草种_____ 滚压时间_____ 调查日期_____

滚压器质量 (kg)	滚压频率 (次/d)	生长速率 (cm/d)	草坪密度 (株/m²)	根系深度 (cm)	根系生物量 (g/m²)	病害发生状况

表 5-14 滚压对草坪质量的影响

草坪草种_____ 滚压时间_____ 评估日期_____

滚压器质量 (kg)	滚压频率 (次/d)	色泽	密度	质地	均一性	球滚动距离 (cm)

实验 5.6 草坪施用生长调节剂/生物促进剂的实验

5.6.1 实验目的

本实验主要了解和练习草坪生长调节剂的使用方法,并通过实际应用几种常用草坪生长调节剂进一步加深对它们的性质和生理功能的认识。

5.6.2 实验原理

草坪草的生长、发育和繁殖除了受内在遗传因素的控制外还受外部环境条件和栽培管理的影响,遗传与环境在一定程度上都是通过调控植物的营养和激素状况而起作用的。随着草坪方面研究的发展,各种人工合成的植物激素类似物(统称为植物生长调节剂/生物促进剂)已越来越多地应用于草坪管理,对草坪生长发育起到了有效的调节与控制作用。

(1)生长调节剂选择

植物生长调节剂的分类方法较多,其中较早的分类方法是将植物生长调节剂分为 I 型和 II 型两类。I 型生长调节物质大部分能阻止分生区细胞分裂和分化,如抑长灵/氟草磺(Me-fluidide)、青鲜素/马来酰肼(MH, Maleichydrazide)、矮抑安/氟草磺(Embark)等;II 型生长调节物质则阻止分生区细胞的伸长和膨胀,主要是通过抑制赤霉素的合成达到抑制草坪草生长的目的。如多效唑（PP_{333}，Paclobutrazol）、烯效唑（Uniconazole）、矮壮素（Chlormequat chloride，CCC）、乙烯利（Ethephon）、缩节胺（mepiquat chloride，甲哌啶，助壮素）、丁酰肼（daminoxide，B_9）、嘧啶醇（Ancymidol）等。现在草坪上使用的生长调节剂分为6类，分别为类型A—F。其中，A型为赤霉素合成途径后期抑制剂，抑制细胞伸长；B型为赤霉素合成途径早期抑制剂，抑制细胞伸长；这两类相当于较早分类中的Ⅱ型。C型相当于较早分类中的Ⅰ型；D型为除草剂类；E型为植物激素类；而F类为天然来源的生长调节剂。

（2）常用控制草坪生长的生长调节剂

①抗倒酯 trinexapac-ethyl（Primo，Governor，Triple Play）和多效唑 paclobutrazol（Profile，Trimmet，TGR） 草坪上最为常用的生长抑制剂，其作用机理是通过抑制草坪草内源赤霉素的合成，抑制草坪草的伸长生长，促进草坪草的分蘖。抗倒酯一般以地上部分吸收为主，多效唑可以通过茎叶吸收，但是以根系吸收进入植物体内为主，24 h内浇水把药剂从叶面洗下到土壤表面。抗倒酯果岭上使用量50 g/hm^2，球道上100 g/hm^2，庭院草坪上200~400 g/hm^2，施用浓度为150~250 mg/L。多效唑在草坪草体内的有效期为20~40 d，在适宜浓度下多效唑不影响草坪草根系生长。多效唑在高羊茅和草地早熟禾草坪上适宜施用浓度为150~300 mg/L，用量为250~600 g/hm^2。

②矮壮素（chlormequat chloride） 矮壮素是一种生长延缓剂，又名稻麦立，目前已广泛应用于多种植物上，其作用机制是抑制内源赤霉素的生物合成，增加细胞分裂素含量，这种抑制素可被外用赤霉素解除。矮壮素的主要作用：适宜浓度下抑制植物细胞伸长，但不抑制细胞分裂，即抑制茎的伸长，促进草坪草的分蘖，使草坪草粗壮、矮绿叶片增厚，增强草坪草的耐旱、抗寒和耐盐碱能力。矮壮素在草地早熟禾草坪上适宜施用浓度为100 mg/L。

③乙烯利（Ethephon） 乙烯利起作用主要是在其被植物吸收后转变为植物激素乙烯释放出来。一般冷季节草坪草会出现叶子密度而不是地上部分密度增加的情况。主要是通过产生更多较短的叶片以及延缓老叶子的衰老来实现的。乙烯利也用来抑制一年生早熟禾穗的形成。

（3）可用于促进草坪生长的生长调节剂

①生长素（auxin） 生长素吲哚乙酸（IAA）及人工合成的类似物质，如萘乙酸（NAA）/吲哚丁酸等低浓度下对植物生长有促进作用，高浓度则起抑制作用，作为阔叶类植物除草剂的2,4-D丁酯，2甲4氯等。生长素对茎、芽、根生长的促进作用因浓度而异。三者的最适浓度是茎>芽>根，大约分别为10^{-5} mol/L、10^{-8} mol/L、10^{-10} mol/L，根对生长素更为敏感。

②赤霉素（gibberellin） 赤霉素是高效能的生长刺激剂，对多种植物有很强的作用。它能显著地促进禾草植物茎、叶生长。植物对赤霉素很敏感，一般使用浓度为5~50 mg/L，浓度太大时会引起明显地徒长、白化，甚至畸形枯死等。

5.6.3 实验材料与器具

（1）实验材料

成熟健康的草地早熟禾草坪（或者其他草坪），生长调节剂如赤霉素、多效唑、抗倒酯等。

（2）实验器具

喷雾器、量筒、烧杯、水桶、电子天平、移液器、卷尺、标签杆或喷漆、记录本等。

5.6.4 实验步骤

(1)实验设计

首先进行实验设计,设计方案见表 5-15 所列。

表 5-15 生长调节剂/生物促进剂试验小区/处理表

试验地点			
建植草种		试验时间	
试验处理			
小区标号	生长调节剂/生物促进剂	用量(mg/L, 10 m^2)	对水量(L/hm^2)
1	抗倒酯	200	200~800
缓冲区(宽 0.2~0.5 m)			
2	多效唑	200	400~1200
缓冲区(宽 0.2~0.5 m)			
3	对照	水	水
缓冲区(宽 0.2~0.5 m)			
4	赤霉素	20	200~800

(2)修剪草坪、规划小区

首先对预处理的草坪进行正常高度的修剪,修剪后,在草坪上划好试验小区,试验小区 4 个,小区面积 10 m^2(1 m×10 m 或 2 m×5 m)。小区之间设有缓冲区(宽 0.2~0.5 m)。

(3)评价草坪质量

测量草坪高度,并对草坪颜色、密度等进行调查,采用 NTEP 9 分制评价方法进行草坪质量评价。评价结果填于表 5-16 中。

(4)药剂的准备

抗倒酯、多效唑和赤霉素可以购买试剂纯,少量有机试剂(如甲醇、乙醇)溶解后用水稀释分别到 200 mg/L、200 mg/L 和 20 mg/L(有效成分),或者直接购买商品化产品,如 11.3%的抗倒酯、22.9%的多效唑和 4%的赤霉素。并按表 5-15 中的量进行对水,配置好药剂。

(5)喷洒处理

分别用配制好的抗倒酯、多效唑和赤霉素溶液处理试验小区 1、2 和 4,喷药量以喷湿草面并有水滴流动为宜。小区 3 喷水作为对照。

(6)处理后草坪质量评价

喷药后 1、2、3 和 4 周,每周分别调查株高,同样采用 NTEP 9 分制评价方法进行草坪质量评价,如对草坪密度、草坪颜色等测定。结果填于表 5-16 中。

(7)注意事项

①选用草坪生长调节剂及其用量时,应依据草坪草的种类和草坪的用途选择。

②生长抑制类生长调节剂一般适合在草坪生长旺季使用,达到预期的抑制和减少修剪等效果。

③喷施多效唑后建议 24 h 内浇水。按使用说明(如果需要)添加助剂或者非离子去垢剂等。

5.6.5 实验相关记录与参考表格

记录对比草坪喷施前后颜色、高度、密度等的变化并填于表 5-16 中。

表 5-16 药剂喷洒试验草坪质量评价数据记录表

调查地点： 草坪草种： 药剂喷洒时间：

处理/小区	株高(cm)				颜色(9分制)				密度(株数/cm^2)			
	0周	1周	2周	3周	0周	1周	2周	3周	0周	1周	2周	3周
1												
2												
3												
4												
备注												

5.6.6 实验作业

比较不同处理之间以及处理前后草坪的差异，并根据药剂的作用原理给予合理解释和说明。撰写并提交实验报告。

实验 5.7 草坪杂草调查与化学防除实验

5.7.1 实验目的

了解草坪除草剂的类型与除草剂的作用原理，掌握草坪杂草的基本调查方法及化学防除方法的使用。

5.7.2 实验原理

草坪杂草调查主要针对草坪杂草的种类及发生规律按照一般调查的要求与方法进行现场调查，采集标本等，同时可以查阅相应资料作为补充。草坪杂草调查是做好草坪杂草防控的前提。草坪杂草的化学防除是利用化学药剂(除草剂)有选择性或者非选择性的引起杂草的生理形态异常并最终导致杂草的死亡从而起到控制杂草的目的。

一般来说除草剂对草坪杂草防除的选择性主要依据除草剂的施用时间，位置以及草坪草对其耐受性的差异。除草剂根据施用的时间一般分为芽前/萌前与芽后/萌后除草剂。本实验选用的二甲戊乐灵为芽前除草剂，而其他的皆为芽后除草剂。

二甲戊乐灵属于破坏细胞生长类，主要是破坏发芽杂草幼苗的根或者是地上部分的生长。具体的机制是除草剂和植物细胞内催化微管形成的酶结合从而抑制细胞分裂。二甲戊灵是世界第 3 大除草剂，主要防治一年生禾本科杂草、部分阔叶杂草和莎草。例如，稗草、马唐、狗尾草、千金子、牛筋草、马齿苋、苋、藜、苘麻、龙葵、碎米莎草、异型莎草等。对禾本科杂草的防除效果优于阔叶杂草，对多年生杂草效果差。有效期根据施用的量以及土壤天气的因素存在差异，一般为 45~60 d。

2,4-D 丁酯是苯氧基类的生长素类复合物除草剂，引起敏感植物不正常的生长，例如，茎秆扭曲，叶子变形，刺激 ABA 的合成，通过过度刺激选择性的杀除阔叶植物。主要用于草坪和免耕的农田作物上。现在一般是和其他的除草剂混合使用以减少用量。它是当前世界上使用最为广泛的除草剂之一，在我国 2016 年 9 月 7 日起不再受理、批准 2,4-D 丁酯（包括原药、母药、单剂、复配制剂，下同）的田间试验和登记申请；不再受理、批准 2,4-D 丁酯境内使用的续展登记申请，二甲四氯为同类型除草剂。

唑草酮是三唑啉类除草剂，通过抑制原卟啉原氧化酶（protoporphyrinogenoxiase，PROTOX /PPO）抑制原卟啉原IX转化为原卟啉原IX，从而影响叶绿素的合成。积累的原卟啉原分子从叶绿体扩散到细胞之中并被氧化为原卟啉，而原卟啉在光下立即和氧反应生成氧自由基，而这些高度活性的氧自由基破坏细胞膜最后导致细胞死亡。唑草酮杀草速度快，受低温影响小，有良好的耐低温和耐雨水冲刷效应，可在冬前气温降到很低时用药（5 ℃以上），也可在降水频繁的春季抢在雨天间隙及时用药。其药效发挥与光照条件有一定的关系，施药后光照条件好，有利于药效充分发挥，阴天不利于药效正常发挥。气温在 10 ℃以上时杀草速度快，几小时后杂草就出现中毒症状，2~4 d 即见效，低温期施药杀草速度会变慢。其在土壤中的半衰期短，对草坪的补播影响小。主要用于防除阔叶杂草和莎草等杂草。

精噁唑禾草灵为乙酰辅酶 A 羧化酶（Acetyl coenzyme A carboxylase，ACCase）抑制剂，抑制乙酰辅酶转化为丙二酰辅酶 A（melonyl-coenzyme A）这一脂类合成第一步的部分过程、从而影响脂肪酸的合成。脂肪酸的缺失影响植物细胞的完整性，细胞生长受阻，最终死亡。因为双子叶植物的叶绿体中的乙酰辅酶 A 羧化酶对这类除草剂不敏感，因此这类除草剂对单子叶植物禾草类特异。精噁唑禾草灵能较好地控制一年生和部分多年生禾草，如马唐。

草甘膦抑制 5-烯醇丙酮莽草酸-3-磷酸合酶（5-enolpyruvylshikimate-3-phosphate synthase，EPSPs）。5-烯醇丙酮莽草酸-3-磷酸合酶是细菌、真菌和高等植物莽草酸途径中氨基酸合成所必需的酶。而这些氨基酸是植物激素和次生代谢物合成必需的，因此会导致植物的相对缓慢的死亡。草甘膦是一种内吸传导型、非选择性、无残留、灭生性除草剂。草甘膦是通过茎叶吸收后传导到植物各部位的，可防除单子叶和双子叶、一年生和多年生、草本和灌木等40 多科的植物。草甘膦入土后很快与铁、铝等金属离子结合而失去活性，对土壤中潜藏的种子和土壤微生物一般来说无不良影响。在田间杂草管理中，如果要清除草坪地或坪床上的全部植物，可用非选择性除草剂如草甘膦。

5.7.3 实验材料与器具

(1) 实验材料

有杂草问题的成熟草地早熟禾草坪区域（或其他草坪）；除草剂：2,4-D 丁酯或二甲四氯、唑草酮、二甲戊乐灵、精噁唑禾草灵、草甘膦等。

(2) 实验器具

电动或手动喷雾器、量筒、水桶、移液器、卷尺、标签杆、样方框（1 m²）、记录板、表格等。

5.7.4 实验步骤

(1) 草坪杂草调查

主要调查清楚草坪地内杂草种类、危害程度等。在实验用的草坪上选取 5~8 个有代表性的 1 m² 样方，调查其中杂草的种类、密度、盖度、频度以及株高等数据，然后将调查数据连同其他有关情况（如地理位置、周边环境、建植时间、草坪种类、草坪状况及管理水平等）一并填入下表。其中密度用样方实测法，盖度测定用目测法估测。杂草危害程度可依据杂草密度、盖度、频度和高度等指标进行分级。

(2) 实验小区划分

选一块有杂草问题的成熟草地早熟禾草坪区域（或者其他草坪），设置试验小区 4 个，小区面积 10 m²（1 m×10 m 或 2 m×5 m），小区间设有缓冲区（宽 0.2~0.5 m）。试验处理如表 5-17。做好边界标记。喷药前对每个小区的杂草情况进行调查，如杂草种类、数量和株高。

表 5-17 除草剂小区/处理表

试验地点			
建植草种		试验时间	
试验处理			
小区标号	除草剂	用量（g/hm²）	剂型
1	二甲四氯	1200~2250	56%可溶性粉剂
缓冲区（宽 0.2~0.5 m）			
2	唑草酮	150~360	10%可湿性粉剂
缓冲区（宽 0.2~0.5 m）			
3	对照	水	水
缓冲区（宽 0.2~0.5 m）			
4	精噁唑禾草灵	750~1500 mL/hm²	69 g/L 水乳剂

(3) 药液配制

①药剂产品说明　一般商品化的产品按照产品的使用说明进行配置和使用即可。这里以图 5-1 的产品标签为例 [二甲四氯（66.5%）+唑草酮（4%）]，参考小麦水稻作物上的用量，在草地早熟禾草坪上可以 40~60 g/亩用量，即 600~900 g/hm² 药剂产品，对水 400~800 L/hm²。总有效成分浓度可以根据药剂有效成分含量，使用量，以及对水总量进行相应计算。比如 600 g/hm² 药剂，对水 600 L/hm²，那么其中二甲四氯浓度为 600 g×66.5%/600 = 0.665 g/L，同理唑草酮浓度为 600 g×4%/600 = 0.04 g/L。

②注　除草剂具体使用量可以参考国外草坪专用除草剂说明书的使用量，也可以参考相应的草坪学教材。

③药剂处理　二甲四氯选取本试验处理用量为 1500 g/hm²，唑草酮选取本试验处理用量为 200 g/hm²，精噁唑禾草灵选取本试验处理用量为 1000 mL/hm²，对水量 400 L/hm²。对照区喷施同等量的自来水。

图 5-1　哈利(二甲四氯+唑草酮)阔叶除草剂产品说明

(4)喷洒作业

①喷药时间　选择阳光充足的晴朗天气进行,最好喷药后 24 h 内没有降水,适宜温度应为 20~25 ℃,如果气温超过 30 ℃时,适当降低浓度以免由于高温引起药害。

②喷雾　正式喷雾前先用清水喷雾调整喷雾量,随后每小区均匀喷施药液 400 mL。

(5)观测及结果分析

在处理后 7 d、14 d、21 d 分别进行防效调查,除草剂防效调查一般可用数量法、质量法和目测法。可以用下列公式计算除草效果:

①数量法

$$防效(\%) = [(喷药前杂草数量 - 喷药后杂草数量)/喷药前杂草数量] \times 100 \quad (5\text{-}3)$$

②质量法(鲜重或干重)

$$防效(\%) = [(对照区杂草质量 - 喷药区杂草质量)/对照区杂草质量] \times 100 \quad (5\text{-}4)$$

③目测法

$$防效(\%) = [(喷药前杂草盖度 - 喷药后杂草盖度)/喷药前杂草盖度] \times 100 \quad (5\text{-}5)$$

(6)注意事项

①不同除草剂作用特性和防治对象不同,需要根据草坪草种类、草坪杂草种类和发生规律选用适宜的除草剂。

②喷雾要均匀,不漏喷,尤其不要重叠。

③使用中应注意安全防护,如手套、防水胶鞋、口罩、防护衣服等(如需要)。

④注意草坪周边其他园林花卉树木等植物。

⑤添加助剂有助于提高一些除草剂效果,如本实验选用的精噁唑禾草灵,打药 24 h 内不要修剪草坪。

5.7.5　实验相关记录与参考表格

记录草坪杂草的基本情况见表 5-18 所列,观察记录除草剂处理后草坪杂草的数量、种类以及除草剂对每类杂草的防除效果,并填于表 5-19 和表 5-20 中。

表 5-18 草坪杂草调查表

调查地点			调查日期		年　月　日	
周边环境	有无遮阴，平地/坡地等		草坪建植日期		年　月　日	
草坪草种类			草坪用途		草坪状况及管理水平	
杂草调查数据						
杂草名称	杂草类型	样点1密度	盖度	频度	株高(cm)	样点2密度　盖度　频度　株高(cm)

注：杂草类型：一年生杂草、多年生杂草、阔叶杂草、禾草杂草、莎草杂草等。

表 5-19 除草剂处理效果记录表

调查地点：　　　　　草坪草种：　　　　　药剂喷洒时间：

处理/小区	数量法（株/m²）					目测法（9分制）					质量法（鲜重）		
	0 d	7 d	14 d	21 d	防效%	0 d	7 d	14 d	21 d	防效%	0 d	21 d	防效%
1													
2													
3													
4													
备注													

表 5-20 除草剂对不同类型杂草防除效果记录表

调查地点：　　　　　草坪草种：　　　　　目测法：9分制或百分制

处理/小区	二甲四氯				唑草酮				精噁唑禾草灵			
	0 d	7 d	14 d	21 d	0 d	7 d	14 d	21 d	0 d	7 d	14 d	21 d
一年生杂草												
多年生杂草												
阔叶杂草												
禾草杂草												
莎草杂草												

5.7.6　实习作业

撰写实验报告，对比草坪喷施除草剂前后草坪以及杂草的情况变化并做相应的说明。总结草坪除草剂对草坪杂草的防除效果，并给出防除杂草的理想药剂。

实验 5.8　草坪病害调查与化学防治实验

5.8.1　实验目的

本实验主要目的是了解草坪病害田间调查方法；草坪病害的常见种类、危害和发生期等；掌握草坪病害化学防治的基本程序和方法。

5.8.2　实验原理

草坪病害调查按照田间调查取样的要求主要了解草坪病害的种类、分布、危害程度等。为后期病害的管理和防治提供基础数据。化学杀菌剂能通过干扰病原物的能量代谢、抑制蛋白质、RNA 等的合成，诱导寄主植物产生抗病性，从而破坏病原微生物的正常生命活动，杀死或抑制病原物的生长、繁殖，从而达到病害防治的目的。其中粉锈宁是三唑类（triazoles）去甲基作用抑制剂（demethylation inhibitors，DMI），是木质部移动系统型杀菌剂，这类杀菌剂通过抑制固醇的合成来限制真菌的细胞膜合成。百菌清是腈（Nitriles）类叶面保护型杀菌剂，主要与谷胱甘肽作用从而破坏真菌细胞对代谢功能的调节。

5.8.3　实验材料与器具

（1）实验材料

感染病害（如锈病、白粉病、褐斑病、币斑病等）的草坪；药剂：粉锈宁、丙环唑、甲基托布津、百菌清、嘧菌酯等。

（2）实验器具

电动或手动喷雾器、量筒、水桶、移液器、卷尺、标签杆、记录板、表格等。

5.8.4　实验步骤

（1）草坪病害一般调查方法

草坪病害一般调查主要了解草坪病害的种类、分布、危害程度等。调查有代表性且调查较广，对发病率危害的计算并不要求十分精确。取样遵循"可靠而又可行"的原则，取样时间最好发病盛期进行，有利于节约人力和物力。例如，禾草锈病一般春秋两季，褐斑病 5~9 月，尤其是 6~8 月。如果一次要调查几种草坪草病害的发生情况，可以选一个比较适中的时期。为了取样具有代表性，取样时应避免在草坪边取样，最好根据草坪面积大小在距草坪边缘 5~10 步至少选 5 处随机取样。取样可以视草坪具体情况采用单对角线、双对角线、棋盘式、平行线式或者 Z 字形法。样本可以整株草坪植物（苗枯病、枯萎病等）、叶片（叶斑病、锈病、白粉病等）等作为计算单位。取样单位需要根据草坪病害种类和调查目的来定，但最好能做到简单的同时能正确地反映发病情况。例如，叶部病害的取样大多数是从田间随机采取叶片若干，分别记载发病情况，求得平均发病率。

(2) 草坪病害调查内容

采用一般调查法，一般调查主要是了解病害的分布和发病程度，病害的危害部位以及侵染主要草坪器官、发生特点、流行时期、发病程度等。记录可以参考表 5-21。

表 5-21　草坪病害一般调查记录表

调查地点			调查日期	
草坪类型			草坪草种	
草坪环境条件（注意发病前和病害盛发时的情形）				
病害一般调查结果				
病害名称	危害部位	发生特点	流行时期	发病程度（"无病""轻""重""很重"或用"-""+""++""+++"符号）
白粉病				
锈病				
币斑病				
褐斑病				
腐霉菌枯萎病				
夏季斑病				
…				

(3) 发病程度及其计算

发病程度包括发病率、严重度和感染指数，病害分级标准见表 5-22。

表 5-22　病害分级标准

叶斑病		白粉病		褐斑病	
病级	分级标准	病级	分级标准	病级	分级标准
0	无病	0	健康，无病	0	无病斑
1	病斑面积占叶面积的 1/4 以下	1	粉状霉层面积占叶面积 5% 以下	1	病斑面积占叶面积的 10% 以下
2	病斑面积占叶面积的 1/4~1/2	2	粉状霉层面积占叶面积 5%~10%	2	病斑面积占叶面积的 10%~25%
3	病斑面积占叶面积的 1/2~3/4	3	粉状霉层面积占叶面积 10%~20%	3	病斑面积占叶面积的 26%~50%
4	病斑面积占叶面积的 3/4 以上	4	粉状霉层面积占叶面积 20%~40%	4	病斑面积占叶面积的 51%~70%
		5	粉状霉层面积占叶面积 40%~60%	5	病斑面积占叶面积的 70% 以上
		6	粉状霉层面积占叶面积 60%~80%		
		7	粉状霉层面积占叶面积 80% 以上		

①发病率　发病率是指发病的草坪、植株或器官(根、茎、叶)数占调查草坪、植株或器官(根、茎、叶)总数的百分率，表示发病的普遍程度。

②严重度　严重度表示发病的严重程度，多用整个植株或某一器官(或草坪)发病面积占总面积的比率分级表示，用以评定植株或器官(或草坪)的发病严重程度。发病严重级别低，则发病轻；反之，则发病重。调查草坪病害严重度时，要有分级标准，分级标准可以根据病害实际情况，病斑数量、发病面积、发病株数等所占的比例而定。

③感染指数　是将发病率和严重度两者结合在一起，用一个数值来代表发病程度，对调查和实验结果的分析是有利的。在比较防治效果和研究环境条件对病害的影响等方面，常常采用这一计算方法。

$$感染指数(\%) = \sum 病株(叶)数 \times 该级严重度代表值 / [调查总病株(叶)数 \times 发病最严重级的严重度代表值] \times 100 \qquad (5\text{-}6)$$

(4)病害调查步骤

例如，调查校园草坪白粉病的发生情况，可采用以下方法和步骤：

①概查　全面了解基本情况，草坪种类、周边气候、地形、管理水平等。

②取样　随机选择校园10处草坪，采用五点法在每一草坪地取5个样点，每点采集草坪草叶片各120片。

③按表5-22草坪白粉病严重度分级标准，进行病害严重度分级计数，并统计各级的叶片数。

④计算发病率和感病指数。

⑤分析结果，提出病害管理建议。

(5)化学防除的步骤和方法

①地块选择　选一块有病害(如锈病)问题的成熟草地早熟禾草坪区域(或者其他草坪)，设置试验小区3个，小区面积10 m^2(1 m×10 m 或 2 m×5 m)，做好边界标记。喷药前对草坪病害情况进行调查，如发病率、严重度等，填于表5-23中。

表 5-23　杀菌剂防治病害效果记录表

调查地点			调查时间		
环境条件		草坪草种		病情指数	
病害名称		病株率		病情级别	
杀菌剂防治结果					
处理天数	粉锈宁		百菌清		对照
	病情指数		病情指数		病情指数
0 d					
7 d					
14 d					
药效(%)					

②试验处理　实验处理见表5-24，粉锈宁选取本试验处理用量为1000 g/hm^2，百菌清选取本试验处理用量为3000 g/hm^2，对水量400 L/hm^2。对照区喷施同等量的自来水。

表 5-24 杀菌剂小区/处理表

试验地点			
建植草种		试验时间	
试验处理			
小区标号	杀菌剂	用量(g/hm²)	剂型
1	粉锈宁	900~1200	15%可湿性粉剂
缓冲区(宽0.2~0.5 m)			
2	百菌清	2250~4000	75%可湿性粉剂
缓冲区(宽0.2~0.5 m)			
3	对照	水	水

③喷雾处理 正式喷雾前先用清水喷雾调整喷雾量,随后每小区均匀喷施药液 400 mL。喷洒时候行走匀速,保证均匀,不漏喷也不重复喷洒。

④药剂处理后观测与结果分析 在处理后 7~14 d 进行药效试验调查:通常调查对照区及处理区的病株率(或病叶率、病茎率等)及病级级别(严重度),并计算病情指数,按下式计算防治效果:

$$相对药效(\%) = (1 - 处理区病情指数/对照区病情指数) \times 100 \qquad (5-7)$$

除了根据病情指数计算药效外,还可根据防治的病害种类、药剂性质及试验要求不同,选用单株(单叶)平均病斑数目,病斑类型及其扩展速度,发病率及其增长速度,孢子形成数量等指标计算药效。

⑤注意事项

a. 杀菌剂的使用尽量在病害的早期使用,对于高品质要求的草坪,例如,高尔夫球场的果岭和专业比赛的运动场地,重在预防。同时注意不同类型杀菌剂的轮换使用,避免病害产生耐药性。

b. 喷雾要均匀,不漏喷,少重叠。喷药前应注意天气情况,不要在降水前或大风时喷药。如有高温、干旱的情况,适当加大药剂的稀释倍数(对水量)。

c. 使用中应注意安全防护,例如,手套、防水胶鞋、口罩、防护衣服等(如需要)。

5.8.5 实验作业

选择校园、公园或者路边一块草坪地,对其病害进行普查,并在此基础上对该草坪地中最重要的病害进行重点调查,通过计算发病率和感病指数,结合当地气候状况等,分析发病原因,提出病害管理建议,同时选择合适的杀菌剂进行化学防控,做好相应记录和报告说明。

实验 5.9 草坪虫害调查与化学防治实验

5.9.1 实验目的

了解当地草坪主要虫害的发生情况,学习并掌握草坪害虫调查的方法。了解草坪虫害药剂种类以及功能，掌握草坪虫害化学防治基本原理与施用原则。

5.9.2 实验原理

草坪虫害调查按照田间调查取样的要求主要了解草坪主要虫害的种类和发生情况以及危害程度等，为后期虫害的管理和防治提供基础数据。化学杀虫剂主要是作为神经系统类毒剂、生长发育调节剂和昆虫能量代谢干扰等破坏昆虫的正常生命活动，杀死或抑制昆虫的生长、繁殖，从而达到虫害防治的目的。其中本试验中吡虫啉是新烟碱类(Neonicotinoid，Group 4A)杀虫剂，其模拟乙酰胆碱的作用，和乙酰胆碱酯酶抑制剂一样，导致持续的神经冲动，最后导致昆虫瘫痪和死亡。土壤残留时间长(1~2个月)，可以在金龟子产卵前(一般6月底7月初)施用很好的预防金龟子幼虫。氯虫酰肼是双酰基肼(Diacylhydrazine，Group 18A)类昆虫生长调节剂，它们模拟蜕皮激素，加速蜕皮的过程，从而刺激不正常的致死的蜕皮，土壤残留时间长(1~2个月)，可以有效地控制蛴螬和毛虫，一般来说起效比合成的化学杀虫剂慢很多。三氯磷酸酯/敌百虫 Trichlorfon(Dylox)是有机磷(Organophosphate，Group 1B)类杀虫剂，通过抑制乙酰胆碱酯酶，导致乙酰胆碱保留在受体位点而引起持续的神经冲动，最后导致昆虫瘫痪和死亡。主要用于金龟子和一年生早熟禾象鼻虫幼虫的虫害发生后控制。

5.9.3 实验材料与器具

(1)实验材料

轻度发生地下虫害及茎叶虫害的草坪地、杀虫剂如吡虫啉、氯虫酰肼、敌百虫等。

(2)实验器具

扫网、捕网、铁锹、圈尺、毒瓶、采集袋、解剖镜、放大镜、镊子、解剖针、记录用品、标签纸、喷雾器、移液器、水桶、量水杯等。

5.9.4 实验方法与步骤

(1)确定调查取样方法

确定调查取样方法：由教师指导，根据目标害虫的分布型，确定适宜的布样方式。草坪害虫调查中最常采用的随机布样方式有下列5种：

①对角线式　适宜于随机分布型。

②五点式　适宜于随机分布型中面积较小的样地的调查。

③棋盘式　适宜于随机分布型。

④平行线式　适宜于核心分布型。

⑤Z字形式　适宜于嵌纹分布型。

上述各种布样形式需根据调查对象的栖息、活动特点灵活选择。同时根据草坪面积的大小、草坪草的特点、虫害的种类等选取一定数量的样地，样地面积一般占调查总面积的0.1%~0.5%。

(2)虫口测定

①测定方法　因调查对象栖息场所、活动能力、趋性的不同，可设计不同的虫口测定

方式。

a. 地上样方测定法：每个样点划定一定面积，查数其中地面和植株上的虫口数量。统计时以 1 m^2 内的虫口数表示虫口密度。适用于调查栖息（附着）地面及植株上的虫卵（或卵块）、幼虫、若虫、蛹及不甚活跃的成虫。

b. 地下样方测定法：对于栖息活动于地下的害虫（虫态），多采用挖土法进行调查。统计时以 1 m^2 内的虫口数表示虫口密度。

c. 网捕测定法：沿布样路线，用标准捕虫网，边行进边在脚前横向往复挥网扫拂草层。对草坪昆虫扫网应特别加以注意的是网轨应与地面平行。捕虫网来回扫动一次为 1 复次，一般以 10 复次为一个样点。统计以平均 1 复次或 10 复次的虫口数表示虫口密度。适用于飞翔的昆虫或行动迅速不易固定计数的昆虫。

d. 诱集测定法：利用昆虫的趋性，设计特殊的诱集器械捕获飞虫，并定时调查单位时间内每器诱获的虫口数。如用黑光灯、汞灯诱集蛾类等多类飞虫；用糖、酒、醋液诱集地老虎；黄色盘诱集有翅蚜虫和飞虱等。

② 虫害统计方法　确定样地后根据不同昆虫的特点选取以上方法进行虫口密度测定。虫口密度是指单位面积获得单个植株上害虫的平均数量，它表示害虫发生的严重程度。计算公式如下：

$$单位面积虫口密度（头/m^2）= 调查总活虫数/调查总面积 \qquad (5-8)$$

$$每株虫口密度（头/株）= 调查总活虫数/调查总株数 \qquad (5-9)$$

表 5-25　草坪虫口密度调查统计表

草坪类型				草坪草种			调查日期	
调查地点				调查面积			调查人	
虫口密度测定								
取样点号	昆虫名称	虫期	栖息部位	主要危害部位	危害状	虫口数	虫口密度（头/m^2 或头/株）	
1								
2								

（3）实习安排

考虑到室外测定可操作性，本次实验主要进行上面"a""c"两种测定方式的实验，如草坪有地下虫害比如蛴螬发生，可以演示供学生观摩。昆虫诱集设施等以同学参观实习为主。当草坪昆虫种类较多，室外测定不能就地确认时，应将样品就地按样点妥善分装，并标明样地样号，携回实验室进一步鉴定。

调查记录项目见表 5-25 所列（此表为样方调查法设计，网捕法可参考此表）。

(4)虫害的化学防控

①选一块有地上虫害(如小地老虎)问题的成熟草地早熟禾草坪区域(或者其他草坪),设置试验小区3个,小区面积10 m^2,做好边界标记,并设置缓冲区(表5-26)。喷药前对草坪虫害情况进行调查,如虫口密度、危害程度等,每小区用样方法选取3个样方,样方面积0.2 m×0.2 m(样方面积根据小区面积及虫口情况适当调整如0.5 m×0.5 m 或 1 m×1 m)。

表5-26 杀虫剂小区/处理表

试验地点			
建植草种		试验时间	
试验处理			
小区标号	杀虫剂	用量	剂型
1	吡虫啉	110~160 mL/hm^2(或稀释500~1000倍)	20%乳油
缓冲区(宽0.2~0.5 m)			
2	敌百虫	800~2000 g/hm^2(或稀释1000~2000倍)	90%可溶性粉剂
缓冲区(宽0.2~0.5 m)			
3	对照	水	水

②试验处理 吡虫啉选取本试验处理用量为 120 mL/hm^2,敌百虫选取本试验处理用量为 1000 g/hm^2,对水量 400 L/hm^2。对照区喷同等量的自来水。

③喷雾 正式喷雾前先用清水喷雾调整喷雾量,随后每小区均匀喷施药液 400 mL。喷洒时行走匀速,保证均匀,不漏喷也不重复喷洒。

④观测及结果分析 用药后 3~7 d 进行防效调查。填入表 5-27 中。每小区测 3 个样方,样方面积 0.2 m×0.2 m。从样点的代表性和防干扰两个方面考虑,建议药前、药后样点的设置共同构成两条平行线。防效及相关计算(以虫口作为指标为例):

$$虫口减退率(\%)=(药前虫口-药后虫口)/药前虫口×100 \quad (5-10)$$

$$防治效果(\%)=(药前虫口+对照虫口增加量-药后虫口)/(药前虫口+对照虫口增加量)×100 \quad (5-11)$$

表5-27 杀虫剂防治效果记录表

调查地点										
环境条件							草坪类型及草种			
杀虫剂防治结果										
昆虫名称	吡虫啉				敌百虫			对照		
	药前虫口(头/m^2)	药后虫口(头/m^2)	虫口减退率(%)	防治效果(%)	药后虫口(头/m^2)	虫口减退率(%)	防治效果(%)	药后虫口(头/m^2)	虫口减退率(%)	防治效果(%)

⑤注意事项

a. 草坪杀虫剂的使用尽量在虫害达到一定阈值时使用,以期减少杀虫剂的使用和对环境的不利影响。对于高质量的草坪比如高尔夫球场的果岭、球道和专业比赛的运动场地,尤其是过往存在蛴螬或者一年生早熟禾象鼻虫幼虫问题的可以考虑早期杀虫剂的预防使用,比如吡虫啉、氯虫酰肼等。同时注意不同类型杀虫剂的轮换使用,避免昆虫产生耐药性。

b. 喷雾要均匀,不漏喷,少重叠。喷药前应注意天气情况,不要在降水前或大风时喷药。杀虫剂农药的使用需要结合目标害虫的活动特点,比如地上叶面害虫施用时间一般为傍晚。如为地下虫害,一般需加大药剂的稀释倍数(对水量),同时施药前建议进行耙草处理,减少芜枝层对药剂的吸附,让更多药剂能渗入土壤。

c. 使用中应注意安全防护,如手套、防水胶鞋、口罩、防护衣服等(如需要)。

5.9.5　实验作业

对当地的草坪进行虫害调查,提交调查报告,根据化学防治实验,总结不同药剂的效果,并对合理防治草坪虫害给出合理建议与方法。

实验 5.10　草坪机械使用与保养

5.10.1　实验目的

了解草坪剪草机、草坪疏草机、草坪打孔机和抛掷式施肥播种机整体结构特点并通过实地操作演示初步掌握这些机械的操作常识以及保养,熟练掌握草坪修剪、疏草、打孔和施肥等作业。

5.10.2　实验材料与器具

(1)实验材料

草坪 500~1000 m^2。

(2)实验器具

庭院草坪自走式草坪剪草机1台(旋刀式),庭院草坪疏草机1台,庭院草坪打孔机1台(手扶自走、滚筒式),手推抛掷式施肥播种机1台。

5.10.3　实验方法与步骤

5.10.3.1　剪草机的使用与保养

(1)剪草前的准备

①仔细阅读剪草机的《使用说明书》,熟悉剪草机的控制装置和使用方法。

②启动前检查发动机润滑油是否达到"高位"标志位置,燃油是否足量,火花塞帽是否套紧。检查空气滤清器的滤芯是否干净,若尘土过多,应及时清洁。检查刀片是否损坏,螺栓是否锁紧,必要时应及时维护。

③清除草坪上的木棍、石头、瓦砾和金属等杂物。

(2)启动操作剪草机

①打开化油器上的燃油阀、阻风阀,调节油门。然后抓住手柄,拉起起动索直到启动发动机。

②起动后,关小油门,低速运转预热 2~3 min,待发动机升温后再开大油门。自走式剪草机当结合离合器时草坪机自动前进,开始作业。

③当松开离合器时,草坪机停止前进;松开操纵控制杆(安全控制手柄)后发动机停止,剪草工作结束。关闭化油器上燃油阀,倒掉集草袋草屑,清理排草口和剪草机刀片周围草屑。

(3)注意事项

①尽量在平地上启动发动机,剪草机的平稳放置,手、脚远离切割机构。

②作业时应穿长裤、保护鞋、戴防护眼镜。作业期间在未停机的情况下不要调节剪草高度。当防护装置未安装到位或损坏时,不得进行作业。

③应在良好的光照情况下进行作业,尽量避免雨后或者浇水后剪草。坡度一般不超过15°,沿坡向横向修剪,不要上下修剪,以免出现意外。

④集草袋不能太满,装满超过 2/3 应停机倒掉草屑后再启动。当草坪剪草机出现不正常震动或与异物撞击时,应立即停机检查是否有零件损坏或者松动。

⑤剪草机平时保养主要注意及时清理草屑,注意机油的添加和更换(机油添加不能超过最大刻度,机油发黑或者发动机工作 50 h,不超过 250 h,热机时更换),空气过滤器的清理(工作 30 h)和更换(根据使用环境按需要更换),火花塞的清理(发动机工作 50 h)和更换(按需要),刀片的按时打磨、平衡性检查和更换等。

5.10.3.2 疏草机的使用与保养

疏草机也常作疏草机。

(1)草坪疏草机的操作使用

①进行疏草作业前,仔细阅读机器的操作使用说明,熟悉操作规程。

②检查各部分的装置是否能正常运作,若有零部件损坏,及时更换。同时检查机油是否添加,燃油是否充足。

③检查要作业的草坪,将石头、金属线、绳子和其他可能引起危险的杂物清理掉。标记喷头的位置,以免损坏。

④疏草机启动前调节疏草刀头的高度,启动后调节油门至最大。用右手压下扶手,让前轮翘起,然后用左手拉紧离合手柄,推动疏草机向前移动,同时慢慢将机器放在草坪上,以免启动处的草坪受到伤害。

⑤步行操纵自走式草坪疏草机作业时,操作者调节好油门后,双手握紧扶手,将疏草机按计划疏草方向行走即可边走边疏去草坪上枯萎的草茎和草叶。

⑥停止作业时松开离合手柄疏草刀即停止转动,然后调节油门至慢速后关闭发动机点火开关发动机即熄火停机。

(2)注意事项

①不要将手脚靠近移动或旋转部件,不要在超过 15°的斜坡上作业。

②尽量让发动机缸体散热片及调速器零件保持干净,无杂草及其他碎物,否则可能影响发动机的转速和疏草效果。

③穿戴专业的工作服，佩戴护目镜，做好个人安全防护。

④在坡上要横向作业，而不要沿坡上下作业。

⑤疏草作业结束后，及时将机器清理干净，检查疏草刀具或钢丝耙齿的磨损情况，刀具如有损坏或磨损较严重时，应及时更换刀具。

⑥疏草机平时保养参照剪草机的，主要注意机油的添加和更换，空气过滤器的清理和更换，火花塞的清理和更换，疏草刀具或钢丝耙齿检查和更换等。

5.10.3.3 打孔机的使用与保养

(1) 草坪打孔机的操作使用

①进行草坪打孔工作前，操作人员必须仔细阅读打孔机的操作使用说明书，熟悉草坪打孔的技术规程。

②作业前，应对打孔机的启动装置、传动装置、打孔孔锥等部件进行仔细检查，如孔锥或零部件有损坏应及时更换。同时检查机油、汽油是否需要添加。

③检查要作业的草坪，将石头、金属线、绳子和其他可能引起危险的杂物清理掉。标记草坪喷头的位置，以免损坏。检查土壤的湿度和硬度，土壤太干太湿都会影响打孔效果。

④启动发动机后开始作业时，要慢慢升起地轮、放下辊刀、双手握紧结合离合器杆，跟随打孔机前进。

⑤打孔机作业拐弯时应拉起操纵手把，升起刀辊，对准作业行后，才能放下刀辊，握紧离合器杆，重新开始作业。

⑥停止作业时松开离合手柄疏草刀即停止转动，然后调节油门至慢速后关闭发动机点火开关发动机即熄火停机。

(2) 注意事项及保养

①步行自走式打孔机必须在地轮降下、刀辊升起、孔锥脱离地面的状态下启动。

②应及时清除存在空心管式刀具管中的土块，以免堵塞后降低作业质量，使打孔不整齐或挑土严重。

③不要将手脚靠近移动或旋转部件，不要在超过15°的斜坡上作业。

④尽量让发动机缸体散热片及调速器零件保持干净，无杂草及其他碎物，否则可能影响发动机转速和打孔效果。

⑤穿戴专业的工作服，佩戴护目镜，做好个人安全防护。

⑥打孔机平时保养剪草机参照剪草机的，主要机油的添加和更换，空气过滤器的清理和更换，火花塞的清理和更换，打孔刀具的检查和更换等。

5.10.3.4 掷式施肥播种机的使用与保养

(1) 施肥机的操作使用

①使用前认真阅读施肥机的使用说明书，严格按照操作规程进行操作。

②操作人员应穿戴长袖衣裤、手套，做好个人防护。

③转盘式施肥机是设备在前进过程中带动旋转的转盘，利用离心力将肥料撒出。作业中肥料箱中的肥料在振动板作用下，下流到快速旋转的撒肥盘上，排肥量需通过排肥活门进行调节。

④作业中应确保施肥设备沿直线前进，通过在一趟作业中抛掷式施肥机撒下的肥料沿纵向与横向分布都不是很均匀，需要通过重复作业来改善其均匀性，不要出现漏施现象。

⑤作业中尽量使肥料的颗粒大小、密度和形状保持一次,施肥前将结块的肥料充分打散。

⑥正式施肥之前对施肥量进行校正,主要通过调节排肥活门的大小和行进的速度来进行相应的调整。

⑦施肥机每次使用完毕后,应及时清洗。因为化肥大多数都具有一定的腐蚀性,防止出现施肥机零部件生锈及卡死等故障以及导致排肥不顺畅。

5.10.4 实验相关记录与参考表格

将实验数据填于表 5-28 中。

表 5-28　机械使用记录表

实验地点		实验时间	
草坪类型		建植草种	
机械名称		机械型号	
使用前机械情况			
使用后机械情况			
操作步骤与规范			
使用注意事项			
施肥播种机施肥(播种)量(g/m^2)			
打孔机打孔效果	孔深(mm):	孔直径(mm):	孔距(mm):
疏草机疏草效果	枯草层厚(mm):	疏草深度(cm):	疏草效果
备 注			

5.10.5 实验作业

简述草坪修剪机、疏草机、打孔机以及施肥机的操作规范;计算打孔对土壤表面的影响百分比和单位面积施肥(播种)的量以及疏草效果;撰写并提交实验报告。

第三篇　草坪应用篇

第 6 章
草坪实习应用

实习 6.1　草坪企业经营管理实习与调查分析

6.1.1　实习目的

通过草坪企业的实习，可以了解草坪生产、经营、销售等各个环节的具体情况，在实践中完善自我，适应社会对人才的需求。同时，加深对于草坪企业经营方式与管理方法的理解，具备更强的竞争力，为以后的就业创业和科学研究提供理论与实践基础。

6.1.2　实习原则

草坪企业经营与管理是指草坪企业在制定经营决策、从事经营活动时，充分利用人力、物力、财力、发挥各部门的作用，调动一切积极因素，以同等劳动消耗，取得最好经济效益的系列管理和运营活动。实习原则包括安全性原则、纪律性原则、规范性原则、全面性原则、团队性原则、时效性原则。

①安全性原则　草坪企业机械化程度比较高，具有一定的危险性。实习期间，需要遵照指导进行机械操作，注意做好安全防护。

②纪律性原则　草坪企业有自身的一套管理规章制度，实习期间，做好身份角色的转变，自觉服从企业实习安排。

③规范性原则　草坪企业的生产、加工、检验等一系列环节都要求规范、精准的操作，实习期间，每一道程序都需按要求规范操作完成。

④全面性原则　实习内容涵盖全面，根据实习计划，进行岗位轮换。

⑤团队性原则　草坪企业的组织架构复杂多变，但很少有员工是单独存在，各部门各团队共同向某个运营目标努力，因而，实习需要时刻保持团队精神，团队协作，共同进退。

⑥时效性原则　实习有规定的起始时间，需要在有效时间内完成实习作业，提交实习报告。

6.1.3　实习场地与设备

(1)实习场地

草坪草种子或草皮生产与经营综合大型企业。

(2) 实习仪器设备

播种机、施肥机、剪草机、镇压器、起草皮机等生产设备；种子收获机、种子筛选机等加工设备以及草种子检验设备等。

6.1.4 实习内容与步骤

6.1.4.1 草坪企业经营管理实习

我国的草坪企业多以销售草坪种子和草坪建植为主，专门从事草坪草育种、草坪农药和肥料的较少，发展也不均衡。实习可选取大型综合性草坪企业，不仅拥有草坪草的育种、草种、草皮生产、销售、草坪建植，还有服务于草坪的咨询以及后期养护内容。因此，一般大型草坪企业下设科研部、生产部、市场部、销售部、人事行政部等多个部门。实习可从了解各部门设置开始，继而服从实习安排，轮岗学习并掌握与各部门相匹配的知识与技能，实际参与到草坪企业的经营与管理中去。

(1) 科研部实习

草坪企业科研部主要负责草坪草新品种选育和草坪建植及养护管理技术的研发。目前我国草坪草市场一直由国外种子主导，大量依赖进口。未来只有依赖科研，培育更多的优良坪用性能草坪新品种来满足日益增长的市场需求，才可能转变草坪外国化的尴尬境况。因此，主导着草坪企业核心竞争力、承担着实现草坪草种子国产化历史使命的科研部门责任重大。科研部门的实习主要内容：追踪和掌握国际、国内草坪科研发展趋势，结合市场预测，做好各项研发战略及年度研发工作计划；联合中国农业大学、中国农业科学院等国内外高等院校进行技术共同研发培育草坪草；参与企业自有草坪草种质资源圃建设与管理，为进一步筛选草种提供资源与技术支持；持续基于企业草种大数据平台对其生态、生理等数据进行观察比对，选育适宜的草坪草品种。

(2) 生产部实习

草坪企业生产部门主要负责草坪草种子或草皮的生产、收获、加工、贮藏运输等一系列生产活动。在草坪生产部门实习，是要分别到草坪草种子或草皮的生产、收获、加工、贮藏运输等各个生产环节去实习和体验。

① 草坪草种子或草皮的生产　草坪草的生长受土地、气候等条件影响。实习首先需跟随生产技术人员前往草坪基地，观察并掌握不同草坪草种子、不同草皮的不同生产需要；熟悉育种基地的设置，了解新品种育种机制，学习育种材料的田间选择与室内分析；参与草坪草种子生产的田间管理，熟练操作播种、施肥、灌溉机械；参与草皮从平整土地、播种、草皮铲起成卷的过程，熟练操作播种机、镇压器、起草皮机等机械。

② 草坪草种子或草皮的收获　实习需重视草坪草种子的收获时间，过早收获会降低种子活力，过晚收获会造成种子的脱落损失。实习期间，在草坪草开花结束 12~15 d 后，需每日进行田间观察，可用红外水分测试仪直接测试种子含水量，对于大多数草坪草，含水量达到 45% 时即可收获。熟练掌握用康拜因、割草机或人工收割的收获方式；草皮的收获比种子收获更为复杂，起草皮时间也要根据客户需要和天气情况进行。草皮收获前，实习应掌握草皮修整、施肥、灌溉管理。收获时，熟练操作起草皮机进行收获。

③ 草坪草种子或草皮的加工　实习首先要了解种子与草皮加工的目的及主要任务。草坪草种子和草坪收获后的加工是以提高其质量、保证其使用价值、利于安全贮藏为主要任务。

实习时，需要具体前往草坪草种子和草皮加工现场体验烘干、清选、包衣等一套作业程序，以了解每道工序的具体操作及详细要求。

④草坪草种子或草皮的检验认证

a. 草坪草种子检验与认证：实习需了解草坪草种子检验与认证流程。草坪企业生产认证种子，需向官方种子机构申请认证并提交申报材料，官方机构认证合格后方可贴标签。官方颁发证书后企业才可冠以品种名进行销售、流通以及在生产中使用。生产者与经营者需要对草坪种子的质量进一步了解时，可通过第三方种子检测机构检测并出具证书。

b. 草皮的检验与认证：实习需了解草皮的认证与质检流程。草皮生产经过认证并被权威认证机构签发标签后方可出售，成为商品化产品。目前，我国认证机构体系尚不健全，草皮市场以无证草皮为主。草皮生产者与经营者可通过检测证书进一步了解草皮质量状况。

⑤草坪草种子或草皮的贮藏运输　草坪草种子的贮藏运输需在干燥、通风、湿度小、温度低的环境下进行。相较起来，实习需掌握更复杂的草皮贮藏运输技术要点。收获的草皮由于呼吸作用会发热，需立即铺植，不宜贮藏。通常，冷凉的环境可以延长贮藏时间，所以，草皮在傍晚收获，夜间运输，清晨铺植比较好。

（3）市场部

市场部是连接草种与草皮生产及销售的中间部门。市场信息瞬息万变，及时掌握有效的市场信息是成功经营的前提。在市场部实习，首要任务是运用现代化的手段收集、加工、传递和贮存市场信息，帮助企业在激烈的市场竞争中占有一席之地。作为市场部的实习生，需要跟随市场团队外出到各个不同的市场分布区域进行实地的考察和学习；参与市场调研，了解真实的市场价格、市场需求、竞争对手情况；为企业的科研、销售等部门提供详实可靠的信息参考。

（4）销售部

销售部主要负责草坪草种子与草皮的销售。盈利是企业经营活动的内在动力，而高额的销售利润可以直接驱动企业的经营发展。因此，在销售部实习，需以提升销售能力、扩大销售业绩为主要目标。跟随销售团队到相关销售网点进行实习，了解销售产品特性、当地市场需求、年度销售情况等信息；寻找挖掘潜在客户，尝试向客户推销草种及草皮产品，并在售后追踪回访。

（5）人事行政部

人事行政部主要负责草坪企业的人力资源配置及日常行政工作。在人事行政部实习，需对该草坪企业的类型、企业文化、创始人、主营产品、发展历程等要有基本了解；参与企业员工的招募、培训、考核、组织与调配，使人力与物力保持最佳比例；深入了解草坪企业的运营机制，服从规章制度管理。

6.1.4.2　草坪企业调查分析

（1）调查内容

草坪企业调查分析是用科学的方法，通过对收集到的信息资料进行记录、汇总与整理，得出真实有效的数据并分析给出调查结论。实习过程中，可选取下面任一内容进行调查分析：

①草种市场调查　我国草坪草种子大量依赖进口，国内草种生产的数量和质量都不能满足草种市场的需求。随着中国加入 WTO，世界知名草业企业冲击市场、国内大中小企业崛

起。经过多年的价格调节和竞争，目前国内市场竞争激烈，区域化明显。本调查将对不同地区市场销售草种的品种、价格、销量、销售渠道、利润、售后、用户评价、创新产品等进行调查，对区域市场进行分析总结。

②草皮市场调查　草皮是指由草坪或草地表面通过切割、平铲而剥离坪床的具有一定形状和面积的草坪产品。近年来，随着我国城乡建设的大步推进和绿化的迅猛发展，生产周期短、建坪简单迅速的草皮供不应求，市场收益良好。但由于草皮是一种有生命力的、持续消耗、季节性很强的商品，其实际成本收益受市场的干扰大，季节性波动明显。本调查对企业从租用土地开始到草皮成卷前的所有费用进行调查，扣除地租、机械使用和折旧费、化肥农药费、种子费、人工管理费后分析企业的实际收益。

③草坪企业竞争状况调查　为适应我国草坪业发展的需要，各地不同规模不同形式的草坪公司纷纷成立。进行草坪企业竞争状况调查，便于草坪企业确定市场竞争策略，占领市场高地。本调查可对同行竞争者的数量、草坪企业生产规模、主要产品、性能、价格等信息进行搜集，并分析出各竞争对手的拳头产品和主要竞争优势、劣势。

④草坪企业科研情况调查

a. 草坪草品种选育调查：草坪草的选种与育种是一项周期长、难度大、综合涵盖学科广的系统工程。科技是核心竞争力，近年来，参与到草坪草选育的草坪企业越来越多。本调查可对草坪企业科研部门在草坪草选种育种上所做的工作进行调查，可比对区域范围内大型草坪企业的科研成果进行分析总结。

b. 草坪企业专利成果调查：拥有多个专利是草坪企业强大实力的体现，可使企业在市场竞争中占据有利位置。本调查可以中国知识产权局的专利数据库作为主要数据来源，调查草坪企业在草坪种子的培育，修剪机、打孔机、疏草机等管理机械设备，肥料，病虫害和杂草防治的化学药剂及草坪附属产品的设计和开发等方面的专利获得情况，并进行分析总结。

（2）调查方法

①文献查阅法　通过草坪企业内部档案室、公共图书馆和互联网平台查阅大量关于草坪企业经营管理的资料，以保证调查资料的完整性和真实性。

②观察和交谈法　在实习工作和实地调查中，如果现实条件允许，可以直接观察和结合访谈的方式来调查。

③询问法　调查之初，可以设计一套简单、合理的调查表。然后利用电话、邮件、网页等工具对被调查人进行询问。

（3）调查流程

①确定调查对象和范围　根据调查目标，选择被调查对象。收集、统计被调查人的相关信息，为实施调查做好前期准备。

②设计调查表　设计调查表，在调查过程中记录大量详实信息，以供后期筛选取用。

③启动调查　选择出调查对象，最直观有效的方式是实地调查，与受访者当面访谈，记录填写调查表。

④统计分析　调查完成后，需对收集到的数据进行整理、汇总和分析。这些数据录入电脑，借助数学统计方法进行分析。

⑤结论　分析结束后，调查者需出具调查报告，陈述调查结论。

6.1.5　实习相关记录与参考表格

（1）草坪草种子生产的田间管理记录表（苗床准备、播种、施肥、灌溉、杂草防治、病虫害防治、辅助授粉等）（表6-1、表6-2）。

表6-1　草坪企业经营管理调查表

企业名称		企业地址	
企业经营范围		企业管理模式	
企业规模(员工)		注册资金	
经营理念			
草坪企业调查分析			
草种市场调查			
草皮市场调查			
草坪企业科研情况调查			
草坪企业竞争状况调查			
存在问题			

表6-2　草坪种子生产田间记录

记录人		记录项目		记录日期	
草坪草种		隔离距离(m)		周边种植植物	
播种量(kg/hm^2)		种植行距(cm)		前作种植植物	
种植面积		种子产量(kg/hm^2)		辅助授粉	
肥料	施肥种类： 施肥日期： 施肥量：				
灌溉	灌溉方法： 灌溉次数： 灌溉量：				
杂草	除草剂种类： 施用日期： 施用量：				
病害	杀虫剂种类： 施用日期： 施用量：				
虫害	杀菌剂种类： 施用日期： 施用量：				

(2) 草皮成本收益调查(表 6-3)

表 6-3 草皮成本收益调查表

草皮草种			草皮生产地址					
播种日期			成坪日期			成坪时间(d)		
成本收益								
投入额	地租元/年	种子费	机械使用和折旧费	化肥农药费	其他养护费	人工费	水电费	合计
产出额	售价(元/m²)		年产出面积(m²)		年销售面积(m²)		合计	
年总收益(元)								

(3) 草坪企业专利调查(表 6-4)

表 6-4 草坪企业专利调查表

序号	申请单位	专利类别	专利说明	授权数量	占企业授权总数比例

6.1.6 实习作业

实习结束后，撰写岗位体验和实习心得。以小组为单位，选择调查内容中任意一项进行，对实习球场的相关情况进行调查，撰写调查分析报告。

实习 6.2 草皮生产基地实习与调查分析

6.2.1 实习目的

通过对草皮实习基地有针对性地进行参观、学习，使学生对所学草皮生产知识有了感性的认识，可以真正提高对本专业相关知识的了解和认识，也增加学生对学习的兴趣及提高专业自豪感，为从事工作打下良好的专业基础。

6.2.2 实习原则

草皮是建植草坪应用的重要材料之一，草皮生产在草坪业中起到非常重要的作用，草皮生产建造标准、养护管理水平以及企业经营管理理念都影响草皮企业的发展，实习以调查参观为主，实际操作为辅，了解草皮生产过程的关键技术环节，体会草皮生产企业整体运作管理模式，达到草皮生产知识的感性认识上升到理性认识的过程。

6.2.3 实习场地与设备

(1) 实习场地
规范的草皮生产基地。

(2)实习设备

①常用草皮建植生产机械　旋耕机、犁、拖拉机、小型挖掘机、播种机、镇压器、排灌设备、起草皮机等。

②常用草坪养护机械　滚刀草坪剪草机、旋刀草坪剪草机、旋草机、打孔机、施肥机、修边机、喷雾器、打药机、草坪刷等。

6.2.4　实习内容与步骤

①企业经营管理模式参观实习。

②草皮生产操作参观实习。

草皮基地生产与养护管理的现场观摩：现场观摩草皮企业从播种建植到草皮成坪、草皮生产的过程以及草坪养护措施；观摩与实际操作机械，首先由企业技术人员或教师讲解示范各种机械的操作流程、使用和养护注意事项等，然后分组轮换练习操作，直至能够独立操作。

③结合草坪建植，进行旋耕机、播种机、镇压器、草坪灌溉和病虫害防治等机械设备的实习作业。

6.2.5　实习相关记录与参考表格

将实习数据填于表6-5中。

表6-5　草皮实习记录表

实习基地名称									地址	
草种	面积（m²）	土壤草皮	无土草皮	成本（元/m²）	养护费用（元/m²）	播种量（g/m²）	起草皮厚度（cm）	枯草层（cm）	售价（元/m²）

6.2.6　实习作业

参观并了解草皮生产企业的经营管理模式和生产规模，调查草皮生产中存在的问题以及影响草皮生产的关键因素，撰写并提交实习报告。

实习6.3　草坪种子基地实习与调查分析

6.3.1　实习目的

了解不同草坪草种子生产中存在的问题和种子生产中的关键技术，掌握草坪草种子生产规程与技术环节，以繁育出高质量的商品草种，服务于生产。

6.3.2　实习原则

草坪在城市绿化和生态环境文明建设中发挥重要作用，草坪建植需要大量的草坪草种子。草种生产和气候条件、土壤类型、田间管理、收获和贮藏加工等有着密切联系，了解和掌握这些要素，对于提高草坪草种生产具有重要指导意义。

6.3.3 实习基地与设备

（1）实习基地

具备草坪草种子的生产、加工、贮藏以及种子清选设备的一定规模的草种子生产企业。

（2）实习机械设备

拖拉机、旋耕机、圆盘耙、镇压器、播种机、喷灌设备、肥料撒播机、割草机、脱粒机、烘干机、种子清选机等。

6.3.4 实习内容与步骤

（1）草坪种子生产的地域性

①草坪草种子生产对气候条件的要求　气候条件是决定种子产量和质量的基本因素，草坪草种子生产对气候的要求为适于种或品种营养生长所要求的太阳辐射、温度和降水量，诱导开花的适宜光周期、温度，成熟期稳定、干燥和无风的天气等。

a. 日照长度：低纬度的热带和亚热带地区有利于短日照植物开花和提高结实，如狗牙根、假俭草、巴哈雀稗等；高纬度的温带地区有利于长日照植物开花结实，如高羊茅、紫羊茅和多年生黑麦草等。

b. 温度：适宜的温度是植物进行营养生长和生殖生长最基本的条件。如草地早熟禾、紫羊茅和多年生黑麦草等冷季型草坪草通常在 15～24 ℃ 的条件下才能正常生长；假俭草、地毯草、巴哈雀稗等暖季型草坪草则要在较高温度下才能正常生长，温度太低会影响其生长发育，造成种子产量下降。

c. 湿度：适量降水对草坪草种子发育是必要的，但种子成熟期和收获期要求干燥气候条件。大部分禾本科和豆科草坪草种子成熟期和收获期要求干燥、晴朗的天气，而部分豆科草坪草种子成熟期如果湿度太低，会导致荚果炸裂引起收获前种子的大量损失。

②草坪草种子生产对土地的要求　适宜的土壤类型，良好的土壤结构，适中的土壤肥力对获得优质高产的草坪草种子产量非常重要。

a. 土壤类型、土壤结构和土壤肥力：用于草坪草种子生产的土壤最好为壤土，有利于耕作和除草剂的使用。土壤肥力要求适中，过高或过低会导致营养过盛或不足，从而影响种子生产。

b. 地形和土地布局：用作草坪草种子生产的地块，应选择在开阔、通风、光照充足、土层深厚、排水良好、肥力适中、杂草较少的地段上。在山区进行种子生产，坡度应小于10°；在低洼地区进行种子生产，应配置排水系统；对于豆科草坪草种子生产，最好布置于临近防护林带、灌丛及水库旁，以利于昆虫传粉。

（2）种子田隔离要求

根据草坪草种类，种子生产田要求有一定的隔离距离，异花授粉的草种，根据繁育的面积，种子田面积≤2 hm^2，最小隔离距离 100 m，种子田面积>2 hm^2，最小隔离距离 50 m，自花授粉草种，最小隔离面积 5 m。

(3) 草坪种子生产的田间管理

①苗床准备　为草坪草播种或种子发芽出苗提供良好的条件，苗床准备非常重要，主要包括耕地、耙地、耱地和镇压等步骤，起到平整地面，以利于种子与土壤充分接触。

②播种　种子生产的播种方法通常为条播，根据植物高度，调整行距，通常行距有15 cm、30 cm、60 cm、100 cm等。播种时间因草坪草种而异，一年生草坪草只能进行春播，越年生草坪草可秋播，次年形成种子。用于种子生产的播种量比用于草坪生产的播种量要少，具体播量见表6-6所列。此外，草坪草播种深度以浅播为宜，在沙质壤土上以2 cm为宜，大粒种子以3~4 cm为宜，黏壤土为1.5~2 cm；小粒种子播深可更浅，早熟禾、匍匐翦股颖等种子可播于地表，播后镇压以利于种子吸水萌发。

表6-6　种子田草坪草播种量

草坪草	窄行条播 (kg/hm^2)	宽行条播 (kg/hm^2)	草坪草	窄行条播 (kg/hm^2)	宽行条播 (kg/hm^2)
草地早熟禾	12.0	7.5	冰草	15.0~22.5	9.8~12.0
紫羊茅	12.0	7.5	白三叶	7.5	4.5
多年生黑麦草	12.0	9.0	红三叶	15.0	—
一年生黑麦草	12.0	9.0	小冠花	7.5	4.5
苇状羊茅	9.0~11.0	3.4~5.6	小糠草	5.5	2.5
无芒雀麦	15.0	10.5	鸭茅	15.0	7.5

③施肥　根据土壤养分情况、气候条件和草坪草种子生产对营养物质的需求，进行合理施肥可最大限度提高种子产量。氮肥是影响禾本科草坪草种子产量的关键因素，如草地早熟禾是60~80 kg/hm^2，紫羊茅是180 kg/hm^2，多年生黑麦草是120 kg/hm^2。此外，磷肥和钾肥对草坪草种子生产也有一定的促进作用。

④灌溉　草坪草种子产量的基础是在建植和花序分化阶段奠定基础，因而在这两个阶段之前进行灌溉，在营养生长后期或开花初期适当缺水对增加种子产量有一定好处。大量实验证明干湿交替有利于草坪草种子生产，在成熟后期停止灌溉，以利于种子收获。

⑤杂草和病虫害防治　在种子生产田间管理过程中，杂草的及时控制和清除是确保播种草坪草幼苗正常生长、减少后期种子清选加工的重要措施。常用杂草防治技术有机械除杂、化学除杂和生物除杂等。此外，种子田的病虫害防治对于保持和提高种子产量尤为重要，特别是种子贸易中，严格禁止出现属于国内外检疫控制的对象，如菟丝子、麦角病等。通过选用抗病虫品种、施用化学药剂或进行田间轮作和清除残茬等起到防治病虫害的效果。

⑥人工辅助授粉　禾本科草坪草为风媒花植物，通过人工辅助授粉，可以显著提高种子产量。对无芒雀麦、鸭茅等种子田进行1次人工辅助授粉，使种子增产11.0%~28.3%；进行2次人工辅助授粉，可使种子增产23.5%~37.7%。大多数豆科草坪草是自交不亲和，需要借助蜜蜂、碱蜂和切叶蜂等昆虫进行传粉。因此，为了促进豆科草坪草种子产量，需要在豆科草坪草种子田中配置一定数量的蜂巢或蜂箱。

(4) 草坪种子的收获、加工和贮藏

草坪草种子的收获在种子生产中是一项时间性很强的工作，需要事先做好一切准备及相关组织工作。种子收获后的干燥及清选工作对于提高种子质量，保证种子的种用价值和种子安全贮藏具有重要意义。

①收获　收获时间确定需要考虑两个问题：既能获得品质优良的种子，也要注意尽可能减少因收获不当造成的损失。种子收获方法主要有康拜因、割草机或人工收割。用康拜因收获时，一般在种子完熟期进行，刈割高度为 20~40 cm；用割草机、人工收获或收割后需要放在残茬上晾晒，可在蜡熟期进行，2~7 d 后在田间用脱粒机械进行脱粒。

②干燥　刚收获的种子，含水量较高需要进行及时干燥，使其含水量达到规定的标准。干燥方法有自然干燥和人工干燥。

③清选　种子清选是利用草坪草种子与混杂物物理特性的差异，通过专门的机械设备来完成。常用的种子清选方法有风筛清选、比重清选、窝眼清选和表面特征清选。

④贮藏　草坪草种子的贮藏一定要在干燥、通风、湿度小和温度低的地方，对一些老化快的种子，贮藏的含水量要在 5% 以下。

6.3.5　实习相关记录与参考表格

将实习内容填于表 6-7 中。

表 6-7　草坪种子生产基地调查记录表

种子生产单位			地址	
草坪草种		前茬作物		隔离距离(m)
行距(cm)		种子播量(kg/hm^2)		辅助授粉
种子田管理	肥料用量(kg/hm^2)	灌溉次数	杂草防除	病虫害
种子收获	收获日期	收获机械	种子产量(kg/hm^2)	干燥方法
种子加工清选	清选方法	清选机械		
种子质量检验	净度(%)	发芽率(%)	其他植物种子数	水分
贮藏条件	贮藏温度	贮藏湿度	贮藏年限	种子含水量(%)
存在主要问题				
解决办法				
其他				

6.3.6　实习作业

根据实习调查，了解草坪种子生产、收获、加工、贮藏等各环节的技术要点，参与一些技术的实际操作。查阅资料结合实习参观，总结出种子生产企业存在的主要问题，提出合理的解决方案，撰写并提交实习报告。

实习 6.4　运动场草坪实习与调查分析

6.4.1　实习目的

通过在运动场场地实习，学生能实地调查并了解运动场草坪的建造结构、草坪草种的选择、草坪的养护以及球场整体的运营模式，掌握场地坪床建造的标准以及球场草坪相应的养护计划。体验球场日常管理技术，使学生所学的基本理论知识与生产实践相结合，提高学生的专业技能，为学生就业及深造提供帮助。

6.4.2　实习原则

运动场是草坪建造与养护管理较为规范、具有较高水平的草坪养护管理的地方，实习以调查参观为主，实际操作为辅，了解建造与养护的关键技术环节，体会球场整体运作管理模式，达到球场养护管理相关知识的感性认识上升到理性认识的过程。

6.4.3　实习场地与器具

(1) 实习场地

足球运动场、网球运动场或棒垒球场。

(2) 实习器具

剪草机、打孔机、施肥机等机械设备；尺子、pH 计、土壤水分测定仪、土壤渗透仪、滚动距离测定装置、球弹性测定装置、草坪高度测定仪、记录本等。

6.4.4　实习内容与步骤

(1) 场地基本情况

了解运动场的基本情况，如：场地建造时间、草坪建植时间及使用年限，当地的气候环境条件(降水量、极端最低最高气温等、积温、夏季高于 32 ℃天数)、场地面积大小、建植的成本、建造商家等。

(2) 草坪草种应用

了解球场应用的草坪草种以及草坪品种，混播还是单播？混播或混合比例是多少？草坪建植是采用种子直播还是草皮铺植？基本材料用量、价格等。

(3) 坪床建造

首先了解场地坪床建造标准是什么；了解场地坪床结构，层次厚度，应用的材料规格及价格等，如沙的粒径情况、砾石大小等。排灌系统如何铺设，并实地进行测试场地土壤 pH、土壤水分、土壤渗透性等指标。

(4) 草坪养护管理

了解球场草坪养护计划，如修剪、施肥、灌溉、打孔通气、覆沙、滚压等措施的频率与状况。修剪高度以及修剪间隔，施肥用量与施肥时间，其他养护措施的时间与频率等。

(5) 球场运作与管理

了解球场运作与经营管理模式，承接比赛情况，建造成本，经营收入项目以及开支如何等。

6.4.5 实习相关记录与参考表格

实习报告基本包括内容见表6-8。

表 6-8 运动场实习记录表

调查日期：　　　　　　　　　　　　　　　　　　　　　调查人：

1 场地基本情况					
运动场地名称		建造时间		使用时间	
地点		建造企业		设计人	
场地面积(m²)		使用年限		建植成本	
气候条件	例如：降水量，极端最低、最高气温等，积温，夏季高于32℃天数等				
2 草坪草种					
建植时间		建植方法		建植成本	
草坪草种		品种		混播/混合比例	
3 坪床建造					
建造标准	□国际标准　　　□国家标准　　　□地方标准　　　□其他标准				
坪床建造材料	砂性材料(　　　)、单价(　　　)、用量(　　　) 改良物质(　　　)、单价(　　　)、用量(　　　)				
坪床结构	坪床厚度(　　　)、坪床剖面结构(　　　)、各层次厚度(　　　)				
排水系统	排水管排列方式(　　　)、排水管材料(　　　)、其他(　　　)				
灌溉系统	喷头数量(　　　)、喷头型号(　　　)、水压(　　　)、其他(　　　)				
坪床土壤状况	土壤pH值(　　　)、土壤水分(　　　)、土壤渗透率(　　　)、土壤硬度(　　　)、其他(　　　)				
4 草坪养护管理					
修剪	修剪高度(　　　)、修剪频率(　　　)、修剪机械类型(　　　)				
灌溉	灌溉时间(　　　)、每周灌溉(　　　)次、灌溉水源(地下水、地表水、再生水) 灌溉设备(自动、半自动)				
施肥	施肥次数(　　　)、施肥方法(　　　)、年用肥量(　　　)、肥料成本(　　　) 施肥量(氮肥：　　磷肥：　　钾肥：　　微量元素肥料：　　) 施肥指导(土壤测试　　草坪外观　　草坪植物测定　　其他方法　　)				
病虫杂草害	病害种类(　　　)、病害发生时间(　　　)、防治方法(　　　)、喷药时间(　　　)、喷药频率(　　　) 虫害种类(　　　)、虫害发生时间(　　　)、防治方法(　　　)、喷药时间(　　　)、喷药频率(　　　) 杂草种类(　　　)、杂草发生时间(　　　)、防治方法(　　　)、喷药时间(　　　)、喷药频率(　　　)				

	（续）
辅助措施	打孔次数(　　)、打孔频率(　　)、打孔方式(　　)、打孔机械(　　) 疏草次数(　　)、疏草频率(　　)、疏草方式(　　)、疏草机械(　　) 覆砂次数(　　)、覆砂频率(　　)、覆砂方式(　　)、覆砂机械(　　) 滚压次数(　　)、滚压质量(　　)、滚压方式(　　)、滚压机械(　　)
5　球场运作与管理	
经营体制	
经营成本	场地租赁、俱乐部基础投入、教练与球员工资、赛事与相关费用
俱乐部收益来源	门票收入、赞助商广告、电视转播权、出售纪念品、球员转会、会员费、金融产品等
调查人员	针对以上调查信息，发现问题并提出改进意见

6.4.6　实习作业

根据实习调查，了解运动场坪床的建造、草坪的建植与养护技术环节，球场运作与经营管理的理念，参与一些技术的实际操作。查阅资料结合实习参观，总结出运动场存在的主要问题，提出合理的解决方案，撰写并提交实习报告。

实习 6.5　高尔夫球场实习与调查分析

6.5.1　实习目的

通过高尔夫球场实习，在球场的各岗位体验，充分了解球场整体运作管理模式，了解球场的岗位设置及职责、会籍产品、员工人数、草坪养护、场地设备配置等情况，通过亲身体验与调查分析，掌握草坪养护管理技能，培养学生发现、分析和解决问题的能力。同时，锻炼并提升自己的专业技能，为未来的就业打下良好基础。

6.5.2　实习原则

高尔夫球场是一个特殊的体育竞技场地，它的运营与管理架构极其复杂，核心部门有运作部、市场部、草坪部、财务部等。高尔夫球场实习本着安全、规范、全面、可操作、时效性的原则，使学生真正学到本领，增长见识，扩大知识面。

①安全性原则　高尔夫球场是体育竞技场所，具有一定的危险性。实习期间，需要时刻关注场下情况，注意做好安全防护。

②规范性原则　实习过程中，必须遵守球场的规章制度，遵照实习指导，服从实习安排。

③全面性原则　实习内容涵盖全面，根据实习计划，进行岗位轮换。

④可操作性原则　实习调查设计可操作性，简单明了，获得的数据真实可靠。

⑤时效性原则　实习有规定的起始时间，需要在有效时间内完成实习作业，提交实习报告。

6.5.3 实习的场地与设备

(1) 实习场地

高尔夫球场与会所设施。

(2) 实习设备

球车、修剪机、施肥机、打药机、灌溉系统等设备。

6.5.4 实习方法与步骤

6.5.4.1 球场实习

高尔夫球场是一个多功能多部门的综合性企业，各个部门和功能在运营中都是球会整体的有机组成部门。一般而言，球会设置有：运作部、市场部、草坪部（场务部）、财务部等部门。球场实习的第一步是了解球场的部门架构，知晓各部门具体的业务范畴及其成员的职权角色。服从实习安排，学习并掌握与各工作岗位相匹配的知识与技能，实际参与到球场的日常运营中去。

(1) 运作部实习

运作部主要承担会所的日常接待服务，包括客人预订、接待、用餐、购物、洗浴等；同时为客人提供竞技服务，包括出发安排、球童服务、球车服务、巡场管理、教练服务等常规服务和赛事服务；在运作部门的实习，是要分别到球手从抵达球场到离开球场的各个服务环节中去深入的实习和体验。其中，最主要的服务环节是会所服务和竞技服务。

① 会所服务 高尔夫会所，俗称"第19洞"，是所有客人抵、离球场的必经之处，是高尔夫俱乐部的服务"窗口"，也是俱乐部经营管理的"中枢"。预订、前台接待、餐厅、专卖店、更衣室、客房等主要营业项目都聚集在会所。会所的服务质量与经营管理水平，直接影响俱乐部的经济效益和社会效益。因而，会所预订、接待、日常营业的所有岗位都需进行专门实习培训才可上岗。

a. 预订：预订是会员、嘉宾及散客到球场消费的开始，有效地分割开球时间可以保证球场使用轮次的最大化，实现利益最大化。因而，球场只有建立完善的预订程序、严格执行预订、变更和取消的规定，才能维护会员权益、保证高额运营目标的达成。实习期间，首先要了解和掌握球场的设施与服务等信息，并熟悉电脑操作，灵活应对会员/非会员的预订、取消、变更、查询、超额预订等情况。

b. 前台接待：接待服务因顾客的流量、抵离时间、消费需求等外部环境及内部员工差异性，而具有较强的随机性。前台是俱乐部的"门面"，与顾客保持着广泛的接触和密切联系。在前台实习，每日需要先做好服务准备，查询当日预订表认真核对，检查交班记录、消费本、更衣柜钥匙、登记表等营业物品。时刻准备着以最佳的形象和精神面貌面对顾客。球会的客源多样，对会员与嘉宾及散客，都要按礼遇规格接待。前台必须熟记会员的姓名和头衔，并随时热情称呼。前台还要牢记不同顾客的不同计价方式，在登记时，需向顾客确认收费标准，如会员价、嘉宾价、访客价等。

c. 日常营业：顾客来球场打球，在完成预约及前台接待后，到下场之前通常还会到餐厅、更衣室、练习场、专卖店等区域进行消费。同样，实习期间，服务要有礼貌、有组织、有纪律，才能给客人留下很好的第一印象。每天上班前，认真阅读交接班记录，清点好营业物品。客人消费后，需根据消费记录结账，下班前汇总当天的消费记录并填制营业日报表。

②竞技服务　高尔夫球场竞技服务是由球童、出发员、巡场等专业人员按照高尔夫运动的规则和礼仪，在场地为球手提供的日常竞技及赛事服务。竞技服务是由出发站服务、球童服务、巡场服务等日常服务环节及赛事服务构成。

a. 出发站：在出发站实习，主要是根据顾客的开球时间，结合球童排班表，为顾客安排下场的球童与球车。在安排之外，出发站要随着不同场地的客流情况，进行调度管理，如调整开球的球场和球道、避免场下塞车，在节假日高峰期，调配球手分组下场等。每日出发员需按时间顺序、球童姓名、球车号码、开球时间、转场时间、回场时间等做好下场记录。下场记录的各类数据有利于掌握场下情况，以便球场更好地运行管理。

b. 球童：球童是指在球员打球过程中为球员携带和管理球具并按照高尔夫规则为球手提供助言的人。球童是场下全程陪伴球手打球的多面手，代表着球场的整体形象和服务水平。球童的实习期通常是最长的，新手球童到能出场，需要接受至少 2~3 个月的培训，经考核合格后才可下场。球童的实习内容包括：与球手问好后，清点球杆、出发前准备；在发球台上，为球手介绍发球台，确认开球的品牌和球号，引导客人开球并看准落点；在球道上，帮助客人找球并介绍落点位置，为客人拿杆，并做好捡草皮、铺沙、耙沙等工作。在果岭上，球上果岭后，迅速修果岭痕、做标记、照管旗杆、看线摆线。打球结束后，再次确认球杆、球杆套以及客人所携带的雨伞、捞球器以及贵重物品等，随客人返场，完成球童服务。

c. 巡场：巡场是指根据高尔夫规则和球会制度负责巡视球场、保证球场打球秩序的员工。球场的实习内容包括：对球场上的球手和球童进行监管，规范球手和球童的行为；随时巡视场下秩序，保障球手打球的安全以及场地的正常运转；巡视指定球道的现场作业动态、服务质量、设施维护等信息，及时发现并解决问题。

d. 赛事服务：竞技是高尔夫运动的核心，球手们需要通过赛事完成球技的较量。在球场实习过程中，不免要参与到赛事的组织与服务中去。一般而言，赛事流程是：嘉宾、球员签到；新闻发布会；选手练习；开球仪式；比赛；颁奖晚宴。赛事服务的实习工作也围绕流程开展，内容包括：引导嘉宾、球员签到，分发比赛用品；组织新闻发布会和开球仪式，布置所需的场地环境，如背景板、音响、灯光、广告牌等；进行场下服务，承担赛事球童、巡场、记分员、裁判员等工作；最后，参与颁奖晚宴服务工作，完成赛事。

(2) 市场部实习

球场市场部主要承担球会产品的市场推广，负责会籍销售与管理，并为会员提供相关活动与服务，处理客人投诉等工作。市场部是直接面对会员及顾客，紧紧围绕球会产品推广与销售展开的重要部门。市场部的主要实习内容包括球会产品市场推广、会籍销售及会员服务。

①产品市场推广　球会的产品是指球会提供给顾客消费并使用的诸如球场及会所等设施的有形产品，以及满足顾客竞技与娱乐需求的球童服务、会员服务、草坪服务等无形服务产品。市场推广专员的工作就是定期进行市场调查，收集市场信息，预计市场的潜在消费力，结合球会的资源条件，制定并执行年度市场推广计划及营销策略。

②会籍销售　会籍是球会为会员设计的体现其会员权益的一种有价商品。会员的种类受

球会政策、市场定位、会所设施、管理模式、球场风格等因素的影响，会籍的类型多样，会员享受的权益也不同。通常会籍有个人会籍、公司会籍、创始会籍、荣誉会籍、钻石会籍、金卡会籍、都市会籍、旅游会籍等多种类型。会籍销售专员的工作就是分析潜在客户，接待来访客户，完善客户资料档案，电话、邮件跟进及上门拜访客户。进行会籍销售合同洽谈与签订、拓展赛事、会议、企事业单位等团体大客户渠道等。

③会员服务　会员是持有会籍的企业和个人。当球会发售会籍后，企业和个人可以通过购买会籍并交纳会费的方式申请加入球会，球会接受后，即成为会籍的持有者，也是会员服务的享受者。会员服务专员秉承"以会员为中心"的服务理念，在服务过程中，充分保障会员权益的享有、针对不同会员进行个性化服务，真正做到让会员满意。会员服务的具体工作内容包括建立会员档案、对会员及准会员信息维护实行动态管理；筹划各项会员活动、搭建会员交流平台；听取会员及宾客意见和建议，及时处理好会员投诉；对会员服务进行跟踪与记录等。

(3) 草坪部实习

草坪部，又称场务部，主要承担球场内草坪与植物景观的养护，负责草坪机械、喷灌、农药化肥等库存的管理。草坪部不仅是球场草坪质量的维护者，也是为客人提供间接服务的重要执行者。草坪部对实习生的专业技能要求极高，草坪专员不仅要根据土壤、地形、坡度、植被等具体情况进行草坪养护，还要保证灌溉均匀、修剪得当、施肥打药适度。只有专业化、精细化地草坪管理，才能养护出高品质的球场草坪。草坪部的具体工作包括：草坪养护管理、园林景观管理、球场设备维护等。

①草坪养护管理　只有对高尔夫球场草坪进行日常养护，才能保持其品质，满足高尔夫运动竞技的需要。高质的球场草坪外表光滑、表面平整、色泽翠绿，这种诱人的表观是通过适当修剪、合理地浇水、经常打孔和有效施肥而获得的。类似这样的日常养护，是在草坪部实习的重要工作。

②园林景观管理　独具匠心的高尔夫球场设计师擅长利用天然地形地势，糅合树木、花卉、小桥、湖泊等背景材料构成高尔夫特色的园林景观。作为球场不可或缺的景观元素，园林景观养护也需进行施肥、修剪、灌溉、病虫害防治等常规养护。

③球场设备维护　球场的设备在高尔夫球场的固定资产中占有很大比例，如果设备管理得当，就能延长使用年限、提高使用效率、减少维修养护费用并节约人工成本。一般球场的设备维护主要包括草坪机械管理、喷灌设备管理、球车管理等方面。

a. 草坪机械管理：在实习过程中，听取技术人员讲解机械原理并按示范进行机械操作，降低不必要的故障的发生概率。建立设备维修保养的档案。每一台设备都应该编号和建立维护档案，以记录这台设备的购买时间、价格、各项保养的项目，故障和维修情况，使用时间等信息，并且定期填写和检查。

b. 喷灌设备管理：高尔夫球场自身的特殊性决定了高尔夫草坪灌溉的特殊性，球场水分管理也越来越重要。现在球场多运用中央控制的喷灌系统，完善的喷灌设备，不仅可以节约水资源还降低了管理成本。喷灌实习最重要的学习是掌握灌溉系统中央控制平台的操作，时刻观察场下灌溉情况，合理控制灌溉时间和灌水量。

c. 球车管理：一个标准的 18 洞球场占地约为 $60 \sim 80 \ hm^2$，球场总长 $5000 \sim 7000$ 码，为了节约打球时间，球场多配备几十辆甚至上百辆球车以供客人代步。球车的使用率高低将直接影响球场的经济运作，球车的管理变得尤为重要。实习过程中，对每辆球车设置编号，建立档案，定期对球车进行故障排查并记录档案。同时，参与并组织人员球车驾驶培训，降低事故发生率。

(4) 财务部实习

财务部主要承担球会物资采买与营运收支，并为球会日常营运提供后勤、保安和行政管理服务。高尔夫球场与其他形式的体育场馆有所差异，它具有综合性的特点，服务项目繁多，收入来源具有一定的差异性。日常主要收入来源包括：果岭费、球童服务费、球车费、专卖店销售费、餐饮费、娱乐消费等。此外，会籍收入与配套房地产收入也是球会利润的主要来源。因收费种类差异大，结账方式也多样，球会需结合具体情况，制定最佳措施加强对营业收入的控制。除了球场的收入，运营支出也由财务部门掌管。通常运营支出包括：经营税金和土地租金支出、草坪的养护与管理支出、工作人员薪酬支出、会员服务支出等。财务部门需制定完善的财务制度、严格审核财务报表、定期检查收支账目，才能保证球会资金的安全运转，维持球会的正常运营。

6.5.4.2 球场调查分析

(1) 调查内容

球场调查分析是用科学的方法，通过对某高尔夫球场收集到的信息资料进行记录、汇总与整理，得出真实有效的数据并分析给出调查结论。实习过程中，可选取下面任一内容进行调查分析：

① 客源市场调查分析　客源市场调查分析主要是掌握周边地区高尔夫市场竞争状况，调查消费者需求、分析经济能力、球技水平、球会客源结构等。不同年龄、性别、学历、职业、经济能力、球技水平及爱好的消费者有不同的需求，所分析出消费者的购买动机、消费心理、消费习惯、消费方式、购买力也不尽相同。本调查可以通过发放消费问卷、访问消费者、直接观察和交谈等方法展开。

② 会籍产品调查分析　对球会而言，会籍产品是球会对外出售的限定时段和权益的球场及会所等设施的使用权。对球手而言，会籍是球手向球会购买的打球及相关权益和服务。球会根据自身资源及周边市场情况开发会籍产品，不同的球会会籍品种不同、价格不同、会籍所规定的权益也不同。本调查可对实习球场的会籍种类、会籍价格、受益人、所享有的权益、时限进行调查，与周边球场的类似会籍产品进行对比，分析得出结论。

③ 球童调查分析　球童在球场上扮演着至关重要的角色，是帮助球员完成竞技娱乐的得力助手。球童服务的好坏关系到整个公司的运营和盈利。虽然近年来球场日益重视部门的优化和人员的精简。但绝大多数球场仍维持众多的球童人数，甚至部分球场球童数量超过球场在岗人员总数的1/2。目前高尔夫球童群体存在难招收、在职时间短、学历偏低、性别比例失衡、流动性强等问题。本调查可据实习球场球童的性别、年龄、入职年限、学历、球童等级、职业发展等情况进行调查，分析该球场球童管理存在的问题，并提出可行性建议。

④ 球场设备配置调查分析　高尔夫球场的建设、养护与运营涉及了许多方面的内容，包括：坪床准备的耕作设备；草坪建植的播种、碾压、铺设设备；草坪养护的修剪、灌溉、施肥、铺沙、打药、打孔等设备；球场运营的球车、观光车等设备。本调查可对实习球场不同层次、不同用途、不同阶段的需要创造出的设备进行调查，对设备的数量、价格、类型、维修检查、使用及报废等情况进行记录，分析得出球场设备配置与使用现状及存在的问题，以

供草坪部参考。

（2）调查方法

①询问法　调查之初，可以设计一套简单、合理的调查表。然后利用电话、邮件、网页等工具对被调查人进行询问。

②观察和交谈法　如果现实条件允许，可以直接观察和结合访谈的方式来调查。

（3）调查流程

①确定调查对象和范围　根据调查目标，选择被调查对象。收集、统计被调查人的相关信息，为实施调查做好前期准备。

②设计调查表　常用的调查表设计有两种：一种为拟定调查问卷表，另一种为踏勘调研表。调查者可根据调查对象、调查目标的不同，设置符合要求、便于回答、利于统计的问卷表和调研表。

③启动调查　选择出调查对象，通过邮件、网页发送调查问卷，或者邮寄信件给被调查者。调查者还可以进行电话调查，礼貌与被调查者进行沟通。最直观有效地方式是实地调查，与受访者当面访谈，指导调查对象具体填表。

④统计分析　调查完成后，需对收集到的数据进行整理、汇总和分析。这些数据录入计算机，借助数学统计方法进行分析。

⑤结论　分析结束后，调查者需出具调查报告，陈述调查结论。

6.5.5　实习相关记录与参考表格

（1）球会主要部门职责（表6-9）

表6-9　高尔夫球会各部门主要职责

主要部门	主要职责
运作部	承担接待服务，包括客人预订、接待、用餐、购物、洗浴等 为客人提供竞技服务，包括出发安排、球童服务、球车服务、巡场管理、教练服务等
市场部	负责会籍与管理，并为会员提供相关活动与服务，处理客人投诉等 承担球会产品的市场销售与推广
草坪部 （场务部）	负责球场内草坪与植物景观的养护 负责草坪机械、喷灌，农药化肥等管理
财务部	负责球场营运收支，为球会经营参谋 承担球会物资采买，并为球会日常营运提供后勤、保安和行政管理服务

（2）球场运作部各岗位职责与工作内容（表6-10）

表6-10　球场运作部主要岗位工作内容

职　务	职责及工作内容
预订员	迅速、准确地接听电话，并熟练进行电脑操作；熟练应对会员/非会员的预订、取消、变更、查询、超额预定等情况，能快速有效地办理各项预约手续
前台	全面掌握会所信息、为球手提供准确咨询；按程序做好会员、嘉宾与散客的登记与接待工作

(续)

职 务	职责及工作内容
餐厅服务员	做好开餐前准备，为客人点菜、上菜及清洁桌面；留意客人用餐需求，提供必要服务；帮助客人结账，并做餐后清理工作
更衣室服务员	为客人提供更衣室内服务，随时提供帮助；保证区域干净整洁；做好日常物品补缺工作
练习场服务员	清洁练习场卫生；准备好球包架和练习球；下班前收回所有练习球
专卖店服务员	确保货物摆放整洁卫生；正确填写销售价格、保证每日账单的正确性；及时做好补货、进货工作
出发员	根据出发单组织客人出发；调度球童出场顺序；根据转场时间安排好后续球员的出发工作；负责出发站各种物品的领用和配备
球童	提取和清理球车；待命接客人球包；为客人清点球杆、介绍发球台信息、报码数、为客人递杆、介绍球道信息、做 mark、照管旗杆、修补果岭痕等专业服务工作
巡场员	保证场下运作顺畅和客人的安全；监督客人打球是否符合公司各项规定，及时解决压场情况和 GPS 的求助；监督球童覆沙、修果岭；场下设施的检查和维护

(3) 球场设备维修档案(表 6-11)

表 6-11 设备维护维修档案表

设备名称		品牌		编号	
用途		购入日期		单价	
操作维护责任人					
保养记录			维修记录		
维护保养项目	保养周期	执行时间	维修项目	维修时间	更换零件
轮胎充气					
更换机油					
更换刀片					
…					

(4) 球会客源市场调查问卷(表 6-12)

表 6-12 球会客源市场调查问卷

尊敬的先生/女士： 　　您好，这是一份关于您参与高尔夫运动以及您对我球会满意程度的调查，问卷采取无记名方式，并且对您的答案绝对保密，请您按照真实情况放心填写。衷心感谢您的支持与合作！	
1	1. 请选择您的性别 　A 男　　B 女
2	2. 请选择您的年龄层 　A 18 岁以下　　B 18~28 岁　　C 28 岁~38 岁　　D 38 岁~48 岁　　E 48 岁~58 岁　　F 58 岁以上
3	3. 请选择您的常住地或工作地 　A 港澳台地区　　B 江浙沪地区　　C 京津冀地区　　D 珠三角地区　　E 其他地区_____

(续)

4	4. 您的职业： A 企业高管　B 文艺工作者　C 个体经营户　D 专业文教人员 E 学生　F 事业单位人员　G 其他(请填写)_____
5	5. 在过去的一年里，平均年收入为： A 5万~20万元　B 20万~50万元　C 50万元~100万元　D 100万元~200万元　E 200万元以上
6	6. 您是否为本球会会员 A 是　　　B 不是
7	7. 您一个月内来本球会消费的次数： A 1次以下　B 1~3次　C 3~5次　D 5~10次　E 10次以上
8	8. 您平时最常选择什么时间段来打球 A 早上5：00~7：00　B 上午8：00~10：00　C 中午11：00~13：00 D 下午14：00~17：00　　E 灯光场（天黑开灯以后~21：00）
9	9. 您打高尔夫球是因为(多选)： A 强身健体　B 商务交流人际交往　C 假日消遣　D 参与比赛　E 个人兴趣爱好　F 学习高球技能　G 其他
10	10. 您选择本球会，是被_____所吸引(可多选)： A 球会品牌响亮　B 会所服务质量高　C 地理位置良好 交通方便　D 球会硬件设施条件完善 E 草坪养护质量高　F 球童专业性强　G 打球价格合理　　H 其他
11	11. 您通常在本球会消费哪些项目(多选)： A 18洞高球　B 高尔夫球具服饰专卖　C 中西餐厅　D 其他运动项目（网球、泳池） E SPA　F 酒店客房　G 其他消费项目
12	12. 您在打高尔夫球时，会遇到以下哪些情况(多选)： A 理想Tee Time难预定　B Tee Time不准时　C 前台经常出错为您带来麻烦　D 在场下常塞车 E 球童专业程度服务质量不好　F 巡场员无故打扰了您打球　G 球场草坪质量较差
备注	

(5) 会籍产品调查(表6-13)

表6-13　会籍类别及权益调查表

会籍类别	会籍价格	会籍权益	年费
个人会籍	38万元	1. 仅限记名会员本人使用 2. 会员不分平日、假日享受会员待遇 3. 会员配偶及其18岁以下子女可申请成为附属会员	2800元/年
公司会籍 …			

注：转让费为当时会籍售价的10%，更名费为当时会籍售价的1%。

(6) 球童调查问卷(表6-14)

表6-14　球童调查问卷

尊敬的先生/女士：
　　您好，这是一份关于我球会球童生活、工作现状的调查，问卷采取无记名方式，并且对您的答案绝对保密，请您按照真实情况放心填写。衷心感谢您的支持与合作！

(续)

1	1. 请选择您的性别： A 男　　　　B 女
2	2. 请填写您的年龄：_____岁
3	3. 请选择您的学历： A 初中及以下　　B 高中(中专)　　C 大专　　D 本科　　E 硕士研究生及以上
4	4. 请选择您的婚姻状况：　A 已婚　　B 未婚
5	5. 请选择您的职位： A 球童组长　B 高级球童　　C 中级球童　　D 初级球童　　E 实习球童
6	6. 您每月的基本工资是多少：_____元(不算小费、出场费)
7	7. 您平均每月的总收入是： A 3000 元以下　　B 3000~5000 元　　C 5000~8000 元　　D 8000 元以上
8	8. 您的球童的工龄是：_____年
9	9. 您的高尔夫运动技能水平：(18 洞) A 80 杆以下　B 80~100 杆　　C 100 杆以上　　D 只能在练习场打球　　E 没打过
10	10. 您的英语水平： A 不懂英语　　B 通过英语三级 b 考试　　C 通过大学英语四级　　D 通过大学英语六级
11	11. 您认为高尔夫球童离职的原因是：(可多选) A 工资收入低　　B 福利待遇不好　　C 交通不方便　　D 年龄限制大　　E 工作辛苦　　F 家庭原因
12	12. 您会选择以后的出路有哪些：(可多选) A 球童主管　　B 高尔夫职业选手　　C 高尔夫教练　　D 球会高层　　E 其他
备注	

(7)球场设备配置表(表 6-15)

表 6-15　高尔夫球场设备配置表

机械设备	型号	负责区域	数量	单价	备注
剪草机	JOHN DEERE8000 五联球道剪草机	1~18 洞球道	3 台		
施肥机 …					

6.5.6　实习作业

实习结束后，撰写岗位体验和实习心得。以小组为单位，选择调查内容中任意一项进行，对实习球场的相关情况进行调查，撰写调查分析报告。

实习 6.6　球场草坪养护计划制订

6.6.1　实习目的

实习的目的是使学生学习了解球场不同区域草坪质量、坪床特性等因素的差异，科学制定草坪养护计划，并按计划合理安排修剪、打孔、疏草、覆沙、水肥管理及病虫害等各项养护措施。通过在球场的实地接触，结合理论知识与实践操作，能独立完成各项日常养护，发现并解决球场存在的草坪养护问题，并制定出全年养护计划表以供日后参考。

6.6.2　实习原则

高尔夫球场草坪是所有球类运动中规模最大、管理最精细、艺术品位最高的草坪，因而投入的人力和物力最多。高尔夫作为草地竞技运动，球手直接通过草坪来感受球场的品质，草坪质量俨然成为评价球场好坏的首要标准。一个标准的 18 洞球场通常占地千亩，包括发球台、球道、长草区、果岭等区域。球场草坪质量在不同区域及不同时段均存在一定差异。

①安全性原则　高尔夫球场是体育竞技场所，具有一定的危险性。实习期间，需要时刻关注场下情况，注意做好安全防护。

②规范性原则　实习过程中，必须遵守球场的规章制度，遵照实习指导，服从实习安排。

③全面性原则　实习内容涵盖全面，根据实习计划，进行岗位轮换。

④时效性原则　实习有规定的起始时间，需要在有效时间内完成实习作业，提交实习报告。

6.6.3　实习场地与设备

(1) 实习场地

球场各功能区草坪；球场土壤样品；球场病虫害及杂草样本；肥料；表面覆沙材料；草坪除草剂；草坪病虫害防治药剂等。

(2) 实习设备与用具

记录本与表格、铅笔、铲子、比色卡、剪草机、施肥机、打孔机、滚压机、覆沙机、喷药机等。

6.6.4　实习方法与步骤

(1) 对球场草坪部进行认知

高尔夫球场的草坪部是负责对场地进行维护、草坪建植与养护、球场景观建设与维护以及保养调试机械设备的部门。草坪部是球场的重要部门，草坪部能否正常运转直接关系着球场的日常运营，常规工作内容涵盖广、专业性强，对养护人员要求较高。其主要工作包括：

①球场各功能区的建设与维护；

②草坪定期的修剪、施肥、灌溉、打孔、疏草、滚压等养护；

③草坪病虫害的预防和治疗；

④球场园林植被的养护更新；

⑤球场的改造维修；

⑥农药、化肥的仓储管理。

(2) 分配实习岗位，明确草坪养护岗的工作职责

每个球场因其需要和运营模式不同，草坪部的岗位设置和人员搭配也不尽相同，结合草坪专业需求，本次实习岗位集中在草坪养护岗。根据每个岗位的工作性质合理划分工作任务和职责，使制定的草坪养护计划落实到人，保证养护管理工作的顺利进行。

草坪总监：全面负责草坪部的运转，是球场草坪管理的第一责任人。

草坪主管：协助草坪总监进行管理，领导团队成员合理制定与执行养护计划。

草坪专员：服从主管安排的工作任务、参与制定与执行草坪养护计划、负责草坪的日常养护。

(3) 熟悉球场，掌握各功能区草种信息及养护特点

草坪养护工作开展的前提是熟悉球场的草坪，调查记录各功能区选用的草种和养护特点，为草坪养护计划的制定做好准备。通常高尔夫球场的草坪区域由发球台、球道、高草区和果岭构成：

①发球台　指打球的起点和开球的草坪区域。发球台草坪草种类通常和球道的草坪草种类一样，在北方可以选择匍匐翦股颖或草地早熟禾，在南方可以选择杂交狗牙根。在温带和亚热带的过渡地区可以选择结缕草，一方面由于结缕草对极端环境的适应力强，另一方面因为其耐阴性较好。发球台的养护主要考虑它的坡度及耐践踏性，机械作业有难度、养护标准较为精细。

②球道　指连接发球台和果岭之间的草坪，是球场中面积最大的部分。球道的草种在热带和亚热带地区选用较多的是狗牙根，在亚热带和温带的过渡区，通常选用结缕草和狗牙根。在温带和亚寒带地区，选择匍匐翦股颖、草地早熟禾和多年生黑麦草。与发球台不同，木杆和铁杆在球道上是直接挥杆的，因此草坪要有足够的密度才容易被击起。同时由于面积较大，球道的养护一般不及发球台和果岭的精细，养护标准一般。

③高草区　指发球台、球道、果岭外围的修剪高度较高、管理较粗放的草坪区域，用以惩罚球手过失击球、增加球手的打球难度。高草区又分为一级高草区和二级高草区。一级高草区与球道区相连，养护标准参考球道。二级高草区距离球道较远，养护粗放，无需特殊管理。

④果岭　指球洞所在的草坪区域。在温带和亚寒带地区，一般选用匍匐翦股颖，在热带和亚热带地区则选用杂交狗牙根。在海滨地带，海滨雀稗的改良品种也用于高尔夫果岭。果岭的草坪草必须耐低修剪，能够维持高品质的均一推球表面，其养护管理要比其他草坪更为复杂，除了常见的修剪、施肥、灌溉、打孔、覆沙等，还有修复打痕、移动洞杯、控制果岭的枯草层厚度等。所以，果岭作为球场的核心区域，通常代表了最高水平的球场养护标准，养护极为精细。

(4) 评价球场草坪质量

草坪质量是指草坪在其生长和使用期内功能的综合表现，它是由草坪的内在特性与外部特征所构成的。实习之初，应对不同功能区使用的草坪生长状况进行记录，并利用 NTEP 法对其质量评价。草坪质量评价结果将直接影响草坪养护计划的制订和实施。

NTEP 评分法是一种外观质量评分法，评分项目有草坪颜色、盖度、质地、密度、均一性、高度、抗逆性等。NTEP 评价系统基本采用 9 分制。其中，9 分表示最优秀或最理想，1 分表示最差或死亡的，通常 6 分及以上的草坪质量可以接受(参照附表 3)。

(5) 采集与分析坪床土壤

坪床土壤质量的好坏直接关系到草坪草的生长状况，紧实、板结或营养缺失的土壤，会使草坪的生长受到威胁，甚至死亡。土壤测试之后，测试信息的准确反馈是后期养护管理的保障。因此，草坪养护人员需要在每个季度、年度对高尔夫球场土壤的各项指标有一个全面的了解，以便针对不同指标的情况，制定季度或年度的养护计划。及时科学地掌握球场坪床土壤质量，对注重高品质草坪的球场十分重要。

土样采集要求：依据球场不同区域，在发球台、球道、高草区及果岭分别采集土样。采样时每个球洞每个区域选择 10~15 个采集点，按照 Z 型路线进行土样的采集，采样深度为 0~15 cm，采样时避免边缘区域以及堆放过化肥农药的特殊位置。采样后用铝盒或自封袋封存，需及时贴标签标注取样时间，取样地点，所种的草坪草品种以及土壤用途(发球台、球道、果岭等)。土样的检测也可自行实验测定，也可送到专业的土壤检测机构检验完成，检测方在测完土壤样品之后，结合实际对球场土壤质量状况进行分析，出具相应的测试报告。

指标选择：常见的测试指标包括物理指标和化学指标。物理指标主要表达土壤质地、紧实程度和通气排水情况，主要有土壤颗粒组成、容重、持水性、土壤孔隙度、土壤紧实度等。化学指标主要是反映土壤提供养分和缓冲化学改良的能力的测定指标，主要有 pH 值、有机质、氮、磷、钾、钙等微量元素。

(6) 草坪养护机械的安全操作

球场的草坪养护标准精细，机械化程度高。熟悉机械，并能安全熟练地操作是实习的必经环节。球场草坪养护机械主要包括：剪草机、打孔机、疏草机、覆沙机等。

① 剪草机　草坪修剪机种类多样，不同的草坪草都有相应的草坪剪草机。按工作装置与割草方式主要分旋刀式剪草机和滚刀式剪草机；按操作部分的结构分手扶式剪草机、推行式剪草机和坐骑式剪草机。目前在我国应用的草坪修剪机械多数为进口，市场占有率较高的品牌是 TORO 和 JOHN DEERE。发球台剪草机常选用三联、五联或七联坐骑式滚刀剪草机，JOHN DEERE 2500B/8500E 都是常见机型。球道剪草机常采用五联滚刀剪草机，如 JOHN DEERE7500A。

果岭剪草机一般采用三联坐骑式滚刀剪草机，如 JOHN DEERE 2500B 或手扶自行式滚刀剪草机，如 JOHN DEERE220SL、TORO Flex 21。

剪草机安全操作：修剪前，需清除草坪内石块、木桩、树枝等障碍物。检查刀片是否松动、刀口是否锋利，修剪高度设定是否准确等。经过培训后，做好个人安全防护，方可初次使用剪草机。

② 打孔机　打孔主要是改善土壤的通透性，使水、肥及其他养分很容易进入土壤，促进草坪草对地表营养的吸收，使草根能向土壤深层生长，增强草坪草的抗旱性，也能加强草坪表面排水能力。打孔有专门的草坪打孔机，通常分手工打孔机和动力打孔机。根据打孔通气的要求不同，打孔机的刀具也有所不同，一般分 4 种类型。

a. 扁平深穿刺刀：主要用于深层土壤的耕作与通气。

b. 空心管刀：主要用于草坪的打孔通气。空心管刀可将原土壤带出并添加新土，在不破坏原有土壤结构时,更新土壤,利于肥料进入草坪根部,加快水的渗透与扩散。

c. 圆锥实心刀:主要用于积水的草坪,让水流入洞内,使草坪干燥。

d. 扁平切根刀:主要用于切断草坪草盘结的根,达到通气的作用,促进草坪草的生长。

高尔夫球场面积广,多用动力打孔机。常见机型有 TORO ProCore 648/864、JOHN DEERE Aercore800/1000。

打孔机安全操作:草坪打孔前,必须先清除孔域内杂物,检查发动机、控制扶手等是否正常。据区域不同,熟记打孔深度和密度。经过培训后,做好个人安全防护,方可初次使用打孔机。

③切根疏草机 枯草层是由枯死的根、茎、叶组成的致密层,一旦草坪草上形成枯草层,会阻止土壤吸收水、氧气、肥料等,影响草坪草的正常生长,使草坪易患病虫害,采用切根疏草机就可以改善这种状况,恢复草坪的正常生长。切根疏草机,有手扶疏草机与拖拉机悬挂疏草机,球场常用机型有 TURFCO85355、RedeximEB1710 等。

切根疏草机安全操作:草坪疏草前,必须先清除草坪内的石块、木桩和其可能损害疏草机的障碍物。引擎运转时,切勿用手触摸火花塞或高压线,以免触电。经过培训后,做好个人安全防护,方可初次使用切根疏草机。

④覆沙机 覆沙机主要用于撒种、梳根后覆土,也可用于补播种子。有助于改良表层土壤结构,调整草坪平整度。简单作业可用撒播机代替,有条件的可用手扶随行式覆沙机。球场常用机型有 TURFCOF15B、TORO1800。

覆沙机安全操作:覆沙前,先检查发动机的机油液面正常,汽油充足,空气滤清器清洁。经过培训后,做好个人安全防护,方可初次使用覆沙机。

(7) 球场草坪养护计划制定

高尔夫球场草坪养护计划是一项综合性的计划,它是全面考虑球场环境、草坪部资源条件、坪面质量规格、草坪质量、病虫害情况、养护成本等因素后,提出在未来一定时期内要达到的养护目标以及可行性工作计划。科学合理提出可行的草坪养护计划十分必要,它的预见性可使草坪管理者规避一些已发生过的草坪病虫害,在来年复发时做好预防措施,减少发生几率。同时,草坪养护计划还有针对性,比如草坪部可针对坪床土壤成分检测和草坪草生长态势的检测结果来制定适度、适量的农药化肥使用计划。草坪养护计划可按时间分月计划和年计划;可以按功能区分发球台养护计划、球道养护计划、果岭养护计划;也可以按项目细分施肥计划、病虫害防治计划、修剪计划、灌溉计划等。通常球场草坪部会制作一份总的全年草坪养护计划作为工作指南,分时间、分功能区、分项目的详细列出任务内容,在草坪总监的统筹安排下实施。主要内容包括:修剪、灌溉、施肥、杂草防治、病虫害防治等。

①修剪 对高尔夫球场草坪进行适度的修剪,不仅可以平滑草坪表面,还可以促进草坪草的分枝,利于匍匐枝的伸长,密度增加,抑制杂草的入侵,提高草坪的美观性和利用效率。修剪要遵循"1/3"原则,草坪草的生长旺季应增加修剪次数,其他时间少量修剪,雨后不修剪,修剪前清除草叶露水,待叶部干燥时修剪。球场的不同功能区要按照不同的剪草高度修剪,通常果岭是 3~5 mm,发球台 6~12 mm,球道 8~25 mm,高草区 30 mm 以上或者不修剪。高尔夫球场的修剪机械主要是果岭剪草机、球道三联、五联滚刀剪草机、手推旋刀剪草机等。

②灌溉 充足的水分供应是确保高尔夫球场草坪建坪成功的关键。草种播种后,及时灌

溉有利于种子萌发。但水分要适当，供给过量会导致草坪草烂根和水分浪费。由于草坪根系多分布在土壤上层 10~15 cm 范围内，该层土壤不干燥可不浇水（除苗期以外）。浇水应以少次多量为原则，频繁浇水会使草坪根系分布变浅。浇水时要浇深浇透，以促进根系向下生长，提高草坪抗性。浇水时间应避免中午高温、傍晚或夜间，以早晨为佳，太阳很快晒干叶片，减少病源发生的机会。秋末草坪草停止生长前和春季返青前应各浇 1 次透水，以利于草坪越冬和返青。随着新建草坪草的逐渐生长，灌溉次数逐渐减少，强度也逐渐加强。

③施肥　营养是维持优质草坪的一个重要考虑因素。由于球场草坪植物生长在沙土上，肥力贫瘠且缺养分，不能满足草坪生长需要。为了确保草坪的根茎充实和养分充分，草坪施肥以全肥（N、P、K）为佳。氮素与植物的叶子和高生长之间存在联系。氮肥可促进分枝、叶色浓绿，增加草坪密度。但氮素含量过高，草叶深绿，根系较浅，对病害和逆境的抗性较差。氮素不足，则会出现叶色褪绿变黄，分蘖、叶片和根系数量减少的状况。磷肥可以促进根系生长，使根系与土层密切结合，提高生命力。钾肥能提高植物抗逆性、抗病性、耐践踏性以及损伤恢复能力几个方面。它还可以平衡其他营养成分的吸收，因此可以降低氮元素带来浅根系的问题。高尔夫球场一般以施用缓释肥、有机肥、控释肥、复合肥为主，辅助施用一些其他肥料。草坪施肥应依据生长阶段的不同适度调整，生长季节每 2~4 周一次，休眠期前应适当减少施肥次数。合理施肥，可以有效地降低经营成本，减少对环境的影响，推动高尔夫运动的健康发展。

④杂草防治　杂草防治要以防为主、综合治理。草坪建植前可以清理坪床、进行消毒，清除杂草的营养繁殖器官。成坪后，应加强管理，增强草坪对杂草的抗御能力，对于侵入的杂草应及时根除。现行主要的防治方法包括机械法、化学药剂法、生物控制法，其中人工除草是最普遍的方法，适当配合其他方式，一般均可取得较好的效果。

⑤病虫害防治　高尔夫球场草坪草密度大，灌溉修剪频繁，草质嫩绿，很容易招致病虫危害。病虫害防治分为病害部分和虫害部分：病害部分主要包括褐斑病、白粉病、锈病、黑粉病等；主要应用杀菌剂进行防除，并且避免形成枯草垫层，同时改善排水的情况，有针对性地加以防治。虫害部分主要有：蛴螬、蝼蛄、地老虎、蚂蚁和螟虫。草坪病害防治通常选用抗病草种、减少病源、科学灌溉、病害活动期不要施肥等措施。如遇高温、高湿天气，则应随时检查病害发生。而虫害的防治应加强预测，全面分析，区别对待，采用以生物防治为主的综合防治措施，尽量控制农药的用量，进行环保的草坪病虫害防治。

6.6.5　实习相关记录与参考表格

数据收集与整理是实现草坪科学管理的重要依据，实习人员按规定定时、定点观察并记录草坪生长、病虫害发生及防治情况、修剪、施肥、灌溉等养护实施状况，并填写好相关表格，交上级主管存档。需要参考或记录的表格有：

(1) 球场的气象数据

气温（最高气温、最低气温）、地温（最高温度、最低温度）、湿度、降水量、日照、风力、风向等（表 6-16）。

(2) 草坪生长情况记录

球场不同功能区域草种及品种、草坪的颜色、质地、均一性、盖度、高度等（表 6-16）。

表 6-16 草坪生长情况记录表

日期:		时间:	上午		下午		记录人:		
天气:		温度:					湿度:		
区域	项 目								
	草种	品种	高度	颜色	质地	盖度	均一性	备注	
发球台									
球道									
高草区									
果岭									

(3) 土壤检测数据

根据土壤送检报告,记录球场土壤各项指标值(表 6-17)。

表 6-17 土壤检测表

指标	全氮 (g/kg)	全磷 (g/kg)	全钾 (g/kg)	碱解氮 (mg/kg)	速效磷 (mg/kg)	速效钾 (mg/kg)	pH 值	有机质 (g/kg)	全盐 (g/kg)
测定值									

(4) 全年草坪养护计划表(表 6-18)

表 6-18 全年草坪养护计划表

高尔夫球场全年草坪养护工作计划													
区域	工作事项	机械	月份 周	1				2				3…	备注
				1	2	3	4	5	6	7	8	9	10	…	
发球台	修剪	JOHN DEERE/2500B		12 mm * 3										
	灌溉:自动			* 1										
	施肥:颗粒肥			* 1										
	清扫													
	打孔、播种、铺沙、喷淋													
	补草籽													
	拨杂草													
	喷药、杀菌剂													
	…													
球道	剪草													
	竖式切割			A										A:−10 mm 垂直两遍
	打孔作业			* 1~										
	清扫													
	播种													
	铺沙													
	拖平													

(续)

| 高尔夫球场全年草坪养护工作计划 ||||||||||||||
区域	工作事项	机械	月份周	1					2				3…		备注
				1	2	3	4	5	6	7	8	9	10	
果岭	…													
高草区	…													
罚杆区	…													
其他	…													
注:	"~"表示作业继续;"＊"前信息表示作业设定;"＊"后信息表示每周作业频率;"A"英文字母见同行备注说明													

6.6.6 实习作业

实习结束后，每人需交一份实习报告与总结，分小组召开实习总结会，相互进行实习交流。根据实习所掌握的内容，尝试制作一份球场全年草坪养护计划，并结合实习球场的草坪养护情况，分析该计划的现实性和可行性。

实习6.7 草坪工程施工概预算

6.7.1 实习目的

了解和学习草坪工程概预算的编制依据和内容，掌握草坪工程概预算的编制步骤和计算方法。

6.7.2 实习原则/原理

随着经济的发展，城市化水平的提高，人们对居住环境的要求越来越高，草坪绿化在城市的发展与建设中发挥着越来越重要的作用，草坪工程成为人们关注的焦点。草坪工程是一个完美的草坪地被植物综合体，是具有独特功能的设施，和其他水利工程、建筑工程等一样，是一个完整的工程体系，包含草坪工程的构思、设计、施工、监理和养护管理等多个生产环节。草坪工程进行的是设施建设，在实施建设的过程中，要使用一定的材料，依照一定的程序，遵循一定的规则，达到一定的质量标准。因此，草坪建设是在系统规律规范下可评价与计量的作业。准确完成草坪工程概预算的编制，需要熟悉并掌握预算定额的使用范围、具体内容、工程量计算规则和计算方法，应取费用项目、费用标准和计算公式，熟悉施工图及其文字说明，了解施工方案中的有关内容，准确计算工程量等。

6.7.3 实习场地与材料

(1)实习场地
拟建设的园林绿地工程。
(2)实习材料
草坪工程设计平面图、市场行情资料、园林绿地实地调查分析资料等。

6.7.4 实习方法与步骤

6.7.4.1 现场勘察与市场调查分析

对现场进行勘察，评估现有条件，同时进行市场调查，详细了解材料市场价格、现阶段人工费、运输费等费用。查阅先行法律法规以及规章制度等。

6.7.4.2 工程概预算

工程预算费用的组成是由直接费、间接费、计划利润、税金和其他费用5部分组成，需依次进行与概算的计算和编制（表 6-19）。

（1）直接工程费的计算

直接工程费由直接费、其他直接费和现场经费组成。需分别列出和计算。

① 直接费　包括人工费、材料费和施工机械使用费，是施工过程中耗费的构成工程实体和有助于工程形成的各项费用。其中，人工费是指列入预算定额的直接从事工程施工的生产工人的基本工资（定额中按平均日工资计算）以及各类津贴、补贴。材料费是指列入预算定额的所耗用的各种材料、构件、成品和半成品的用量以及周转性材料的摊销量，按相应的预算价格计算的费用。施工机械使用费是指列入预算定额的施工机械台班量按相应的机械台班定额计算的费用，施工机械安装拆除进出场费和定额所列其他机械费。

② 其他直接费　直接费以外，即定额中所规定的工作内容以外所发生的直接生产费用。

③ 现场经费　为施工准备、组织施工生产和管理所需费用，包括临时设施费和现场管理费。

（2）间接费的计算

间接费指在施工中，虽不直接由施工的工艺过程所引起，但与工程的总体条件有关的城市绿地施工企业为组织施工和进行经营管理以及间接为城市绿地施工生产服务的各项费用。

按现行规定，城市绿地建设工程间接费由企业管理费、财务费用和其他费用组成。其中管理费包括管理人员、服务人员的工资，各类津贴费、差旅费、办公费、非生产性固定资产折旧费、低值易耗品费用、劳动保护及技术安全检查费用和其他费用等。管理费以直接费为基数，乘以国家规定的费率计算。

（3）计划利润的计算

计划利润指施工企业按国家规定，在工程施工中向建设单位收取的利润。计划利润以直接费和间接费之和为基础，乘以计划利润率计算。

（4）税金的计算

税金指由施工企业按国家规定计入建设工程价内，由施工企业向税务部门缴纳的营业税、城市建设维护税以及教育附加税。

（5）其他费用的计算

其他费用指在现行规定内容中没有包括，但随着国家和地方各种经济政策的推行而在施工中不可避免所发生的费用。如各种材料价格与预算定额的差价，构配件增值税等。一般材料差价由地方政府部门颁布，以材料费或直接费乘以材料差价系数计算。

最后，汇总直接费、间接费、计划利润、税金和其他费用，求得工程预算总造价，编制"草坪工程预算造价计算表"（表 6-20），并进行校核。

6.7.5 实习相关记录与参考表格

将实习数据填于表 6-19 和表 6-20 中。

表 6-19 工程预算表

工程编号：

编号	定额编号	项目名称	单位	数量	单价	合价	其中人工费		材料费		机械费		其他材料费		备注
							单价	合价	单价	合价	单价	合价	单价	合价	
1															
2															
3															
…															
	合计														

表 6-20 草坪工程预算造价计算表

工程编号：　　　　　　　　　　　　金额单位：元

序号	取费名称		取费标准及计算式	金额
1	人工费	a_1	按定额计算	
2	材料费	a_2	按定额计算	
3	机械费	a_3	按定额计算	
4	项目直接费	a	$a_1+a_2+a_3$	
5	人工费调增	b		
6	机械费调增	c		
7	工程类别人工调整	d	$(a_1+b)×(0.886-1)$	
8	直接费	A	$A+b+c+d$	
9	其他直接费	A_1	$A×$费率	
10	现场经费	A_2	$A×$费率	
11	直接工程费	B	$A+A_1+A_2$	
12	间接费	C	$B×$费率	
13	贷款利息	C_1	$B×$费率	
14	差别利润	D	$(B+C+C_1)×$费率	
15	差价	E	1 规定计算差价部分 2 动态调价	
16	不含税工程造价	F	$B+C+C_1+D+E$	
17	四项保险费	G	$F×$费率	
18	养老保险统筹费	H		
19	安全/文明施工定额补贴费	I		
20	定额经费	J	$F×$费率	
21	税金	K	$(F+G+H+I+J)×$税率	
22	含税工程造价	M	$F+G+H+I+J+K$	
23	含税工程造价(大写)	N		

编制人：　　　　　校核：　　　　　　　　　　日期：　　年　　月　　日

6.7.6 实习作业

根据所提供的草坪工程设计平面图、市场行情资料、园林绿地实地调查分析资料等,完成该草坪工程的预算造价计算表的编制,并写编制说明。

参考文献

FIFA, 2006. FIFA quality concept[S]. https：//www.fifa.com/mm/document/afdeveloping/pitchequip/fqc_test_methods_manual_march_pdf.

FIFA, 2009. FIFA quality concept for football turf[S]. https：//www.fifa.com/mm/document/afdeveloping/pitch&equipment/68/52/24/fqctestmethodmanual.pdf.

FIFA, 2012. FIFA quality concept for football turf[S]. https：//football-technology.fifa.com/media/1015/football_turf_handbook_of_test_methods_pdf.

FIFA, 2015. FIFA quality programme for football turf[S]. https：//football-technology.fifa.com/media/1016/football_turf_handbook_of_test_methods_pdf.

FRPS, 2019.《中国植物志》全文电子版网站 http：//www.iplant.cn/frps.

ISTA, 2019. International rule for seed testing[S]. International Seed Testing Association, Bassersdorf, CH-Switzerland.

常建娥, 蒋太立, 2007. 层次分析法确定权重的研究[J]. 武汉理工大学学报(信息与管理工程版), 29(01)：153-156.

陈雨峰, 宋桂龙, 韩烈保, 2017. 中国足球场场地质量评价体系构建——基于评价指标的认知度建立足球场场地质量分级评价体系[J]. 草业科学, 34 (03)：488-501.

陈佐忠, 周禾, 孙彦, 等, 2006. 草皮生产技术规程：NY/T 1175—2006[S]. 北京：中国农业出版社.

崔杰, 党耀国, 刘思峰, 2008. 基于灰色关联度求解指标权重的改进方法[J]. 中国管理学, 16 (05)：141-145.

刘建秀, 1998. 草坪坪用价值综合评价体系的探讨——Ⅰ. 评价体系的建立[J]. 中国草地(01)：44-47.

刘建秀, 2000. 草坪坪用价值综合评价体系的探讨——Ⅱ. 评价体系的应用[J]. 中国草地(03)：55-57, 66.

刘建秀, 等, 2012. 主要暖季型草坪草种质资源的研究与利用[M]. 南京：江苏科学技术出版社.

龙瑞军, 姚拓, 2004. 草坪科学实习试验指导[M]. 北京：中国农业出版社.

莫可, 赵天忠, 蓝海洋, 等, 2015. 基于因子分析的小班尺度用材林森林质量评价——以福建将乐国有林场为例[J]. 北京林业大学学报, 37 (01)：48-54.

孙吉雄, 韩烈保, 2015. 草坪学[M]. 4版. 北京：中国农业出版社.

孙彦, 2017. 草坪管理学[M]. 北京：中国林业出版社.

孙彦, 2011. 北方园林植物及其病虫害防治[M]. 北京：中国农业出版社.

孙彦, 杨青川, 周禾, 2001. 草坪实用技术手册[M]. 北京：化学工业出版社.

孙彦, 周禾, 王显国, 等, 2017. 草坪术语：GB/T 34741—2017[S]. 北京：中国标准出版社.

杨霏云, 张玉书, 李文科, 等, 2017. 水稻低温冷害综合评估方法[J]. 应用生态学报, 28 (10)：3281-3288.

云锦凤, 米富贵, 杨青川, 等, 2004. 牧草育种技术[M]. 北京：化学工业出版社.

张鹤山, 张德罡, 刘晓静, 等, 2007. 灰色关联度分析法对不同处理下草坪质量的综合评判[J]. 草业科学, 24 (11)：73-76.

赵有益, 林慧龙, 任继周, 2006. 草坪质量的模糊数学综合评价方法[J]. 草业科学, 23 (02)：92-97.

附　表

附表1　草坪草种子试验样品大小及代表种子批最大量(参照 ISTA，2019)

种名		种子批最大质量(kg)	最低送检样品质量(g)	试验样品最低质量(g)	
学名	中文名			净度分析试验样品	其他植物种子测定试验样品
Agropyron cristatum（L.）Gaertn.	冰草	10 000	40	4	40
Agropyron desertorum（Fisch. ex Link）Schult.	沙生冰草	10 000	60	6	60
Agrostis canina L.	绒毛翦股颖	10 000	5	0.25	2.5
Agrostis capillaris L.	细弱翦股颖	10 000	5	0.25	2.5
Agrostis gigantea Roth	巨序翦股颖	10 000	5	0.25	2.5
Agrostis stolonifera L.	匍匐翦股颖	10 000	5	0.25	2.5
Andropogon gayanus Kunth	盖氏须芒草	10 000	80	8	80
Andropogon gerardii Vitman	大须芒草	10 000	70	7	70
Axonopus compressus（Sw.）P. Beauv.	地毯草	10 000	10	1	10
Axonopus fissifolius（Raddi）Kuhlm.（以前拉丁名 *Axonopus offinis* Chase）	近缘地毯草	1000	10	1	10
Bouteloua gracilis（Kunth）Lag. ex. Griffiths	格兰马草	10 000	60	6	60
Bromus inermis Leyss.	无芒雀麦	10 000	90	9	90
Cynodon dactylon（L.）Pers.	狗牙根	10 000	10	1	10
Dichondra micrantha Urb.（以前拉丁名 *Dichondra repens* J. R. Forst. & G. Forst.）	马蹄金	10 000	50	5	50
Eragrostis curvula（Schrad.）Nees	弯叶画眉草	10 000	10	1	10
Festuca arundinacea Schreb.	苇状羊茅	10 000	50	5	50
Festuca filiformis Pourr.	细弱羊茅	10 000	25	2.5	25
Festuca heterophylla Lam.	异叶羊茅	10 000	60	6	60
Festuca ovina L.（all varieties）	羊茅(所有变种)	10 000	25	2.5	25
Festuca pratensis Huds.	草地羊茅	10 000	50	5	50
Festuca rubra L. s. l.（all varieties）	紫羊茅(所有变种)	10 000	30	3	30
Festuca trachyphylia（Hack.）Krajina	硬羊茅	10 000	25	2.5	25
×*Festulolium* Asch. & Graebn.	羊茅黑麦杂种	10 000	60	6	60
Lolium multiflorum Lam.	多花黑麦草	10 000	60	6	60
Lolium perenne L.	多年生黑麦草	10 000	60	6	60
Lolium rigidum Gaudin	瑞士黑麦草	10 000	60	6	60
Panicum virgatum L.	柳枝稷	10 000	30	3	30
Paspalum notatum Flugge	巴哈雀稗(百喜草)	10 000	70	7	70
Pennisetum clandestinum Hochst. ex Chiov.	铺地狼尾草	10 000	70	7	70
Pennisetum glaucum（L.）R. Br.	御谷(珍珠粟)	10 000	150	15	150

种名		种子批最大质量(kg)	最低送检样品质量(g)	试验样品最低质量(g)	
学名	中文名			净度分析试验样品	其他植物种子测定试验样品
Phleum pratense L.	猫尾草	10 000	10	1	10
Poa annua L.	一年生早熟禾	10 000	10	1	10
Poa bulbosa L.	鳞茎早熟禾	10 000	30	3	30
Poa compressa L.	加拿大早熟禾	10 000	5	0.5	5
Poa nemoralis L.	林地早熟禾	10 000	5	0.5	5
Poa palustris L.	泽地早熟禾	10 000	5	0.5	5
Poa pratensis L.	草地早熟禾	10 000	5	1	5
Poa secunda J. P esl(includes *Poa ampla* Merr.)	偏生早熟禾(包括大早熟禾)	10 000	5	1.5	5
Poa trivialis L.	普通早熟禾	10 000	5	1	5
Setaria sphacelata (Schumach.) Stapf & C. E. Hubb.	南非狗尾草	10 000	30	3	30
Trifolium hybridum L.	杂三叶草	10 000	20	2	20
Trifolium incarnatum L.	绛三叶草	10 000	80	8	80
Trifolium lappaceum L.	拉帕三叶草	10 000	20	2	20
Trifolium pratense L.	红三叶草	10 000	50	5	50
Trifolium repens L.	白三叶草	10 000	20	2	20
Trifolium resupinatum L.	波斯三叶草	10 000	20	2	20
Zoysia japonica Steud.	结缕草	10 000	10	1	10

附表 2 草坪草种发芽方法(参照 ISTA ,2019)

种名		规定				附加说明,包括破除休眠的建议
学名	中文名	发芽床	温度(℃)	初次计数(d)	末次计数(d)	
1	2	3	4	5	6	7
Agropyron cristatum (L.) Gaertn.	冰草	TP	20<=>30;15<=>25	5	14	预先冷冻;KNO₃
Agropyron desertorum (Fisch.) Fchult.	沙生冰草	TP	20<=>30;15<=>25	5	14	预先冷冻;KNO₃
Agrostis canina L.	绒毛翦股颖	TP	20<=>30;15<=>25;10<=>30	7	21	预先冷冻;KNO₃
Agrostis capillaris L.	细弱翦股颖	TP	20<=>30;15<=>25;10<=>30	7	28	预先冷冻;KNO₃
Agrostis gigantean Roth	巨序翦股颖	TP	20<=>30;20<=>30;10<=>30	5	10	预先冷冻;KNO₃
Agrostis stolonifera L.	匍匐翦股颖	TP	20<=>30;15<=>25;10<=>30	7	28	预先冷冻;KNO₃
Andropogon gayanus Kunth	盖氏须芒草	TP	20<=>35	7	14	KNO₃;光
Andropogon gerardii Vitman	大须芒草	TP	20<=>30	7	28	预先冷冻;KNO₃

(续)

种名		规定				附加说明，包括破除休眠的建议
学名	中文名	发芽床	温度（℃）	初次计数（d）	末次计数（d）	
Axonopus compressus (Sw.) P. Beauv.	地毯草	TP	20<=>35	10	21	KNO$_3$；光
Axonopus fissifolius (Raddi) Kuhlm.（以前拉丁名 *Axonopus offinis* Chase）	近缘地毯草	TP	20<=>35	10	21	KNO$_3$；光
Bouteloua gracilis (Kunth) Lag. ex. Griffiths	格兰马草	TP	20<=>30；15<=>30	7	28	KNO$_3$
Bromus inermis Leysser	无芒雀麦	TP	20<=>30；15<=>25	7	14	预先冷冻；KNO$_3$
Cynodon dactylon (L.) Pers.	狗牙根	TP	20<=>35；20<=>30	7	21	预先冷冻；KNO$_3$；光
Dichondra micrantha Urb.（以前拉丁名 *Dichondra repens* J. R. Forst. & G. Forst.）	马蹄金	TP	20<=>30	7	21	—
Eragrostis curvula (Schrad.) Nees	弯叶画眉草	TP	20<=>35；15<=>30	6	10	预先冷冻；KNO$_3$；光
Festuca arundinacea Schreb.	苇状羊茅	TP	20<=>30；15<=>25	7	14	预先冷冻；KNO$_3$
Festuca filiformis Poarr.	细弱羊茅	TP	20<=>30；15<=>25	7	21	预先冷冻；KNO$_3$
Festuca heteropylla Lam.	异叶羊茅	TP	20<=>30；15<=>25	7	21	预先冷冻；KNO$_3$
Festuca ovina L.	羊茅	TP	20<=>30；15<=>25	7	21	预先冷冻；KNO$_3$
Festuca pratensis Huds.	草地羊茅	TP	20<=>30；15<=>25	7	14	预先冷冻；KNO$_3$
Festuca rubra L.	紫羊茅	TP	10~30；15~25	7	14	预先冷冻；KNO$_3$
Festuca trachyphylia (Hack.) Krajina	硬羊茅	TP	20<=>30；15<=>25	7	14	预先冷冻；KNO$_3$
Festulolium spp.	羊茅黑麦杂种	TP	20<=>30；15<=>25；20	5	14	预先冷冻；KNO$_3$
Lolium multiflorum Lam.	多花黑麦草	TP	20<=>30；15<=>25；20	5	10	预先冷冻；KNO$_3$
Lolium perenne L.	多年生黑麦草	TP	20<=>30；15<=>25；20	5	10	预先冷冻；KNO$_3$
Lolium rigidum Gaudin	瑞士黑麦草	TP	20<=>30；15<=>25	5	14	KNO$_3$；光；预冷5~10 ℃ 7 d；若必要预冷3 d 则检验需在15~25 ℃增加额外的4 d
Panicum virgatum L.	柳枝稷	TP	15<=>30	7	28	预先冷冻；KNO$_3$
Paspalum notatum Flugge	巴哈雀稗（百喜草）	TP	20<=>35；20<=>30	7	28	H$_2$SO$_4$；KNO$_3$
Pennisetum clandestinum Hochst. ex Chiov.	铺地狼尾草	TP	20<=>35；20<=>30	7	14	预先冷冻；KNO$_3$
Pennisetum glaucum (L.) R. Br.	御谷（珍珠粟）	TP；BP	20<=>35；20<=>30	3	7	预先冷冻；KNO$_3$
Phleum pratense L.	猫尾草	TP	20<=>30；15<=>25	7	10	预先冷冻；KNO$_3$

(续)

种名		规定				附加说明,包括破眠的建议
学名	中文名	发芽床	温度(℃)	初次计数(d)	末次计数(d)	
Poa annua L.	一年生早熟禾	TP	20<=>30;15<=>25	7	21	预先冷冻;KNO_3
Poa bulbosa L.	鳞茎早熟禾	TP	15<=>25	10	35	KNO_3
Poa compressa L.	加拿大早熟禾	TP	15<=>25;10<=>30	10	28	预先冷冻;KNO_3
Poa nemoralis L.	林地早熟禾	TP	20<=>30;15<=>25;10<=>30	10	21	预先冷冻;KNO_3
Poa palustris L.	泽地早熟禾	TP	20<=>30;15<=>25;10<=>30	10	21	预先冷冻;KNO_3
Poa pratensis L.	草地早熟禾	TP	20<=>30;15<=>25;10<=>30	10	21	预先冷冻;KNO_3
Poa secunda L.	偏生早熟禾	TP	20<=>30;15<=>25;10<=>30	7	28	预先冷冻;KNO_3
Poa trivialis L.	普通早熟禾	TP	20<=>30;15<=>25	7	21	预先冷冻;KNO_3
Setaria sphacelata (Schumach.) Stapf & C. E. Hubb.	南非狗尾草	TP	20<=>35	7	21	KNO_3
Trifolium hybridum L.	杂三叶草	TP;BP	20	4	10	预先冷冻用聚乙烯菠摸袋密封
Trifolium incarnatum L.	绛三叶草	TP;BP	20	4	7	预先冷冻用聚乙烯菠摸袋密封
Trifolium lappaceum L.	拉帕三叶草	TP;BP	20	3	7	预冷
Trifolium pratense L.	红三叶草	TP;BP	20	4	10	预冷
Trifolium repens L.	白三叶草	TP;BP	20	4	10	预先冷冻用聚乙烯菠摸袋密封
Trifolium resupinatum L.	波斯三叶草	TP;BP	20	4	7	—
Zoysia japonica Steud.	结缕草	TP	20<=>35	10	28	KNO_3

表中缩写字母代表的意义为,TP:纸上;BP:纸间;KNO_3:用 0.2%硝酸钾溶液代替水;H_2SO_4:在发芽试验前,先将种子浸在浓硫酸里。

附表 3　草坪 NTEP(The National Turfgrass Evaluation Program)评价要求及评价方法

(参考 http://www.ntep.org/)

评价的条件要求			
观测条件	要求	观测条件	要求
一天中观测最佳时间	10:00~15:00	修剪方向	评价者从一个或相同修剪机的方向观察小区
天气条件	云盖天(阴天)	面对太阳的方向	外观田间评价时评估者应背对着太阳
观测小区最小面积	1.5 m²	小区养护完整性	评价者有必要掌握完整的养护措施与条件
修剪后的时间长度	外观评价前 24 h	观测小区标记	评价前标记小区边界与边角
评价方法			
项目	测定方法	表示法	评分标准
草坪颜色	目测法,实测法	9 分制,叶绿素指数	7~9 分表示深绿到墨绿;5~7 分表示浅绿到较深的绿色;3~5 分表示较多的绿色,少量枯叶;1~3 分表示较多的枯叶,少量绿色;1 分表示休眠或枯黄

(续)

评价方法			
项目		测定方法	表示法	评分标准
草坪盖度		实测法	9分制,百分数(%)	盖度为100%~97.5%为最佳记8~9分;97.5%~95%为合格记6~7分;95%~90%记4~5分;90%~85%记2~3分;85%~75%记1分;不足75%的草坪需要更新或复壮
草坪密度		目测法,实测法	9分制,枝条数/m²	其中1表示极差即极稀疏,5~6表示中等即中等密度,9表示优即极密
草坪质地		目测法,实测法	9分制,mm	1为最宽,9为最细。在草坪草活跃生长而不是胁迫期进行测定。叶片宽度1 mm或更窄,为8~9分;1~2 mm为7~8分;2~3 mm为6~7分;3~4 mm为5~6分;4~5 mm为4~5分;5 mm以上为1~4分。叶片细窄但手感不好的草坪在以上评分的基础上略减
草坪均一性		目测法	9分制	9表示完全均匀一致,1表示差异很大,6表示均匀中等
草坪高度		实测法	cm	植株的绝对高度与自然高度
草坪抗逆性	病虫的损害	目测法,实测法	9分制,百分数(%)	用病虫害造成植株的死亡百分率表示。1分为没抗性或100%受损害,9为抗性最强或没有损害。虫侵害一般计算单位面积的虫的数量,NTEP鼓励评价者将虫鉴定到属和种
	耐旱性	目测法,实测法	9分制,百分数(%)	干旱引起的草坪草死亡百分率表示。耐旱性估测萎蔫、叶焦灼、休眠或恢复等。1为完全萎蔫、100%烧焦、完全休眠或没有一株恢复;而9分表示没有萎蔫、没有烧焦,100%绿色,没有休眠,100%恢复耐旱性
	耐霜/抗冻性	目测法,实测法	9分制,百分数(%)	用霜冻使草坪草死亡百分率表示。1最差100%损伤,9分为没有伤害。或者采用百分数表示
	耐寒性	目测法,实测法	9分制,百分数(%)	1分最差,9最好
	耐践踏性	目测法,实测法	9分制,百分数(%)	草坪草在践踏下的生存能力和践踏后草坪草的恢复能力。9分制评价,1表示没有耐性或100%损伤,9表示抗性最强没有伤害
	抗热性	目测法	9分制	9分最好,1分最差。偶尔也采用百分制
	耐磨性	目测法	9分制	9分最好,1分最差
修剪质量或植株茎量评价		目测	9分制	9分制,1表示修剪质量最差/茎最多,9表示修剪最好或没有茎
狗牙根草坪冬季交播质量		目测		9分最好,1分最差
杂草率		实测法	百分数(%)	9分无杂草为最好,1分全部为杂草,最差
一年生早熟禾入侵		目测,实测	9分制,百分率(%)	一年生早熟禾作为杂草种在特定环境或特殊时间是永久的问题。可以用每个小区总覆盖早熟禾出现的百分率表示,9分表示没有早熟禾
春季返青		目测,实测	9分制	春季返青是草坪休眠腋芽的绿叶的初始季节外观,即冬季休眠后草坪草冠层首次可见叶生长的日期,为草坪返青开始日期。由于春季温度和水分条件变得有利于生长。返青期是通过记录在休眠草坪草中新出现绿叶子的日期,持续记录来测量春季返青状况。观测是基于小区颜色而不是遗传颜色,1分枯黄,9分全绿
春季恢复性能		实测	天数	春季恢复草坪经过冬季后,春季从返青再生长到形成均匀、稳定的草坪种植层(即通常95%绿色覆盖)的能力。通常用从草坪草春季返青日期到形成均匀、稳定的覆盖层(即通常95%绿色覆盖)所用的天数表示

(续)

评价方法			
项目	测定方法	表示法	评分标准
草坪绿期	实测	天数	草坪绿期是指草坪群落中50%的植物返青之日到50%的植物呈现枯黄之日的持续日数。绿期长者为佳。草坪绿期长短与草坪草种遗传特性、地理和环境条件以及养护水平有关
裸地百分率	目测,实测	9分制,百分率(%)	草坪地出现裸地的百分率。100%表示几乎全部为裸地,0表示全部植被覆盖。9分制:表示全部植被覆盖,1表示几乎全部为裸地
除草剂伤害率	目测,实测	9分制,百分率(%)	草坪草被施用除草剂所受到伤害的百分率。百分制中,100%表示全部受到伤害,0表示没有受到伤害;9分制,9表示没有伤害,1表示伤害最大